JN303847

ライブラリ
経済学コア・テキスト
& 最先端

1

コア・テキスト
経済学入門

吹春 俊隆 著

新世社

編者のことば

　少子高齢化社会を目前としながら，日本経済は，未曾有のデフレ不況から抜け出せずに苦しんでいる。その一因として，日本では政策決定の過程で，経済学が十分に活用されていないことが挙げられる。個々の政策が何をもたらすかを論理的に考察するためには，経済学ほど役に立つ学問はない。経済学の目的の一つとは，インセンティブ（やる気）を導くルールの研究であり，そして，それが効率的資源配分をもたらすことを重要視している。やる気を導くとは，市場なら競争を促す，わかり易いルールであり，人材なら透明な評価が行われることである。効率的資源配分とは，無駄のない資源の活用であり，人材で言えば，適材適所である。日本はこれまで，中央集権的な制度の下で，市場には規制，人材には不透明な評価を導入して，やる気を削ってきた。行政は，2年毎に担当を変えて，不適な人材でも要職につけるという，無駄だらけのシステムであった。

　ボーダレス・エコノミーの時代に，他の国々が経済理論に基づいて政策運営をしているときに，日本だけが経済学を無視した政策をとるわけにはいかない。今こそ，広く正確な経済学の素養が求められているといって言い過ぎではない。

　経済は，金融，財の需給，雇用，教育，福祉などを含み，それが相互に関連しながら，複雑に変化する系である。その経済の動きを理解するには，経済学入門に始まり，ミクロ経済学で，一人一人の国民あるいは個々の企業の立場から積み上げてゆき，マクロ経済学で，国の経済を全体として捉える，日本経済学と国際経済学と国際金融論で世界の中での日本経済をみる，そして環境経済学で，経済が環境に与える影響も考慮するなど，様々な切り口で理解する必要がある。今後，経済学を身につけた人達の専門性が，嫌でも認められてゆく時代になるであろう。

　経済を統一的な観点から見つつ，全体が編集され，そして上記のように，個々の問題について執筆されている教科書を刊行することは必須といえる。しかも，時代と共に変化する経済を捉えるためにも，常に新しい経済のテキストが求められているのだ。

　この度，新世社から出版されるライブラリ経済学コア・テキスト＆最先端は，気鋭の経済学者によって書かれた初学者向けのテキスト・シリーズである。各分野での最適な若手執筆者を擁し，誰もが理解でき，興味をもてるように書かれている。教科書として，自習書として広く活用して頂くことを切に望む次第である。

西村　和雄

はしがき

　21世紀に入り，日本経済は多くの課題を抱えています。10年以上続いた不況をどう乗り越えるか，地球温暖化防止京都会議の議長国として二酸化炭素削減の公約をどう実現するかなどの課題のほか，いかにして安定した少子高齢化社会を実現するかの課題など，実に多様です。経済学はこれらの課題を基本的にはミクロ経済学とマクロ経済学という手法を用いて分析し，その解決を図ります。本書はできるだけ分かりやすくこれらの手法を用いて上述の課題解決への糸口を提供することを目的としています。

　私は1984年に一般教育科目「経済学」を担当して以来，いくつかの大学でこの科目の講義を行ってきました。また，1997年には9か月間，テレビで経済問題の解説を行い，いかにして分かりやすく課題の説明を行うか苦心しました。本書はこの意味ではその仕事のまとめの意味を持ちますが，別の意味でまとめの意味を持ちます。

　日本経済は1989年にバブル経済の頂点に達した後，そのバブル経済は崩壊しました。経済学部への受験者数もそれに応じて減少を続け，経済学部として理論により日本経済の再建を図るという課題のみならず，学部活性化のために高校生をいかに引き付けるかという課題に直面しています。私は「経済学における大学教育と高校教育の最適接続性の研究」（課題番号：13630013）というテーマで2001-2年度の文部科学省科学研究費を得て，高校へ出向き模擬授業を行いながら，高校生諸君が興味を持つテーマやアプローチは何かを調査しました。同時に高校の先生方と話し合いながら高校における社会科教育の問題を調べました。このときに分かったのが高校の社会科の先生方の出身学部として文学部や教育学部の歴史関連が多いという事実です。したがって「政治・経済」の経済に関する部分は教え難いとの意見が多く聞かれました。また，大学の「経済学」教科書は多く出版されているにもかかわらず

多様性がないとの批判が聞かれました。本書はこれらの批判を踏まえた報告書でもあります。

ただ，最近の趨勢として「分かりやすく」という点が強調されすぎて政策的課題および著者による解決策の提示のみで終わる書籍が多くなってきているように思われます。本書では，ある程度，課題解決のための理論を説明します。それは読者が本書を読むことにより直接に自分独自の課題解決策を見つけ出し，あるいは高度の専門書に進んで深い思索のもとに独自に課題を解決していただきたいからです。したがって本書は大学初年度生，および社会人を読者層として書かれています。

本書出版の話が持ち上がったときアメリカの教科書を点検したところ，マクロ経済学の理論に歴史を多く含ませて特色を出しているO.ブランシャールによる『マクロ経済学』があることを知り，一方，G.マンキューによる『経済学』ではカレント・トピックを多く採用してミクロ経済学の理論が生き生きと描かれていることを知りました。本書では新聞報道等に見られる日本および世界経済における実際の話題を取り入れたアメリカタイプのアプローチを採用しています。本書を読んだ後では新聞の経済記事を楽に読め，自らの解決策を構築できるようになっていただくことを目標にしています。

本書出版に際し，新世社編集部の御園生晴彦さんには多くの議論を通じて読者にアピールする教科書とは何かという点で大いに勉強させていただきました。広島大学経済学部大河内治講師には原稿を読んでいただいて有益な多くのコメントをいただきました。記して感謝します。

2003年10月

吹春　俊隆

目　次

1　需要と供給　　1

1.1　「市場均衡価格」の理論　　2
需要(2)　　供給(4)

1.2　需要関数や供給関数のシフト　　7
需要関数のシフト(8)　　供給関数のシフト(8)

1.3　弾力性分析　　10
需要の価格弾力性(10)　　供給の価格弾力性(14)　　需要の所得弾力性(15)
需要の交差価格弾力性(19)

1.4　クモの巣理論　　22

1.5　市場分析の応用　　25
市場の弾力性とオイルショック(26)
■本章のまとめ・練習問題　27
Case Study　1-1：総収入と需要の価格弾力性(12)
Case Study　1-2：日本の医療問題と奢侈品(17)

2　消費者余剰と生産者余剰　　31

2.1　消費者余剰と生産者余剰　　32
消費者余剰(32)　　生産者余剰(34)

2.2　自由貿易理論：小国の場合　　36

2.3　関税と報復関税　　44
第2国：アメリカの存在(45)　　日本の報復関税(48)　　比較優位の理論(51)
■本章のまとめ・練習問題　54
Case Study　2-1：自由貿易確立への動き──GATT体制とWTO(39)
Case Study　2-2：セーフガード(49)

3 企業の行動　*57*

3.1 費用関数 — *58*
総費用(58)　平均費用と限界費用(59)　完全競争企業の供給曲線(61)
短期費用曲線と長期費用曲線(65)

3.2 生産関数 — *68*
限界生産物と平均生産物(68)　利潤最大化行動(69)

3.3 平均費用と限界費用の応用：大気汚染と交通渋滞 — *71*
交通渋滞の理論(72)
■本章のまとめ・練習問題　*78*
Case Study　3-1：大気汚染への政府の取り組み(74)

4 市場の失敗　*81*

4.1 新古典派の基本定理 — *82*
課税による効率性の低下(83)

4.2 市場の失敗：外部性 — *85*
ピグー税(87)　政策の実際(91)

4.3 コースの定理 — *97*
■本章のまとめ・練習問題　*104*
Case Study　4-1：リオ環境サミットから地球温暖化防止京都会議(94)
Case Study　4-2：二酸化硫黄排出権の市場取引(100)
●コラム：地球温暖化　*103*

5 不完全競争　*107*

5.1 原油産業のケース — *108*
費用逓減：費用曲線による分析(109)

5.2 独占の理論 — *114*
余剰概念による分析(114)　カルテル(115)　限界概念による分析(119)
完全競争市場との比較(121)

5.3 ゲームの理論 — *124*

ナッシュ非協力ゲーム(125)　　技術革新導入ゲーム(127)　　公共財構築ゲーム(129)
■本章のまとめ・練習問題　(132)
Case Study　5-1:トラストの形成(112)
Case Study　5-2:マイクロソフト社と反トラスト訴訟(123)

6　日本銀行と金融　135

6.1　金融 ── 136
金融資産(136)　　日本の個人金融資産(137)
6.2　日本銀行 ── 141
6.3　貨幣 ── 146
6.4　国債と利回り ── 151
6.5　債券市場 ── 154
6.6　株式市場 ── 157
■本章のまとめ・練習問題　*162*
Case Study　6-1:日本郵政公社:郵政3事業の民営化問題(138)
Case Study　6-2:株価の推定(160)
●コラム:嵩む国債依存度　*145*

7　デフレーションとケインズ　165

7.1　財・サービスの生産・流通とGDP ── 166
7.2　3面等価,名目GDPと実質GDP ── 169
7.3　ドイツのハイパー・インフレーション ── 173
7.4　大不況とデフレーション ── 176
7.5　セイの法則と有効需要の理論 ── 178
7.6　拡張的財政政策 ── 183
7.7　*IS-LM* 分析 ── 185
IS 曲線(186)　　*LM* 曲線(188)
7.8　流動性のわな ── 192
■本章のまとめ・練習問題　194

Case Study　7-1：消費関数の検討（179）

8　経済のグローバル化とマクロ経済学　　197

8.1　輸出と輸入を含む IS 分析 ——— 198
8.2　貿易を含む投資乗数 ——— 201
8.3　国際収支 ——— 202
8.4　為替レートと購買力平価 ——— 205
短期為替レートの決定（205）　　長期為替レートの決定：購買力平価説（208）
8.5　国際金融体制：金本位制の成立 ——— 211
価格革命と近代資本主義の発展（211）　　物価統制令と金本位制の成立（214）
国際金本位制（215）
8.6　正貨流通メカニズム：貨幣数量説 ——— 216
8.7　ケインズと国際通貨問題 ——— 219
ドイツ賠償問題と発展途上国の累積債務問題（219）　　イギリスの金本位制復帰問題（221）
■本章のまとめ・練習問題　　226
Case Study　8-1：日本の金解禁問題（223）
●コラム：最高価格令　　215

9　インフレーションとマクロ経済学　　229

9.1　インフレーションとスタグフレーション ——— 230
フィリップス曲線（230）　　スタグフレーション（233）　　修正フィリップス曲線（235）
9.2　固定相場制から変動相場制へ ——— 243
固定相場制（243）　　インフレーションの輸入（246）　　金・ドル本位制の廃止と変動相場制（248）
9.3　日米経済摩擦：双子の赤字 ——— 251
■本章のまとめ・練習問題　　256
Case Study　9-1：各国のフィリップス曲線の検証（238）
●コラム：オイルショック　　241

10　バブル崩壊を超えて　259

- 10.1　ニュー・エコノミー：アメリカの1990年代 ——— 260
- 10.2　EU（European Union，欧州連合）の誕生 ——— 263
- 10.3　日本：バブル崩壊 ——— 265
  プラザ合意(265)　バブル発生：貸す側（銀行業）の原因(267)　借りる側（建設業）の原因(269)　バブル経済の崩壊と失われた10年(272)　公共事業批判(274)　社会保障と消費税(277)
- 10.4　失われた10年 ——— 279
  短期的対応(279)　ルイス型経済成長モデルと中国の発展(281)　長期的対応(284)
  ■本章のまとめ・練習問題　287

参考文献 ——— 289
練習問題略解 ——— 293
索　引 ——— 301

第 1 章

需要と供給

　わたしたちの消費生活を支える商品やサービスには価格が付いています。毎月の所得はこれらの価格を考慮して様々な商品やサービスに費やされます。その価格は市場における需要と供給によって決まります。価格は時間の経過とともに変化していきますが，その変化の方向は需要と供給の変化を調べることにより説明することが可能です。本章はこのように需要と供給という概念を用いて市場価格の分析を行います。

　本章より第5章までの経済分析をミクロ経済学といいます。

○ KEY WORDS ○

価格，需要，供給，市場，シフト，弾力性，クモの巣理論

1.1 「市場均衡価格」の理論

道路脇のガソリンスタンドには，ガソリン価格が表示されて時間とともに変化しています。また道路を走ると，あるガソリンスタンドでは1リットル当たり105円と表示されているのに，しばらく行くと1リットル当たり104円と表示されていることがあります。図1.1は1994年以来の東京都におけるガソリン価格（平均）の変化を示しています。これらのガソリン価格がどのように決定され変化していくかを分析するのに，需要と供給という概念が用いられます。このような商品価格の決定メカニズムを研究する経済学の分野をミクロ経済学といいます。

○ 需　要

ガソリンがどのように消費されるかを吟味しましょう。まず「需要」から説明します。これは様々な価格に対し何人がこのガソリンを買いたいと思っているかを示す概念です。ちなみに経済学では，このような人々の欲求を満足させるモノ（あるいは活動）のことを，財（サービス）と呼びます。

単純化をして，ある大学の学生街に3タイプのドライバー（一郎タイプ，次郎タイプ，三郎タイプ）がそれぞれ1000人いて，それぞれの所有する自動車のガソリン・タンク（仮に10リットルとします）がほぼ空なので満杯にしたいと思っているとします。

まずバスも電車も利用の便が悪いところに住んでいる学生をいま「一郎」タイプと呼びます。このタイプにとって車は必需品に近いのでガソリンに1リットル当たり101円までは払ってもよいと考えていると仮定します。

次に，バスか電車，どちらか一方の利用の便の良いところに住んでいる学生を「次郎」タイプと呼びます。このタイプは1リットル当たりそれぞれ

図 1.1　ガソリン小売価格（東京都平均，1 リットル当たり価格 1994-2001 年）

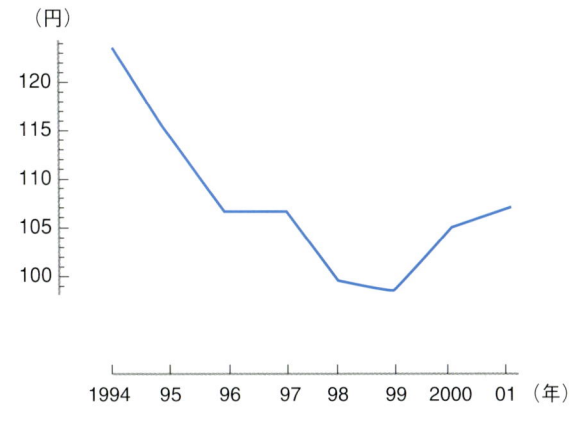

（データ出所）　総務省「小売物価統計調査年報」をもとに作成。

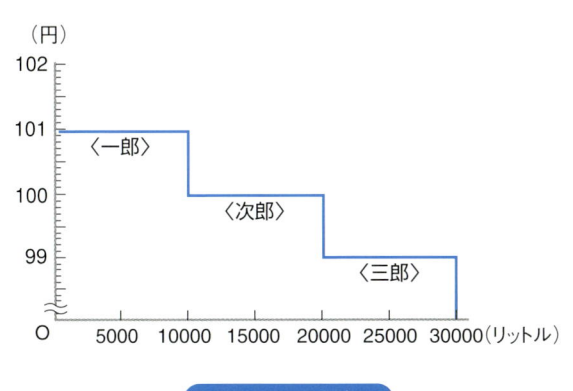

図 1.2　需要表

1.1 「市場均衡価格」の理論

100 円までは払ってもよいと考えていると仮定します。

　最後に，バスも電車も利用の便の良いところに住んでいる学生を「三郎」タイプと呼びます。このタイプはとくに車を必要としないので 1 リットル当たり 99 円までは払ってもよいと考えていると仮定します。

これを整理すると，99円の価格のとき3000人で計3万リットル，100円の価格のとき2000人で計2万リットル，101円の価格のとき1000人で計1万リットルだけ購入を希望していることになります。102円以上では誰も購入しません。図1.2はこのようなガソリン需要の状況（需要表）を示しています。

○ 供　給

　さて「供給」という概念を説明しましょう。日本のガソリンスタンド（サービス・ステーション，以下SS）はその企業形態により2種類に分けられます。日本には5万以上のSSがありますが多くは10社ほどの「石油元売」からガソリンを仕入れて販売する「特約店」SSであり約80%を占めます。残り20%は「石油元売」がSSを所有してガソリンを販売する形態であり，「社有」SSと呼ばれます。

　いま，先の例の学生が使うSSとして，「元売」からそれぞれ5000リットルのガソリン供給を受け，販売している6社があると仮定しましょう。たとえばA，B，C社はリットル当り99円で，D社は100円で，E，F社は101円でそれぞれ5000リットルを提供しているとします。図1.3はこの供給を示しています。

　さてこの2つのグラフを重ね合わせてみましょう（図1.4）。供給量は3万リットルあるので需要と供給は等しく，価格も99円，100円，101円になると考える人がいるかもしれませんがそうでしょうか。

　もしまったく新しい町ができて，そこに上で述べた市場参加者がいかなる情報もなしに取引が行われるとすれば最初はそのような状況が生じるでしょう。しかし人々は情報をもとに学習します。このとき価格は100円に収束していくでしょう。

　すなわち，どうしても車を必要とする一郎タイプのドライバーは情報収集

図 1.3 供給表

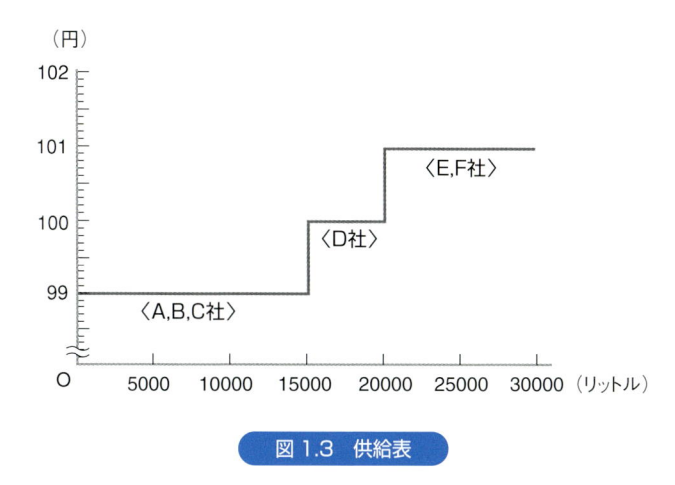

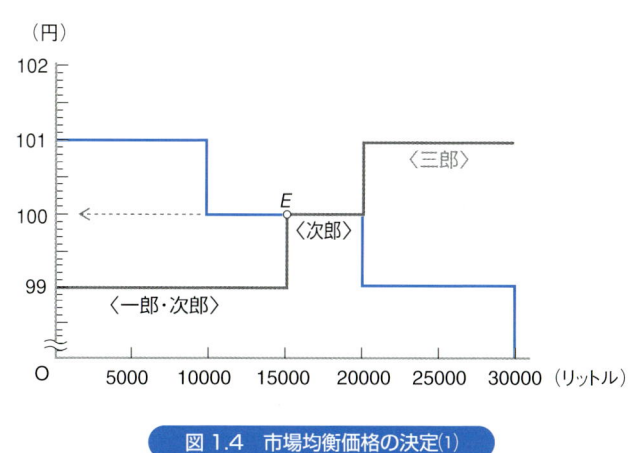

図 1.4 市場均衡価格の決定(1)

にも熱心で，99円ガソリンの情報を手に入れて素早く町中を探して恐らくA，B，C社から99円でガソリンを1万リットル購入するでしょう。

次郎タイプのドライバーは一郎タイプの人よりも出遅れてガソリンを探すので恐らく500人はA，B，C社から99円でガソリンを5000リットル購入

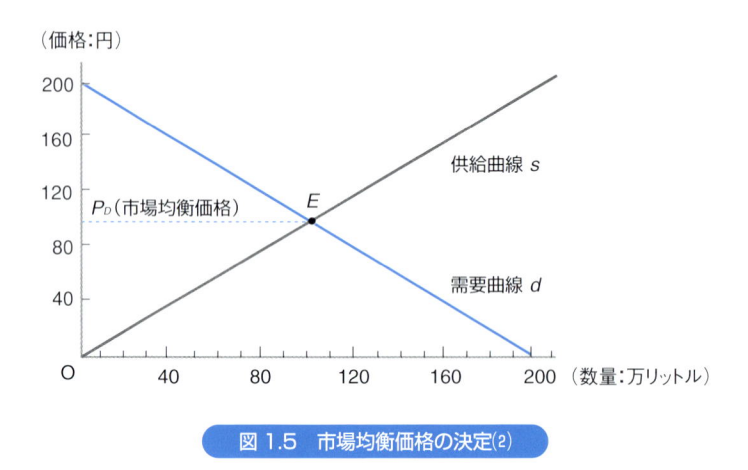

（価格：円）の縦軸と（数量：万リットル）の横軸をもつグラフ。供給曲線 s が右上がり、需要曲線 d が右下がりで、交点 E において P_0（市場均衡価格）が決定される。

図1.5　市場均衡価格の決定(2)

して，残りの500人はD社から100円で5000リットル購入するでしょう。

　恐らくもっとも出遅れる三郎タイプのドライバーは自分の許容価格を提示するA，B，C，D社へたどり着いてももうガソリンがないといわれるでしょう。三郎タイプの人は最初は仕方なくE，F社から101円で購入して車を運転するでしょうが結局はバスや電車を使って済ませるようになるでしょう。

　そこでA社，B社，C社，D社はそれぞれ5000リットルを完売し，結局はE社とF社はまったく販売できない状況が続くでしょう。それでは99円と100円のガソリン価格が永続するでしょうか。

　A社，B社，C社は99円で購入したい人の需要が満たされていないのでいつも商品不足を感じて，リットル当たり100円で販売を開始するでしょう。すると市場価格は100円となりますが市場価格はこれ以上，上昇することはありません。101円では一郎タイプのドライバーだけが全部で1万リットルのガソリンを購入するのみですからA社，B社，C社が全体で販売したい1万5000リットルに足りません。どの会社も価格を下げる余裕はあるのでどれかの企業が値段を下げて100円で販売するでしょうから他も追随します。

このようにして市場価格はリットル当たり100円に定まるといってよいでしょう。すなわち図1.4の需要表と供給表の交点Eで市場価格は定まるのです。

ドライバーの数やSSの数が多くなると多様な人々やSSが増えますから需要表や供給表は階段がならされて図1.5のように滑らかな線になると考えられます。需要表d（これは価格と数量という2つの数値の関数となるので需要関数と呼び，dは需要曲線と呼びます）は右下がり，供給表s（こちらも同様ですので供給関数と呼び，sは供給曲線と呼びます）は右上がりとなるのは変わらないでしょう。図1.4のような階段部分がなければ，この市場では2つの関数の交点Eへと価格は動いていくことが期待されます。この交点Eで与えられる価格P_Dを市場均衡価格といいます。

なお，経済学ではこのケースの中のドライバーのように消費を行う人々のことを家計，SSのように家計に財・サービスを供給する人々のことを企業と呼び，こうした経済活動に携わる人々や組織の存在を経済主体と呼びます。

また，本節では毎日の家計行動を分析するためにドライバー（家計）は10リットルのガソリン・タンクを満杯にするときの需要行動を考えました。もしその行動を1か月，あるいは1年単位で分析するのであれば，むしろ，ガソリン価格に応じてガソリン消費を変化させると考えた方がよいでしょう。しかしその場合でも，その家計のガソリン需要曲線は図1.5のように右下がりであると考えられます。

1.2　需要関数や供給関数のシフト

市場の均衡価格は需要関数や供給関数の交点によって決定されますが，それらの需要関数や供給関数は様々な理由で右や左へ移動します。このことを経済学では需要関数や供給関数が「シフトする」といいます。この需要関数

や供給関数のシフトにより市場均衡価格は変化しますが，その変化にはいくつかのパターンがあります。そのパターンを吟味しましょう。

○ 需要関数のシフト

　需要表（関数）や供給表（関数）はシフトする事があります。たとえばバスや電車の料金が下落したとします。これはガソリンに対する需要減少の場合です。

　このとき次郎や三郎タイプのドライバーは以前よりも自動車による通学・通勤を真剣に考えなくなるので，たとえば次郎タイプの人は99円しか払う気がしなくなり，三郎タイプの人は98円しか払う気がしなくなったとします。すると98円の価格のとき3000人が計3万リットル，99円の価格のとき2000人が計2万リットル，101円の価格のとき1000人が計1万リットルだけ購入を希望していることになります。102円以上では誰も購入しません。

　このときガソリン価格は1リットル当たり99円となります。このように需要の低下は需要表（関数）の下方シフトを引き起こします。図1.6では新しい需要表（関数）は破線で表示され，新しい市場均衡はE'点で表示されています。需要の減少は均衡価格の低下を引き起こします。逆に需要の増加は市場価格を上昇させるでしょう。

○ 供給関数のシフト

　次に原油価格が下落しガソリンの卸価格が低下したとします。これはガソリン供給の上昇の場合です。このとき，たとえばA，B，C社はリットル当たり97円で，D社は98円で，E，F社は99円でそれぞれ5000リットルを提供するとします。このときガソリン価格の均衡は1リットル当たり99円となります。このように供給の増加は供給表（関数）の下方シフトを引き起こします。

（価格：円）

図 1.6　需要の下方シフト

図 1.7　供給の下方シフト

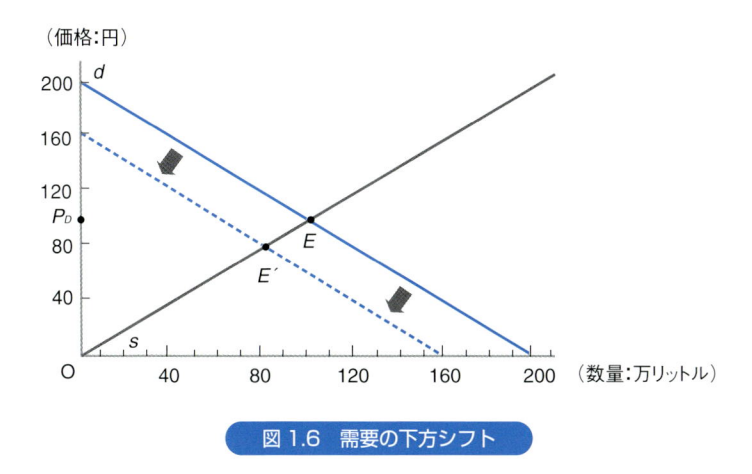

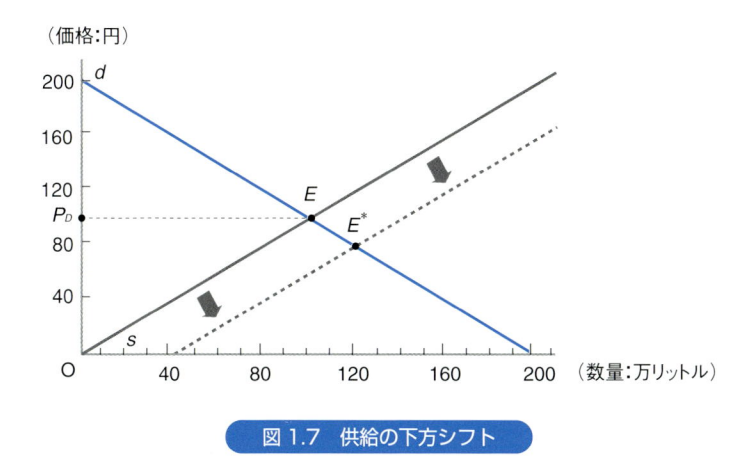

　図 1.7 では新しい供給表（関数）は破線で表示され，新しい市場均衡は E^* 点で表示されています。供給の増加は均衡価格の低下を引き起こします。逆に供給の減少は市場価格を上昇させるでしょう。

1.3 弾力性分析

前節で吟味した需要関数や供給関数のシフトと市場均衡価格変化のパターンは，弾力性分析を用いるとその内容がさらに豊かになります。この弾力性分析により，興味ある経済現象の説明が可能となるので，経済学では多く用いられます。

○ 需要の価格弾力性

しばしば「もっと弾力的に考えよう」といいますが，広辞苑によれば，これは状況の変化に応じて柔軟に対応しようということを意味します。経済学では，価格が変化したとき，どれほど需要が柔軟に（敏感に）変化するかを計るときに用います。これを需要の価格弾力性といいます。たとえば個人の所得が変化したとき，どれほど需要が柔軟に変化するかを計るとき，これを需要の所得弾力性といいます。さて，「需要の価格弾力性」とは

$$需要の価格弾力性 = \frac{|需要の変化率|}{価格の変化率} \qquad (1.1)$$

で定義されます。

ここで注意です。(1.1) において需要の変化率はその絶対値をとっています。というのは価格が上昇すると需要は減少します。するともし絶対値をとっておかないと需要の価格弾力性は負の値をとってしまいます。「柔軟に変化するか」を示すときに柔軟であればあるほど小さい値になる（負値の絶対値が大きくなる）というのは奇妙な感じを与えますから，前もって絶対値をとっておけば柔軟であればあるほど大きい値になり，問題は解決するのです。

そこで (1.1) の値が大きいとき，弾力的，小さいとき，非弾力的であるといいます。通常その境界値を 1 とおきます。

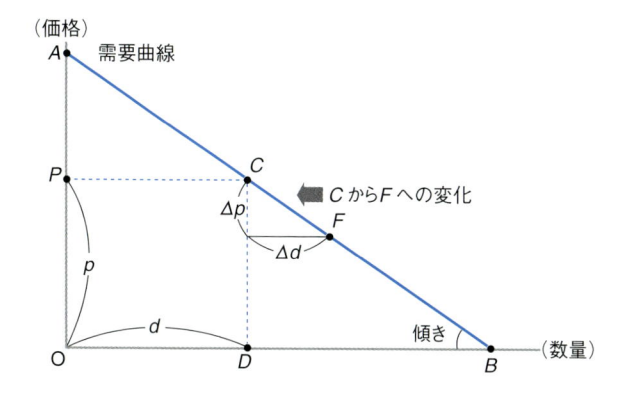

図 1.8 需要の価格弾力性

図 1.8 は需要の価格弾力性を図示したものです。(経済学では横軸に需要量を，縦軸に価格をとるので注意しなくてはなりません。)

同じ需要曲線上でも，その位置によって非弾力的な点と弾力的な点があります。需要関数が図 1.8 のように線型（直線で表せる一次式）で直線 AB で与えられるとしましょう。その需要曲線上の点 C における需要の価格弾力性は

$$\text{需要の価格弾力性} = \frac{DB}{OD} \qquad (1.2)$$

で与えられます。なぜなら，需要量を d，需要量の変化を Δd（Δ は変化量を示す記号デルタです），価格を p，価格の変化を Δp とおき，点 C から価格が Δp だけ変化して需要が Δd だけ変化したとしましょう。このとき，

$$\text{需要の価格弾力性} = \frac{\left|\dfrac{\Delta d}{d}\right|}{\left(\dfrac{\Delta p}{p}\right)} = -\frac{\Delta d}{\Delta p} \times \frac{p}{d}$$

ですが，$\Delta d/\Delta p = DB/CD = DB/PO$，$p/d = PO/OD$ だからです。たとえば OD が OB の中点にあれば点 C の価格弾力性 $=1$，OD が OB の中点より

左にあれば点 C の価格弾力性>1（弾力的），OD が OB の中点より右にあれば点 C の価格弾力性<1（非弾力的）となります。

さて，需要曲線が水平に近づけば弾力的に，垂直に近づけば非弾力的になります。たとえば図 1.8 の C 点で需要曲線が時計の針と逆向きに回転して傾きの絶対値が小さくなったとしましょう。このとき $\Delta p/\Delta d$ が小さく，すなわちより水平になるので C 点における需要の価格弾力性は上昇します。つまり前と同じ価格の上昇に対し，回転後はより大きく需要が減少するのです。

このことが 70 年代の原油市場で起こったといわれています。原油価格が上昇するにつれて，自動車も大型車から小型車へと買い替えが進みガソリンへの需要関数は回転を始めました。小型車のほうが燃費効率がよく，同じ距離を走るのに少ないガソリン消費で済むのです。このように需要関数は長期的には弾力的になる傾向があります。すなわち時が経つにつれて，需要は価格変化に対して柔軟に反応してゆきます。これはガソリンに限らず多くの財・サービスについていえる現象です。

[*Case Study 1-1*]

総収入と需要の価格弾力性

現在，日本道路公団の民営化が議論されています。かつて 28 兆円の累積赤字を抱えた旧国鉄は 1987 年に分割・民営化されて JR となり，「国民の誰にも公平な鉄道サービスの提供」という目標からむしろ「効率的な鉄道サービスの提供」という目標の実現を求められています。日本道路公団も同様な累積赤字を抱え，同様な「効率的な道路サービスの提供」を求められています。ここで郵便貯金や簡易保険の掛け金などを財源として持つ「財政投融資」資金がこの日本道路公団へ融資され不良債権化しているのではないかと問題になっています（[1] p.94）が，その問題は第 10 章でとりあげます。

効率的である条件として赤字決算を出さないことが挙げられます。公共輸送機関はその運賃収入の増加をめざして運賃を引き上げることがありますが，運賃を引き上げたとき，運賃収入は増加するといえるでしょうか。

たとえばJRが運賃を引き上げたとしましょう。JRの輸送サービスに対する需要曲線は右下がりですから，運賃を引き上げれば輸送サービスに対する需要は減少します。（ここで注意が必要です。ここで運賃を引き上げているのは第1節におけるSSのガソリン価格を100円から引き上げる場合に対応します。）すなわち乗客離れが起きます。さて，

$$収入＝運賃×乗客数$$

です。運賃は上昇し，乗客数は下落するのですから収入は増加するのか減少するのかはわかりません。しかし需要の価格弾力性がわかれば，その判断がつきます。もし乗客数が運賃の変化に対してあまり変化しなければ，すなわち需要が価格にたいして非弾力的であれば収入は増加するでしょう。逆に乗客数が運賃の変化に対して大幅に変化すれば，すなわち需要が価格に対して弾力的であれば収入は減少するでしょう。

実際，運賃をp，乗客数をdとおき，Δをdやpといった変数の変化分とおくと，ΔpとΔdが小さな値であるとすれば$\Delta p \times \Delta d$はほとんど無視できる大きさとなりますから$\Delta(p \times d) = p\Delta d + d\Delta p$と考えてよいでしょう（数学的補注参照）。ここで$\varepsilon$（イプシロン；$\varepsilon = -(\Delta d/\Delta p) \times (p/d)$）を需要の価格弾力性とおけば

$$p\Delta d + d\Delta p = (\Delta p)d\left(1 + \frac{p\,\Delta d}{(\Delta p)d}\right) = (\Delta p)d\,(1-\varepsilon) \qquad (1.3)$$

となります。$\Delta p > 0$ですから，上式より需要の価格弾力性が1より小さいとき，左辺は正となります。一方，価格弾力性が1より大きければ，運賃を引き下げることにより収入を増加させることが可能となります。

数学的補注

経済学で「無限小」の変化を考察する「微分」などの概念が多用されるので経済学を嫌いになる人が出てくるといわれます。本書を読むのに微分は必要ありませんが「有限」な変化を考察する場合があります。そこでは「増分」の概念が用いられます。

ある変数xの変化をΔxと表し，xの増分といいます。たとえばxがx_0からx_1へと変化すると$\Delta x = x_1 - x_0$となります。さて，経済学では2つの変数についてその積の変化を考察する場合が多々あります。いま2つの変数xとyがあり，その積を$z = x \times y$で定義します。ΔxとΔyの値が小さいとき，Δx, Δy, Δzにはどのような関係があると

考えられるでしょうか。このときには近似的に

$$\Delta z = x \times \Delta y + y \times \Delta x \tag{1}$$

が成り立つと考えて差し支えありません。それは以下の理由によります。x が x_0 から x_1 へ，y が y_0 から y_1 へと変化すれば $z_0 = x_0 \times y_0$，$z_1 = x_1 \times y_1$，また $x_1 = \Delta x + x_0$，$y_1 = \Delta y + y_0$ ですから

$$\begin{aligned}\Delta z = z_1 - z_0 &= x_1 \times y_1 - x_0 \times y_0 \\ &= (x_0 + \Delta x) \times (y_0 + \Delta y) - x_0 \times y_0 \\ &= x_0 \times \Delta y + y_0 \times \Delta x + \Delta x \times \Delta y \end{aligned} \tag{2}$$

となります。すなわち Δx と Δy の値が小さいとき，近似的に(1)が成り立つと考えてよいのです。たとえば，x が 10 から 10.01 へ，y が 20 から 20.01 へと変化したとしましょう。

このとき(2)は

$$0.01 \times 20 + 0.01 \times 10 + 0.01 \times 0.01 = 0.2 + 0.1 + 0.0001 = 0.3001$$

となります。このように，Δx と Δy の値が小さいとき，$\Delta x \times \Delta y$ の部分は無視してもよいのです。

○ 供給の価格弾力性

価格が上昇すれば供給は増加しますが，経済学では，価格が変化したとき，どれほど供給が柔軟に変化するかを計るときに供給の価格弾力性を用います。これは

$$供給の価格弾力性 = \frac{供給の変化率}{価格の変化率} \tag{1.4}$$

で定義されます。

ここでも注意です。(1.4)において供給の変化率はその絶対値をとる必要はありません。というのは価格が上昇すると供給は増加しますから，「柔軟に変化するか」を示すときに柔軟であればあるほど大きい値になるので問題はないのです。そこで (1.4) の値が大きいときは弾力的，小さいときは非弾力的であるといいます。需要の場合と同様に通常その境界値を1とおきます。需要曲線の場合と同様に供給曲線が水平に近づけば弾力的に，垂直に近

づけば非弾力的になります。

また，需要曲線の場合と同様に同じ供給曲線上でもその位置によって非弾力的な点と弾力的な点がありえます。ただし供給関数が線型（一次式）であれば，その関数のすべての点で非弾力的となるか，あるいはその関数のすべての点で非弾力的となるかの2種類に分かれます。

需要関数と同様に供給関数は長期的には弾力的になる傾向があります。原油市場でもこの現象が起こりました。原油価格が低いと原油埋蔵が確認されていても生産コスト面で劣ると思われる地域は油田開発は行われません。しかし原油価格が上昇するにつれて油田開発も採算がとれるようになるのです。実際1970年代に入りイギリス・ノルウェーの北海油田からも原油市場へ原油がもたらされたのも，原油価格上昇が原因だったのです。

○ 需要の所得弾力性

経済学では財やサービスの種類をそれらに対する需要の性質によって分類することが行われます。価格は変化せずに所得が増加したとき，ある財への需要が増加すればその財を正常財あるいは上級財といいます。逆に所得が増加したとき，ある財への需要が減少すればその財を劣等財あるいは下級財といいます。

多くの財は正常財といえるでしょう。劣等財としてしばしば挙げられるのは麦です。所得が低いと麦を消費しますが所得が高くなると麦の消費は減り，コメを食べるようになるからです。（1950年代にある大臣が「貧乏人は麦を食え」といって問題になったことがあります。）

さて，「需要の所得弾力性」とは

$$需要の所得弾力性 = \frac{需要の変化率}{所得の変化率} \qquad (1.5)$$

で定義されます。そして需要の所得弾力性が1より大きいとき（すなわち所得の増減に柔軟に反応する財の場合）には，奢侈品，1より小さいとき（所

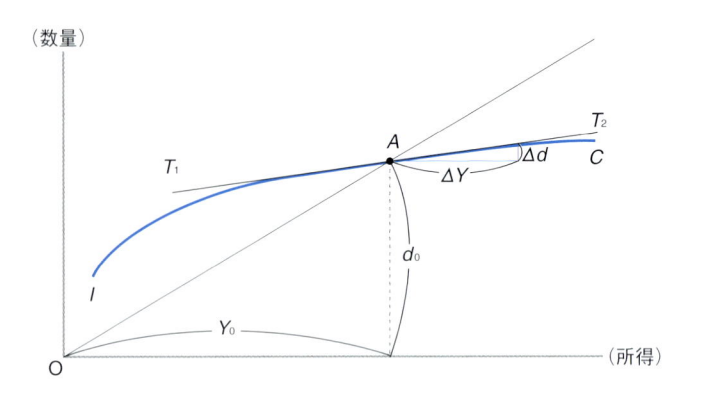

図1.9 エンゲル曲線

得の増減に余り影響を受けない財の場合）には，必需品といいます。ある財が奢侈品か必需品か区別するには次のように行えばよいでしょう。

所得だけを変化させてその財への需要の変化が観察できたとします。これを所得・消費線，あるいはエンゲル曲線といいます。図1.9では IC という曲線で描かれています。まず，この財は上級財であることは明らかですが必需品でしょうか，それとも奢侈品でしょうか。

この区別を行うためにその線上の点，A をとり，原点 O から A を通る線を引きます。その線の傾きのほうが A 点における接線（T_1T_2）より大きければこの財は（A 点で）必需品であることが明らかとなります。というのは Y を所得，Δd を需要量の変化とすると T_1T_2 の傾きは $\Delta d/\Delta Y$，OA の傾きは d_0/Y_0 です。ただし A 点の座標を (Y_0, d_0) と置いておきます。すると $\Delta d/\Delta Y < d_0/Y_0$ が成り立ちますから

$$\frac{\left(\dfrac{\Delta d}{d_0}\right)}{\left(\dfrac{\Delta Y}{Y_0}\right)} < 1$$

より，必需品であることがわかります。このようにエンゲル曲線を原点から

の直線が下から交差すれば必需品となります。逆にエンゲル曲線を原点からの直線が上から交差すれば奢侈品となります（次の *Case Study 1-2* 参照）。

[*Case Study 1-2*]
日本の医療問題と奢侈品

　需要の所得弾力性というキーワードで日本の医療問題を吟味しておきましょう。（第10章でこのような社会保障をマクロ経済学的視点から吟味します。）

　1998年現在，248,611名の医師と88,061名の歯科医師，205,953名の薬剤師，および594,447名の看護士により日本の医療は支えられています。日本の抱える大きな問題の一つは国民医療費の高騰です。

　日本では国民全体が保険の対象となる「皆保険制度」がとられています。1999年に年間の国民医療費は30兆円を超えました。国民医療費を抑制するため，厚生労働省は2003年4月から，大学病院での入院治療に対し定額診療報酬制度を導入します。これまでは現場の医師の判断が尊重され，出来高払い制度でした。しかし，これからはたとえば胃がんで内視鏡手術が行われると，どのような方法をとっても大学病院へは1日当たり26,280円しか支払われません（[2]）。

　とはいえ，日本の医療は世界的に見れば安価に提供されています。たとえば国民所得比でみると日本では6.5%が医療費に費やされています（1997年度）。これに対し，アメリカ：6.8%（1992年度），イギリス：7.3%（1993年度），ドイツ：8.7%（1993年度），フランス：9.2%（1993年度），スウェーデン：10%（1993年度）となっています（[3]）。アメリカではクリントン元大統領（在任：1992-99年）も「皆保険制度」の導入を図りましたが実現しませんでした。アメリカでは1965年以来低所得者・身体障害者のための「メディケード」，高齢者のための「メディケア」が公営の医療保険として存在するのみで，これ以外の人は民間企業の提供する医療保険に入ります。アメリカでは中低位所得者に医療保険無加入者が4260万人ほどいて，重病になってから病院へ担ぎ込まれるとして問題になっています（[4] p.181）。もっとも，日本の医療は「3時間待ちの3分受診」といわれ，医療サービスの質が問題とされてきました。

　医療経済学では医療サービスは奢侈品であるといわれています。癌などの重病

1 需要と供給

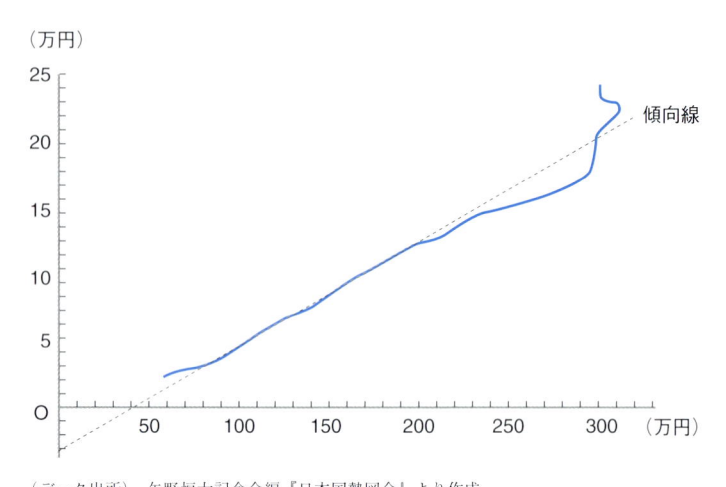

(万円)

一人当たり国民所得 vs 一人当たり医療費：1970–2000年

(データ出所) 矢野恒太記念会編『日本国勢図会』より作成。

にかかれば所得が高い人であろうと低い人であろうと同じ手術治療を受けなければならないので医療サービス需要は所得水準や手術費用などの価格とは無関係であると思われるかもしれませんが，風邪や胃腸病など程度の軽い病気の場合，所得水準の高い人ほど頻繁に病院を訪れるのです。

　上図は1970年より2000年までの日本の一人当たり国民所得と一人当たり医療費をプロットしたものです。たとえば，2000年度，一人当たり国民所得は約300万円，一人当たり医療費は約24万円です。このような点を31個作ってプロットし，実線で結びました。この情報から統計的処理（最小2乗法：詳しくは統計学の教科書を参照）によって所得と医療費の関係においてもっともありそうな直線（これを傾向線といいます）を計算して破線で表示しています。このような計量経済学的分析によると破線は

　　　一人当たり医療費＝－3.21982＋0.0801848×（一人当たり国民所得）

という式になっています。R^2（アール・スクエア，決定係数）は一人当たり国民所得という要因が一人当たり医療費の変動を何%説明するかという指数ですが，0.96となり96%の説明力を持っています。また，p値とは一人当たり国民所得の係数（上式の下線部分）を仮に0とおいた場合，その確率はどれほどかを測る指数ですが，ほぼ0です。したがってその係数は正と考えてよいでしょう。

このとき一人当たり医療費支出を医療需要とみなせば医療サービスは，所得に応じて需要が増える上級財ということになります。さらにこの破線上の任意の点をとって原点と結ぶとその線は破線を上から交差します。したがって一人当たり医療費支出を医療需要とみなせば医療サービスは奢侈品ということになります。国民医療費は高騰する傾向を内在しているのです。

○ 需要の交差価格弾力性

図 1.10 はコメ（実線）と肉類（破線）の一人当たり消費（1 日）の経年変化をグラフにしたものですが，日本人のコメ消費は 1960 年代からみると約半分に低下しています。この間，基本的に日本人家計の所得は上昇してきました。するとコメは下級財なのでしょうか。

上級財か下級財かは「価格変化がない場合」に所得が上昇して需要が増えるかどうかで判断します。50 年間という長期間にわたり価格が変化しないということは考えられません。この場合，コメの価格がどう変化したかとい

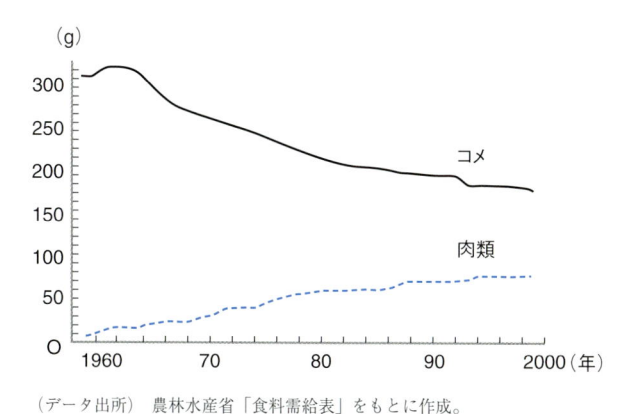

（データ出所）農林水産省「食料需給表」をもとに作成。

図 1.10　一人当たりコメ/肉類消費（1959-99 年）

うことだけでなく，他の財の価格の変化も考えなくてはなりません。需要の交差価格弾力性とはある財の価格が1%変化したときに他の財の需要が何%変化するかを測る概念です。第i財の需要をd_i，第j財の価格をp_jとおくと

$$\text{需要の交差価格弾力性} = \frac{\text{第}\,i\,\text{財の需要の変化率}}{\text{第}\,j\,\text{財の価格の変化率}} = \frac{\left(\dfrac{\Delta d_i}{d_i}\right)}{\left(\dfrac{\Delta p_j}{p_j}\right)} \quad (1.6)$$

で定義されます。(1.6) が正のとき，すなわち第j財（たとえば牛肉）の価格の下落が第i財（たとえばコメ）の需要量を減らす場合には第i財とj財は粗代替財，負のとき，すなわち第j財の価格の下落が第i財の需要量を増やす場合には第i財とj財は粗補完財であると定義されます。

1978年12月にはGATT東京ラウンドの懸案事項であった牛肉・オレンジ交渉の日米合意が成立し，これらの商品が関税を課されながら日本へ輸入されるようになりました。現在，牛肉には38%，オレンジには32%，プロセスチーズには40%，ナチュラルチーズに30%の関税が課せられており，アメリカは関税率の削減を求めています（[5]）。

1994年GATTウルグアイ・ラウンドで農業分野交渉に合意して日本はコメの輸入を認めました。合意受け入れを表明するに当たって，時の細川連立内閣は閣内の協議に時間がかかり，受け入れ発表を一時延期せざるを得なかったほど大きな農業政策の転換でした。このようにコメと比べると相対的に初期の段階から輸入が認められるようになった牛肉と，後に輸入が少量ずつ輸入されるようになったコメとではどちらが価格は相対的に上昇したかという問題を吟味してみましょう。

東京都で調査された米価を牛肉価格で割ったものを1965年から2000年まで実線表示したものが図1.11に示されています。最小2乗法（*Case Stady 1-2* 参照）により計算したもっともありそうな傾向線を破線で表示していますが，これは正の傾きを持っています。最小2乗法により計算した傾向線はyを縦軸の変数，xを横軸の変数とおくと

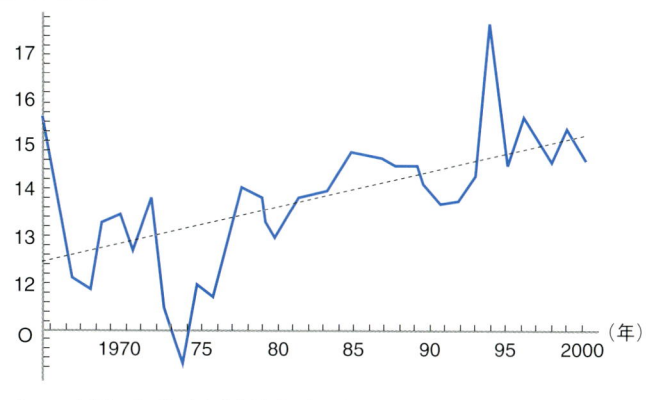

(米価/牛肉価格)

図1.11　米価÷牛肉価格（1965-2000年）

（データ出所）矢野恒太記念会編『日本国勢図会』より作成。

1.3 弾力性分析

$$y = -135.964 + 0.07555985x$$

で表されます。xの係数に関するp値は0.000248628ですから，計量経済学的分析によればこの正の傾きは正しいと結論付けることができます。すなわち後々まで輸入禁止策が採られ強力に保護されたコメの価格よりも，輸入肉がスーパーなどで目に付く牛肉の方が相対的に安くなってきていることが確認されたわけです。

50年間におけるコメ消費減少，肉消費増加は肉の価格がコメの価格と比べ相対的に減少していることも一つの原因であると考えられます。したがってコメは下級財とはいえません。

このようにして，恐らくコメと牛肉の需要の交差弾力性は正と考えられます。したがってコメと牛肉は粗代替財であると考えられます。多くの財・サービスは粗代替財であると考えられています。すでに述べた電車（サービス）とバス（サービス）もその例でしょう。粗補完財の例としては，たとえばコーヒーと砂糖などが挙げられます。

1.4 クモの巣理論

　これまで仮説例をもとに需要関数や供給関数を構築し，用いてきましたが，現実の需要・供給関数はどのようなものでしょうか。

　市場によっては価格と取引量が記録されていることがあります。このデータは需要関数，それとも供給関数のどちらを示しているのでしょうか。価格の変動が大きいと考えられる野菜市場を吟味してみましょう。ここでは持ち込まれた野菜がセリにかけられて値段がつき，これが卸価格としてスーパーや八百屋の野菜価格の基礎となります。

　農林水産省のホーム・ページ（http://www.maff.go.jp/）に入ると「資料・統計」欄に「統計情報」—「市場情報：青果物」の項目があり「旬別卸売数量・価格動向」を知ることができます。これは東京築地市場，東京大田市場，大阪本場市場における市場情報です。各月の上旬，中旬，下旬における個別青果物の卸売価格と取引数量が掲載されています。

　たとえば取引量の大きい東京大田市場における大根を選んでみましょう。2000年度，日本全体では11万4千戸の農家が大根作付けを行い，187万トンの大根が生産されました。このうち東京大田市場における2001年1月の価格・取引数量は，上旬は115円/kg，1151トン，中旬は95円/kg，1725トン，下旬は136円/kg，1657トンでした。これらの数字はそれぞれの時期の需要と供給によって決まっているはずですが，これだけの数字から元々の需要関数と供給関数を識別するのは不可能です。価格はどのように決まり変化していくのでしょうか。

　大根に対する需要関数は右下がりで与えられ，その需要関数がシフトするとすれば，その原因の多くは他の財の価格が変化したときでしょう。もし他の財の価格が変化しないとすれば需要関数は変化せず，大根価格の変化は供給の変化によって生じます。ただ，ここでの問題は大根の供給は短期的には

図 1.12　クモの巣理論

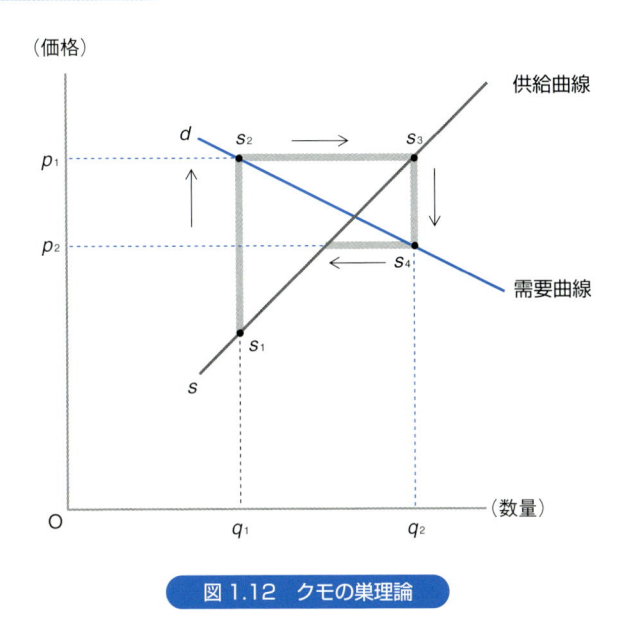

垂直（価格非弾力的）であるという事実です。

　つまり大根はいったん植付けが行われると市場での供給までに2か月や3か月は時間を必要とします。しかし長期的には大根価格に応じて植付けの量も変更され供給量も変化するはずです。たとえば大根価格が低いと判断されれば植付けの量も減らされ，逆に価格が高いと判断されれば植付けの量は増加するでしょう。このようにして価格と取引量が変化していくという理論をクモの巣理論といいます。

　図 1.12 で大根に対する需要関数は実線 d で示されています。ある日，大根が q_1 だけ市場にもたらされます。この日には供給は s_1〜s_2 と垂直になります。需要関数は d ですからセリによって大根価格は p_1 となります。生産調整の可能な長期の供給関数は s で示されています。農家にとって価格は思ったより高値ですからここで大根の植付けを増やすと2〜3か月後に q_2 と

なる大根が市場にもたらされます。大根が市場にもたらされた日には生産調整はできませんから短期の供給曲線は $s_3 \sim s_4$ となり，大根価格は p_2 となります。農家は価格が下落したので大根の植付けの量を減らし，2～3か月後に大根が市場にもたらされます。

このように供給と価格が決まっていけば図1.12の $s_1 \sim s_2 \sim s_3 \sim s_4$ のようにクモの巣状に変化していくでしょう。したがって生産に時間を要する場合の価格と生産量の決まり方を「クモの巣」理論というのです。実際は大根の価格と生産量はクモの巣状に変化するとは限りません。大根市場はこの理論のように2～3か月に一回開かれるというわけではなく，毎日開かれているからです。しかしこの理論が正しいとすれば市場にもたらされる大根の量が多くなればその日の大根価格は下落するはずです。さらに市場価格が低くなれば2～3か月後に市場にもたらされる大根の量は少なくなるはずです。

この2点を東京大田市場のデータでチェックしてみましょう。最初の点は次のようにしてチェックできるでしょう。データから，{(1151, 115)，(1725, 95)，(1657, 136), ...} と73個の点を2次元グラフにプロットします。たとえば {1151, 115} は，2001年1月上旬の取引数量1151トンと価格115円の組を示します。このとき，この2つの関係について最小2乗法で傾向線を描くと，先の理論通りならばその傾向線は負の傾きを持つはずです。図1.13にそのプロットした点を結んだものを実線で，傾向線を破線で描いています。

その傾向線は y を価格，x を数量（取引量）とおいて

$$y = 135.779 - 0.0312871x$$

で表されます。x の係数の p 値は 0.0137838 となりますから x の係数は負であると信じてよいでしょう。すなわち，市場にもたらされる大根の数量が多くなれば大根の価格は下落します。

第2の点は次のようにしてチェックできます。大根生産には2～3か月を要しますから，ある期の取引量と12期前（4か月前）の価格を対応させて61個の点を2次元グラフにプロットして最小2乗法で傾向線を描くと，先

図1.13 大根市場の傾向線

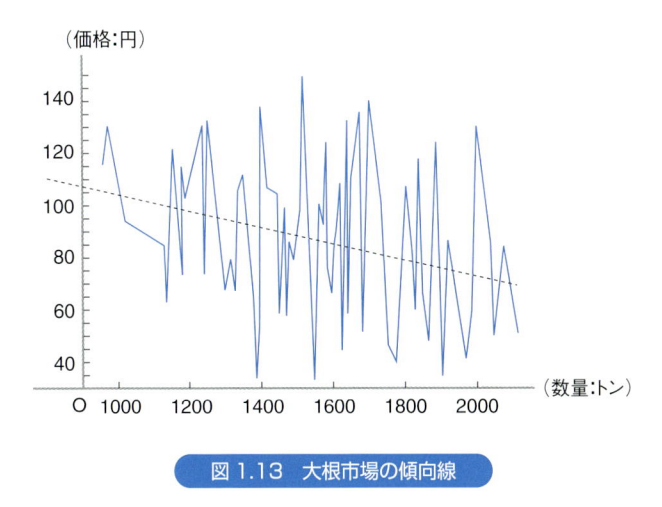

の理論通りならばその傾向線は正の傾きを持つはずです。実際にこの作業を行うと正の傾きを持つ傾向線を引く事ができ，x の係数の p 値は 0.00604611 となりますから x の係数は正であると信じてよいでしょう。すなわち，市場価格が下落すれば 4 か月後の大根の数量は少なくなるのです。このように東京大田市場の統計データによりクモの巣理論の正当性が確認されます。

1.5 市場分析の応用

　この節では「需要」と「供給」をキーワードとしてこれまで定義されてきた市場分析の概念やツールを用いて経済事象を説明します。経済学はこのようにこれまでの経済の歴史の流れを読み解くことが可能です。

○ 市場の弾力性とオイルショック

　第1節でガソリン価格の決定プロセスを吟味しましたが，そもそもガソリンの卸価格がどのように決まるかという説明をしてきませんでした。

　ガソリンは原油から製造されます。原油価格がガソリンの卸価格を決定する主要素といってよいでしょう。そこでここでは原油市場を分析します。ディーゼルエンジンで用いる軽油も原油から製造されます。原油は化学工業で化学繊維，農薬品，あるいは医薬品を作るときの主要原料です。したがって，原油に対する需要者となるのはガソリンスタンドのみならず化学工場など，世界中の大部分の企業であるといってよいでしょう。

　これに対し，供給者となるのは世界中の油田所有者です。その中にはアメリカ合衆国（テキサス油田）もあれば，旧ソ連（バクー油田），中東諸国，北海（イギリス，ノルウエー），中国，中南米も含まれます。現在，原油価格はいくつかの世界市場の取引で決まります。基準となるのはニューヨークマーカンタイル取引所（NYMEX）で決まるWTI（ウェスト・テキサス・インターミーディエート）原油価格です。日本の原油価格は中東との結びつきが深いのでアラブ首長国連邦のドバイ原油価格が基準です。ヨーロッパでは北海ブレンド原油価格が基準ですが，これらは世界の需給関係の変化によってお互い連動しながら日々変化します。

　かつて中東諸国を中心メンバーとしたOPEC（石油輸出国機構）が1970年代に原油供給を協調して減産することによって原油価格を上昇させることに成功しました（オイルショック）。すなわち第2節で述べた供給のシフトが起こったのです。しかしこの協調減産政策は約10年後に崩壊してしまいます。その理由は「需要と供給の長期的弾力化」にあるといわれます（[6] pp. 145-7）。このことを説明するのに必要な弾力性の概念は第3節に説明しました。

　さて，1970年代にOPECは結束して原油生産を減らしました。原油市場が図1.14のように価格非弾力的であれば需要曲線や供給曲線の変化は価格

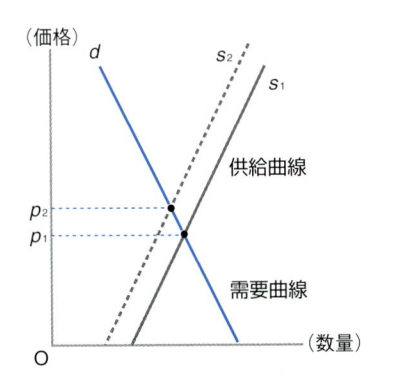

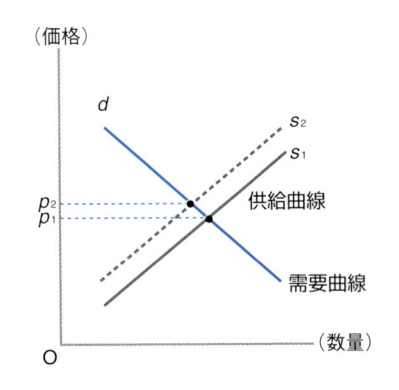

図 1.14 原油市場が価格非弾力的な場合

図 1.15 原油市場が価格弾力的な場合

の大きな変化をもたらします。逆に図 1.15 のように価格弾力的であれば需要曲線や供給曲線の変化による価格の変化は小さくなります。1970 年代の市場は図 1.14 のように価格非弾力的でしたから，原油価格は急激に上昇します。

さて 1980 年代に OPEC が同じだけ原油の減産を行ったとします。図 1.15 におけるように時間の経過により需要も供給も弾力的になっていますから価格の上昇は小幅なものになります。すると OPEC の誰かが抜け駆けをして増産したのではないかと疑念が生じます。お互いの疑念は OPEC の協調減産を崩壊させたのです。

本章のまとめ

本章はミクロ経済学でもっとも基本的な概念となる市場価格はどう決まるかというテーマを分析しました。

1 需要とはその財・サービスを購入したいと思う人々の欲求が必要度に応じて金額で表示されたものです。それをグラフで表すと右下がりの曲線で示されます。

2 供給とはその財・サービスを販売したい人々（企業）の提供可能なコストを示

します。供給について効率的な人々（企業）から非効率な人々（企業）の順に並ぶのでそれをグラフで表すと右上がりの曲線で示されます。

3 財・サービスの市場価格は需要と供給の相互作用によって決まります。グラフで表現すると需要曲線と供給曲線の交点で財・サービスの取引数量と市場価格が決まります。状況の変化によってこれらの曲線はシフトすることがあります。すると市場価格もそれに応じて変化します。

4 関数がシフトして市場価格が変化した場合，その変化の度合いを分析するのに弾力性分析が用いられます。需要の価格弾力性，供給の価格弾力性，需要の所得弾力性などが定義され，たとえばJRの運賃値上げが収入増加につながるかどうかを分析します。

5 野菜市場に見られるように，供給にラグ（遅れ）があるときに市場価格がどう決まるかを分析するのにクモの巣理論が用いられます。本章では現実の大根市場を例にとって実証分析を行いました。

練 習 問 題

1.1 以下に示す現実の市場で起こった価格の変化を需要と供給のシフトと考えて分析しなさい。

① 2001年の同時多発テロ以降，通訳派遣料が下落したといわれます（日本経済新聞 2003年8月31日）。その理由を考えなさい。

② 2003年9月から12月にかけて輸入洋書の価格が下落しました（日本経済新聞 2003年12月7日）。その理由を考えなさい。

③ 2003年9月のコシヒカリや「あきたこまち」といったブランド米に関し，卸業者の行う入札において価格が前年比で30〜50％上昇しました（日本経済新聞 2003年9月13日）。その理由を考えなさい。

④ フランスでは2003年6月の生鮮食料品の小売価格は前月比で4.8％上昇，果物は前月比で13.9％上昇しました（日本経済新聞，2003年8月3日）。その理由を考えなさい。

⑤ 日本の和牛は2000年度，平均して一頭当たり38万8000円で取引されていました。しかし2001年度にはその価格が28万円まで下落しました（日本経済新聞 2003年8月31日）。その理由を考えなさい。

1.2　ある商品に関する市場の需要曲線が $q=D(p)=100-p$，供給曲線が $q=S(p)=3p$ で与えられたとすれば（ただし q は数量，p は価格）市場価格はいくらになるか計算しなさい。

1.3　「需要関数のシフト」の箇所で述べたケースを階段状の需要・供給関数を用いたグラフで示しなさい。

1.4　本州四国連絡橋は2003年7月に10%の通行料金値下げが行われました。1か月後，架橋の利用は3.8%の増加を示しました。（日本経済新聞2003年8月2日）。この結果，収支はどう変化するか吟味しなさい。

1.5　ある商品に関するエンゲル曲線が $q=2m+100$（ただし q は数量，m は所得）で与えられたとすると，この商品はどのような財ですか。

1.6
① ある商品に関する市場の需要曲線と供給曲線が先の問題1.2で与えられるとき，生産に時間がかかるクモの巣理論による価格変動を考えます。初期の供給を80からスタートさせるとき市場均衡へ向かうかどうか吟味しなさい。

② ある商品に関する市場の需要曲線が $q=D(p)=100-p$，供給曲線が $q=S(p)=p/4$ で与えられたとすれば（ただし q は数量，p は価格）市場価格はいくらになるか計算しなさい。生産に時間がかかるクモの巣理論による価格変動を考えます。初期の供給を22からスタートさせるとき市場均衡へ向かうかどうか吟味しなさい。

第2章

消費者余剰と生産者余剰

　世界の各国は自国に貿易上の問題が生じると調停を求めてWTO（World Trade Organization，世界貿易機関）へ訴えます。WTOは世界の自由貿易体制を維持・推進するためにつくられたGATT（General Agreement on Tariffs and Trade，「関税と貿易に関する一般協定」）を，さらに発展させるために1995年に新しく設立された国連機関です。1995年を境に，それまでのGATT体制のもとにおけるより，はるかに多くの貿易紛争調停がWTOに持ち込まれています。この自由貿易をめぐるミクロ経済学の理論はこれまでに学んだ需要，供給という概念に加え，消費者余剰，および生産者余剰という概念を用いて分析されます。これらは後の諸章でもしばしば利用される有用な概念です。

○ KEY WORDS ○
消費者余剰，生産者余剰，貿易，関税，死荷重，
小国モデル，2国モデル

2.1 消費者余剰と生産者余剰

　ある市場で資源が無駄なく配分されているときその市場は効率的であるといわれます。市場が効率的かどうかを吟味し，もし非効率的であるとすればその非効率の程度を測るのに「消費者余剰」と「生産者余剰」の概念を用いると便利です。ミクロ経済学では自由貿易を行っている市場は効率的，保護貿易を行っている市場は非効率的であるといわれます。このような貿易の理論を吟味するための準備として，「余剰」概念の説明から話を始めましょう。

○ 消費者余剰

　前章で，ガソリン市場の均衡を考察したときに，単純化をして3タイプのドライバー（一郎タイプ，次郎タイプ，三郎タイプ）がそれぞれ1000人いて，それぞれの所有する自動車のガソリン・タンク（10リットル）がほぼ空なので満杯にしたいと思っている市場を考えました。

　このとき一郎タイプのドライバー1000人はそれぞれ1リットル当たり101円まで，次郎タイプの1000人は1リットル当たりそれぞれ100円，三郎タイプのドライバー1000人はそれぞれ99円までしか払う気はないと仮定し，ガソリン市場の均衡は100円となることを示しました。この均衡において消費者はどれほど得をしたといえるでしょうか。

　三郎タイプのドライバーはガソリンを消費できず，車を運転せずにたとえばバスや電車を利用するでしょう。ガソリン市場ではまったく得をしません。一郎タイプの人は101円まで払ってもよいと考えていたのに実際は100円で済んだのですから1リットルにつき1円の得をしています。彼らは1万リットルのガソリンを消費するので全体で1万円の得をしたと考えてよいでしょう。二郎タイプの人は100円まで払ってもよいと考えていて実際に100円を

（価格：円）

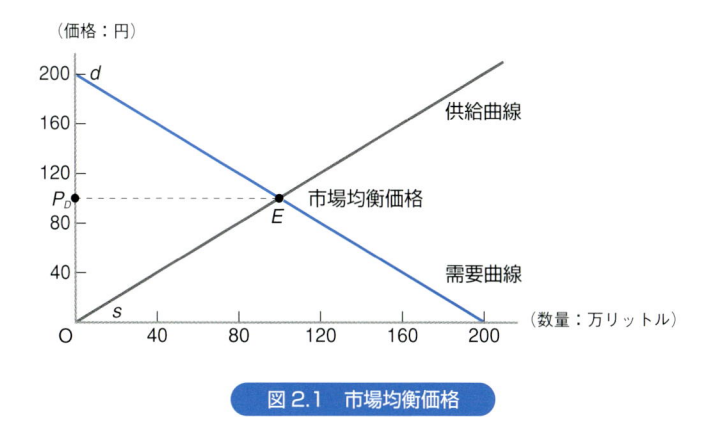

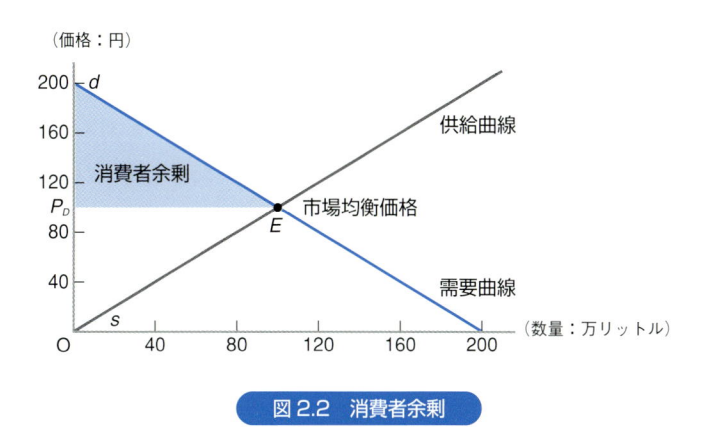

図2.1　市場均衡価格

図2.2　消費者余剰

払ったのですから特に得をしたという事はできません。消費者余剰とは市場における取引で消費者がどれほど得をするかを金額で表示する概念です。上の例では1万円が消費者余剰となります。

　すでに説明したようにドライバーの数やSSの数が多くなり、多様になると需要表や供給表は図2.1のグラフのように滑らかになるでしょう。需要曲線（関数）は右下がり、供給曲線（関数）は右上がりとなります。この交

点 E で与えられる価格 P_D を「市場均衡価格」と定義しました。

「消費者余剰」は図 2.2 の青色を付けた三角形，dEP_D，の部分の面積ではかられます。需要曲線は $D=200-p$，供給曲線は $S=p$ で描かれていますから $S=D$ をもたらす市場均衡価格は 100 となります。したがってこの図では消費者余剰は $5000=100 \times 100/2$ です。

○ 生 産 者 余 剰

次に「生産者余剰」の概念を説明しましょう。前章では，需要サイドと同様に単純化をしてそれぞれ「元売」から 5000 リットルのガソリン供給を受け，販売している 6 社があると仮定しました。すなわち A, B, C 社はリットル当たり 99 円で，D 社は 100 円で，E, F 社は 101 円でそれぞれ 5000 リットルを提供していると仮定しました。

市場価格はリットル当たり 100 円でしたから，A, B, C 社も結局は 100 円で販売するでしょう。これらの企業はリットル当たり 1 円だけ得をしています。D 社は 100 円で提供しようとして実際 100 円で販売するのですから得をしているとはいえません。E, F 社はまったく販売できないのですから当然ながら得をしているとはいえません。生産者余剰とは市場における取引で生産者がどれほど得をするかを金額で表示する概念です。上の例では 1 万 5000 円が生産者余剰となります。

すでに説明したようにドライバーの数や SS の数が多くなり多様性が高まると需要表や供給表は図 2.1 のグラフのように滑らかになるでしょう。「生産者余剰」は図 2.3 の灰色を付けた三角形，$P_D E s$，の部分の面積で測られます。需要曲線は $D=200-p$，供給曲線は $S=p$ で描かれていますから，すでに指摘したように $S=D$ をもたらす市場均衡価格は 100 となります。したがってこの場合「生産者余剰」は $5000=100 \times 100/2$ となります。

消費者余剰と生産者余剰を合わせて総余剰といいます。市場では「等価交換」が行われるといわれますが，お互いに得るものがないと交換は行われま

図2.3　生産者余剰

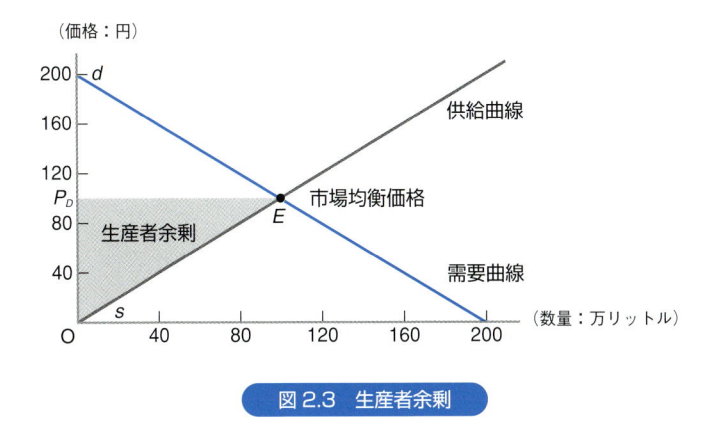

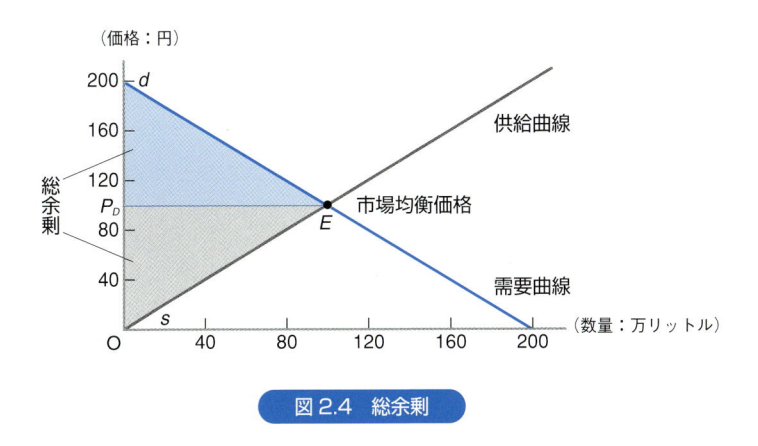

図2.4　総余剰

せん。その市場で交換が行われるとき，どれほどの「得るもの」が消費者と生産者に発生するかを測るのが「消費者余剰」と「生産者余剰」です。この合計「総余剰」が大きければ大きいほど望ましいので市場の効率性を測るために「総余剰」という概念が用いられるのです。図2.4の2つの色を付けた三角形，dEs，の部分の面積で測られます。この場合，10000となります。

2.2　自由貿易理論：小国の場合

　これまでの議論は日本国内のガソリン需要者，および供給業者のみ存在する市場を考察しました。このとき貿易が可能となり，ガソリンの輸出・輸入が行われると経済の状況はさらに改善することができます。

　このことを示すために日本経済は世界経済に比べるとちっぽけで取るに足らず，世界市場で決まる価格，世界価格，で好きなだけ輸出・輸入ができると仮定しましょう。これを小国の仮定といいます。すると日本の市場では世界価格，P_W，が支配するようになります。

　P_W は世界全体の需要・供給で決定されているので日本国内の需要・供給で決定される P_D とは異なることが多いでしょう。たとえば $P_W=120$ であったとします。このとき，日本国内の需要は図 2.5 の $P_W A$，日本国内の供給は $P_W B$ となり AB の分だけ需給に差が出ます。これを超過供給といいます。

　しかしこの差は外国へ輸出可能ですから価格が下落することはありません。消費者余剰は図 2.5 の三角形 dAP_W の面積で測られます。明らかに図 2.2 の dEP_D より面積は小さくなります。消費者の状況は悪化しています。生産者余剰は図 2.5 の三角形 $P_W Bs$ の面積で測られます。明らかに図 2.2 の $P_D Es$ より面積は大きくなっています。生産者の状況は改善しているのです。

　ここで注意すべきことは総余剰は貿易がない場合に比べて大きくなっているという事実です。日本全体としては貿易により状況は改善しているのです。その改善部分は図 2.5 の ABE の面積で測られます。この部分を貿易の利益といいます。

　逆に $P_W=40$ であったとしましょう。このとき，日本国内の需要は図 2.6 の $P_W C$，日本国内の供給は $P_W D$ となり CD の分だけ需給に差が出ます。この差は超過需要といわれます。しかしこの差は外国から輸入可能ですから価格が上昇することはありません。消費者余剰は図 2.6 の三角形 dDP_W の

図2.5　貿易の利益(1)

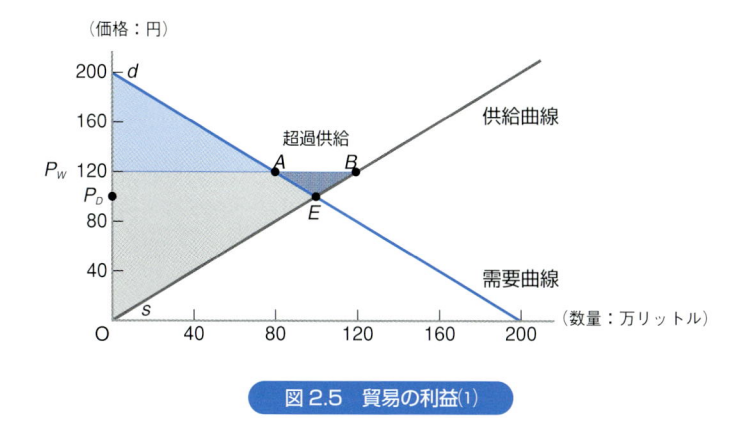

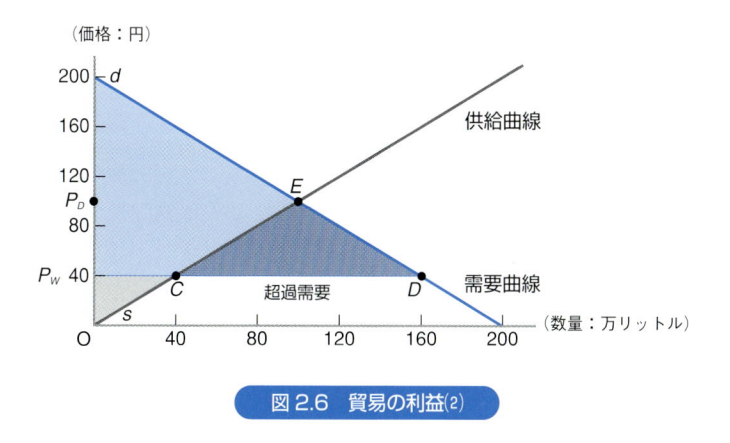

図2.6　貿易の利益(2)

面積ではかられます。明らかに図 2.2 の dEP_D より面積は大きくなっています。消費者の状況は改善しています。

　生産者余剰は図 2.6 の三角形 P_WCs の面積で測られます。明らかに図 2.2 の P_DEs より面積は小さくなっています。生産者の状況は悪化しています。注意すべきことはこの場合でも総余剰は貿易がない場合に比べて大きくなっているという事実です。日本全体としては貿易により状況は改善しているの

図2.7 関税賦課

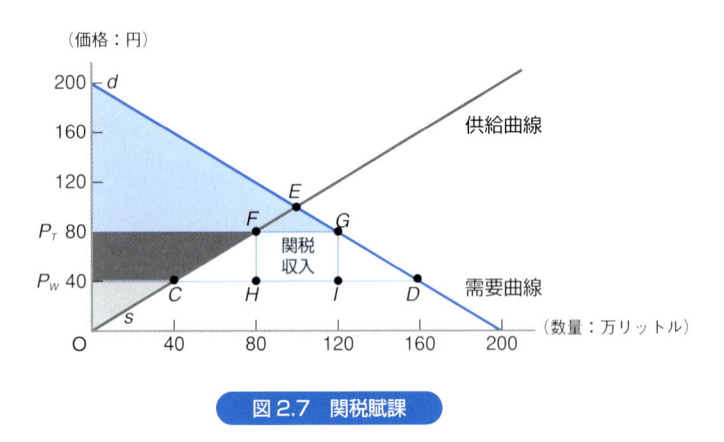

です。その改善部分は図2.6の EDC の面積で測られます。この部分も「貿易の利益」といわれます。P_W と P_D が異なっている限り「貿易の利益」が発生するのです。

さて，$P_W = 40$ の場合，供給者は貿易の開始によって状況は悪化していますが，しばしば消費者より供給者の数は少ないので後者は結束して輸入による損害を関税により救済して欲しいと主張することがあります。

政府がこの要求に屈して輸入品に対し単位当たり40円の関税を賦課したと仮定しましょう。この関税の分だけ国内価格，P_T，は上昇します。$P_T = 80$ のとき FG だけ超過需要が存在しますが，これは外国からの輸入によって満たされるでしょう．

このとき消費者余剰は図2.7の dGP_T，生産者余剰は $P_T Fs$ となります。総余剰は $dGFs$ となり，自由貿易時に比べ $FGDC$ の面積だけ減少しています。ただし四角形 $FGIH$ の面積は政府による関税収入であり，これは国民に還元される部分です。したがって三角形 FHC と三角形 GDI の面積分だけ自由貿易のときより総余剰が減少しています。これが保護貿易による損害です。保護貿易により市場の効率性が低下したのです。

[Case Study 2-1]

自由貿易確立への動き――GATT 体制と WTO

◆背　景

　GATT は 1947 年に「自由貿易」を確立するために発足しましたがそれは第 2 次世界大戦（1939-45）に対する深い反省にもとづいています。多くのエコノミスト（経済学者）は第 2 次世界大戦の主要原因の一つとして「自由貿易体制の崩壊」を挙げます。

　イギリスは世界最初の産業革命を完成させて 1860 年代より関税を課さない自由貿易体制をとって以降，世界経済の牽引車となっていました。すなわちスミス（Adam Smith, 1723-90）やリカード（David Ricardo, 1772-1823）以来自由貿易を目指したイギリスは 1860 年の英仏通商条約で関税率をゼロとし，それ以降ヨーロッパ各国と自由貿易を規定する通商条約を次々と結ぶことで自由貿易体制を完成させたのです。これは当時のグローバリズムともいえます。ちなみにこのグローバリズムに対する「抵抗勢力」はドイツ（プロシャ）のリスト（F. List, 1789-1846）が唱えた「幼稚産業保護」論です。リストは，まだ効率のよくない自国の産業を育成するために，発展途上国は関税を課してこのような産業（幼稚産業と呼びます）を保護することが認められるべきであると論じます。

　19 世紀後半は圧倒的なイギリスの経済力および軍事力による平和が維持されたのでパクス・ブリタニカ（Pax Britannica，イギリスによる平和）といわれました。しかしその後，イギリスに続いてドイツや新興国のアメリカも産業革命を完成させイギリスをしのぐようになりました。そのことはイギリスの財に関する国際取引収支である貿易収支；輸出－輸入，の赤字となって現れました。イギリス国内の製造企業から関税による保護を求める要求は高く，1915 年から関税を課すことを始めます（次頁の表参照）。ただしそれまでにイギリスが海外へ行っていた投資からの見返りは安定していましたし，その海外投資を仲介する銀行サービスなどのサービス収支は黒字だったことに注意しておきましょう。イギリスは「世界の工場」から「世界の銀行」へと変貌を遂げていたのです。

　1929 年に「ウォール街」の株（ニューヨーク証券取引所，NYSE，の株式）が暴落し大不況（Great Depression）の引き金となりました。アメリカは不況対策

として1930年に「ホーリー・スムート（Hawley-Smoot）高関税立法」を制定しました。その目的はアメリカ市場からの外国製品の締め出しです。多くの輸入品に関税が課せられて平均関税率は約60％にもおよび，外国はアメリカへの輸出が困難になりました。（ただし下表からわかるようにアメリカの自動車関税は10％です。）

世界の自動車関税率

(単位：％)

	アメリカ	日　本	フランス	ドイツ	イタリア	イギリス
1913年	45.0	50ᶜ	9-14	3	4-6	0
1924年	25-50ᵃ	50ᵈ	45-180	13	6-11	33.3
1929年	10.0ᵇ	50	45	20	6-11	33.3
1932年	10.0	50	45-70	25	18-123	33.3
1937年	10.0	70ᵉ	47-74	40	101-111	33.3
1950年	10.0	40	35	35	35	33.3
1960年	8.5	35-40	30	13-16	31.5-40.5	30.0
1968年	5.5	30	0/17.6	0/17.6	0/17.6	17.6
1973年	3.0	6.4	0/10.9	0/10.9	0/10.9	10.9
1978年	3.0	0	0/10.9	0/10.9	0/10.9	0/10.9
1983年	2.8	0	0/10.5	0/10.5	0/10.5	0/10.5

＊　a＝1922年，b＝1930年，c＝1911年，d＝1926年，e＝1940年，ヨーロッパは1968年以降EECとして域内関税と域外関税に差。
（データ出所）　Alan Altshuler et al., *The Future of the automobile*, MIT Press, 1984, p.17および財政金融統計月報（1986年9月）p.51。

　このような高関税立法に対する報復関税としてフランスやイギリスは特恵関税を設け，植民地内では低率の関税を課し，植民地外には高率の関税を課すことでそれぞれ排他的貿易圏を形成しました。このようにして1930年代は保護貿易体制となります。このような排他的貿易圏の小さいドイツや日本は貿易，とくに輸出が低下し，この影響で国内生産物の販売が停滞し不況が持続しました。その対応策がさらなる対外侵略による市場・資源の獲得なのでした。エコノミストはこのような保護貿易体制が第2次世界大戦の原因であったと考えています。

◆GATT体制と3つの「ラウンド」
　世界に自由貿易体制をもう一度構築することを目指して1947年GATT文書（38か条）が合意され，GATT体制がスタートしました。当時のメンバーは23

か国に過ぎません。また当時の鉱工業品の平均関税率は約40％でした。ちなみに関税は必ずしも協定違反ではないことに注意が必要でしょう。協定違反なのは輸入禁止など直接的な貿易制限です。このような直接的な貿易制限をまず関税に置き換え，その後で関税率の低下を目指すのがGATTの基本戦略です。GATT体制とは1947年の協定文書とその後行われた大規模交渉の結果合意された文書（戦後3回）から成ります。

最初の大規模交渉は1964年から67年まで行われました。ケネディ・ラウンドといわれます。ここでの目標は関税の引き下げでした。2度目の大規模交渉は1973年から79年まで行われました。東京・ラウンドといわれます。ここでは全般的な関税引き下げが実現し（鉱工業品の平均関税率は4.7％），貿易拡大のための貿易ルールの改善が合意されました。1979年時点でGATT加盟国は88か国でした。

3度目の大規模交渉は1986年から94年まで行われました。ウルグアイ・ラウンドといわれます。様々な貿易自由化のための合意が成立し，たとえば鉱工業品の平均関税率は40％ほど低下し3.8％となりました（日本：1.5％，アメリカ：3.6％，EU：3.6％）。この合意の中でもっとも重要なのは1994年4月にマラケッシュ会議（モロッコ）で締結された「WTOを設立するマラケッシュ協定」でしょう。多国間協定であったGATTは，ここにおいてWTOという貿易自由化を推進させる国際機関に発展することになりました。

◆コメをめぐる防戦

ウルグアイ・ラウンドにおける日本の関心は「農業分野」の合意でした。ウルグアイ・ラウンドでは，「全ての非関税障壁を関税化し，関税は95年から6年間で平均36％削減する」ことで合意が成立しましたが，日本はコメの関税化を6年の間猶予され，そのかわり国内消費量の4〜8％輸入が義務付けられました（ミニマム・アクセス：最低限の輸入機会）。最終的にはコメは1999年4月から関税化されることになり，正式に輸入が認められています。このコメ問題については前章でも触れましたが，ちなみに2000年度の調査によると10kgの米価は東京が3998円に対しニューヨークは1875円とアメリカでは米価は半値以下となっています。これを「内外価格差」といいます。

コメ生産と輸入（1960–99 年）

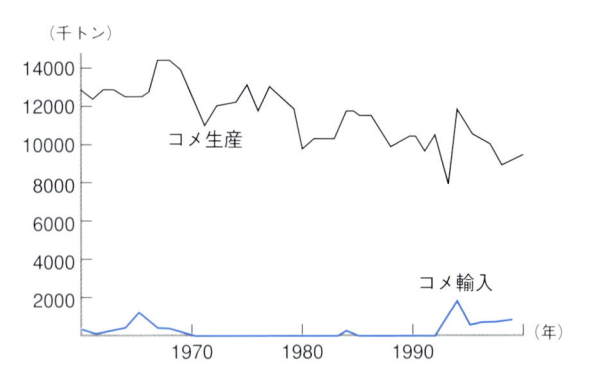

（データ出所）　矢野恒太記念会編『日本国勢図会』より作成。

◆GATT から WTO へ

　1995 年 1 月 1 日に GATT 体制を発展的に解消することを目指して WTO（World Trade Organization）が発足しました。WTO 体制は GATT 体制の不備を是正する目的で設立されましたが，GATT 体制の不備とは何だったのでしょうか。まず指摘すべきは GATT 体制において主に規定されていたのは鉄や自動車などの「モノの取り引き」に関してのみであったということです。金融サービスや特許権といったモノ以外の取引が大きなウエートを占めるようになった現代経済においてこれらの国家間取引に関する規定が欠けているのは大きな不備といわざるをえません。

　第 2 に指摘されるのは「曖昧な価格の規定」という点です。GATT 第 6 条はダンピング（不当廉売）規定ですが，そこでは価格の規定が曖昧で被害国による恣意的な調査や反ダンピング課税（ダンピング・マージン）が行われていると批判されました。また一度課された反ダンピング課税は長期間維持される傾向があり貿易取引を不活発にすると批判されました。第 3 に紛争解決のためのパネル討議システムの不備が指摘されました。ここで問題となったのは GATT におけるコンセンサス（全会一致）による意志決定システムです。

　このような GATT 体制の抱える問題点を WTO 体制はどのように克服しようとするのでしょうか。まず第 1 の問題点の是正策についていうと，WTO は銀行以

外にも弁護士・医師・保険・コンピューター・通信・レストラン・旅行などの全般的な「サービス」，さらに特許権以外にも著作権・デザインなどの「知的所有権」についても問題を取り上げ，自由貿易を実現することにしています。また，「幼稚産業」しか持たない発展途上国の要求を容れて，既発展国が比較優位を持つ「知的所有権」に関しても包括的に取り上げるのではなく，貿易に関するものに限ると規定されています。第2のGATTの問題点に関しては次のような是正策が採られました。ポイントは規定の明確化です。コストを下まわる価格での販売が1年以上継続するか，その販売量が総販売量の20%以上の場合は「正常な取引」と認めなくてよいことにします。ただし「サンセット（日没）条項」を導入して原則として反ダンピング課税の賦課期間を5年以内としています。

　第3のGATTの問題点に関しては次のような是正策が採られました。「コンセンサス」方式に代えて「ネガティブ・コンセンサス」方式を採用しました。すなわち今度は当事者間の協議が不調に終われば被害を受けているとする国は「紛争解決機関」（DSB, Dispute Settlement Body）へパネルの設置を要求します。「コンセンサス」方式とはまったく逆に，このDSBで「全員一致で設置に反対」しない限りパネルは設置されます。パネルが検討して報告書を書いた後，DSBの決議に付されます。ここでも「全員一致で採択に反対」しない限り，パネル報告は採択されるのです。これを「ネガティブ・コンセンサス」方式といいます。

◆WTOとグローバリズム

　2001年12月に中国はWTOへの加盟を実現し，「先進国」への第一歩を踏み出しました。（2002年1月には台湾もWTOへ加盟しました。）加盟によりWTOメンバーは自由貿易国家として「先進国」の責任を果たすことを要求されます。早速2002年1月より自由貿易体制への道として中国政府は小型自動車関税に関しそれまで70%であったのを43.8%へと，携帯電話関税も12%から3%へと低下させました。金融面に関しても外国銀行による人民元業務を認可し，加盟後5年以内に地理的制限を撤廃して外国銀行の自由な活動を認めることにしています。

　最近，WTOはグローバリズムの権化としてWTOがNGOに批判されていると報じられています。当時135か国のメンバーからなるWTOは1999年12月，シアトルで会議を開きましたが4-5万人のデモ隊が押しかけWTOを批判し，一

部は暴徒化しました。

　メンバーが多くなり自由貿易という価値観でその多様なメンバー間の利害の調節を図るというグローバリズムには実現の困難性が増加してきたのは事実です。*Time* 誌によれば WTO シアトル会議には自由貿易をめぐる複雑な交渉の構図が存在しました。まず第 1 に，EU や日本の農業保護に対しアメリカや第三世界は自由貿易を盾に保護の撤廃を要求しました。しかし第三世界が child labor（若年労働者）による財の生産・輸出（これらが Gap や Nike といった有名企業の商品となるのですが）を行っていることに対し，労働組合から組合員の職を奪うとして child labor 反対の要請をうけた先進国アメリカや EU は取引制限を要求しています。また，マレーシアやインド等はエビをアメリカへ輸出していますが，その捕獲用の魚網は「絶滅に瀕する」亀をも捕獲するとして，アメリカや EU はこのような第三世界による「種の存続」を損なう農水産物輸出の制限を要求しています。このアメリカは自由貿易を盾にサービス（保険，金融，教育，e-commerce 等）に関する各国の規制撤廃を要求しています。ところが別の側面でこのアメリカは保護主義的であると批判されています。アメリカには第三世界の政府補助事業により生産された商品（鉄鋼，半導体，衣料等）のアメリカへの輸出に対処するための「ダンピング」規制法があるのですが，この法律の運用が自国産業を守るという保護貿易の手段となっているとして日本や第三世界はその緩和要求を行っているというものです（[1] pp. 16-24，[2] pp. 34-9）。

2.3　関税と報復関税

　前節で関税を課すとその国には効率上の損害が発生することを示しました。にもかかわらず，多くの国は関税を課します。その理論的理由は，「小国の場合」を離れると，ある国は関税を課すことにより効率上の利益を受ける可能性があるという事実です。そこで本節では「小国の場合」を離れて 2 国モデルの場合を考察します。

○ 第 2 国：アメリカの存在

これまで日本のガソリン市場を考察してきましたが、本節では日本とアメリカの貿易を考察します。いまアメリカは鉄鋼を輸入し、日本は農産物を輸入していると仮定します。ここでは鉄鋼の市場を考察しましょう。図 2.8 のように、鉄鋼に関する日本の需要と供給をそれぞれ D^J, S^J, アメリカの需要と供給を D^A, S^A とおきます。このとき需要関数と供給関数は

$$D^J = 100 - p, \quad S^J = p, \quad D^A = 200 - p, \quad S^A = p \quad (2.1)$$

で与えられます。

日本の需要関数が $D^J = 100 - p$ で与えられ、供給関数は $S^J = D^J$ で与えられますから、貿易がない場合、$D^J = S^J$ を解いて日本の国内価格は $P_D^J = 50$ となります。

アメリカの需要関数が $D^A = 200 - p$ で与えられ、供給関数は $S^A = p$ で与えられますから、貿易がない場合、$D^A = S^A$ を解いてアメリカの国内価格は $P_D^A = 100$ となります。

この 2 国が貿易を開始すると、この財の価格はいくらになるでしょうか。

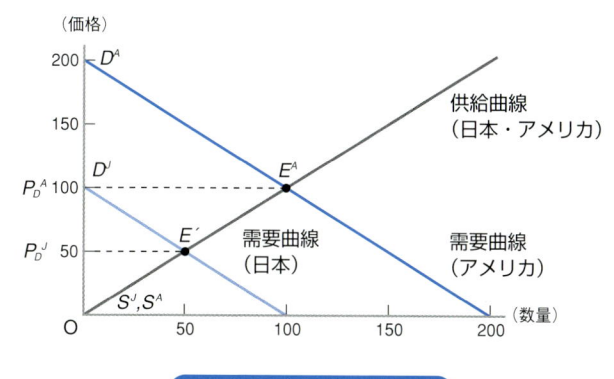

図 2.8 貿易がない場合

この財に対する2国の需要は D^J+D^A, 供給は S^J+S^A ですから,

$$D^J+D^A = S^J+S^A \qquad (2.2)$$

より「世界価格」は $P_W^*=75$ となります. このとき, 日本は50単位だけ輸出をし, アメリカは50単位だけ輸入をします. 日本はこれにより $25\times25=625$ だけの「貿易の利益」を, アメリカも同額の「貿易の利益」を獲得します. この世界価格は (2.2) を変形した以下の式からも求めることが可能です.

$$D^A-S^A = S^J-D^J \qquad (2.3)$$

ここで D^A-S^A をアメリカの「輸入関数」, S^J-D^J を日本の「輸出関数」といいます. 図2.9で $D^A-S^A=200-2p$ は im で, $S^J-D^J=2p-100$ は ex で示されています. 「世界価格」, $P_W^*=75$ と日本の輸出（＝アメリカの輸入）$=50$ は im と ex の交点 E' で示されています. 三角形 $imE'P_W^*=25\times25$ はアメリカの貿易による利益, 三角形 $P_W^*E'ex=25\times25$ は日本の貿易による利益を表します.

こうしてこの財のアメリカの国内価格は100円から75円に急落してしまいました. アメリカは国内産業の保護を考えます. そこで, アメリカが20の輸入税を課したとしましょう. このとき, P_W を世界価格とするとアメリカ国内での価格は P_W+20 となりますから, $D^A=200-(P_W+20)$ で与えられ, 供給関数は $S^A=(P_W+20)$ となります. 日本の需要関数は $D^J=100-P_W$, 供給関数は $S^J=P_W$ ですから

$$200-(P_W+20)+100-P_W = (P_W+20)+P_W \qquad (2.4)$$

を解いて $P_W^*=65$, アメリカの国内価格 $P_A=85$ となります. この状況は図2.10に示されています. アメリカの輸入より発生する余剰は三角形 $imFP_A=15\times15=225$ へと減少しますが関税収入が $P_AFGP_W^*$ の面積分 $=30\times20=600$ だけ発生します. したがって, アメリカは関税を課すことにより三角形 $imE'P_W'$ より大きな余剰と関税収入を獲得します (825). これに対し, 日本の余剰は三角形 $P_W^*Gex=15\times15$ へと減少しています (225).

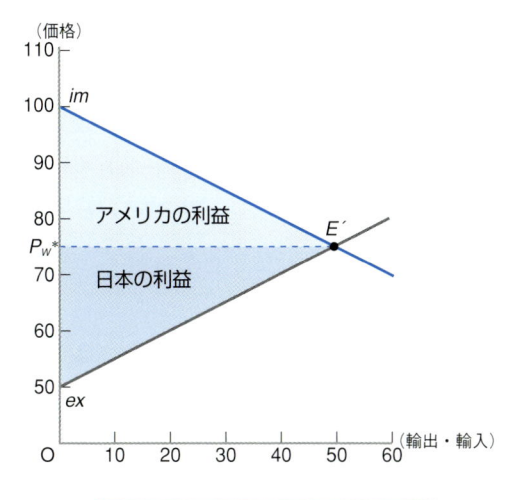

図 2.9　貿易の利益：2国モデル

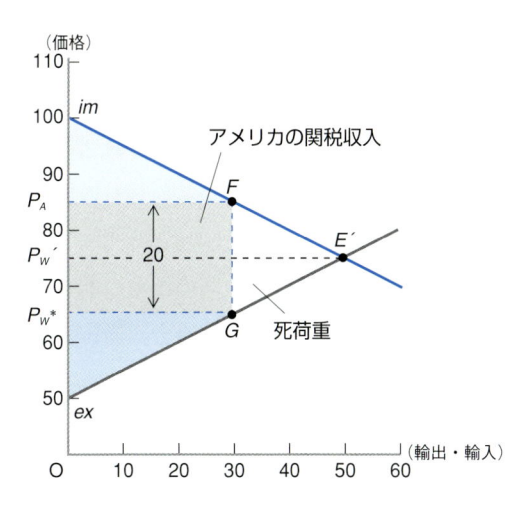

図 2.10　関税賦課の場合：2国モデル

○ 日本の報復関税

図 2.10 は大きな問題を明らかにします。アメリカが関税を課したときに生じるアメリカと日本の余剰，およびアメリカの関税収入の合計はアメリカが関税を課さない場合に生じる 2 国の余剰の合計より少ないことに注意してください。その差は三角形 $FE'G$ ＝200 です。すなわち，アメリカの関税賦課によりこの 2 国間で三角形 $FE'G$ なる効率の低下（これを死荷重といいます）が発生しているのです。

さて，日本がアメリカの関税賦課に報復して別の商品，コメに関税を課したとしましょう。単純化を行い，コメの需要関数と供給関数は（2.1）で仮定した日米のそれと正反対であったとしましょう。すなわち

$$D^J = 200 - p, \quad S^J = p, \quad D^A = 100 - p, \quad S^A = p \quad (2.5)$$

であったとします。すると（2.1）の場合における結論が日本とアメリカを入れ替えて成立します。もしこの商品市場で日本がアメリカと同じ 20 なる報復関税を課したとしましょう。このとき，日本の余剰＝15×15，関税収入＝600，アメリカの余剰＝15×15 となります。

さて，この 2 つの市場で日本とアメリカはそれぞれ 25×25×2＝1250 の貿易の利益を得ていました。日本とアメリカがこの 2 つの市場で関税をかけあうとそれぞれの国の貿易の利益は 600＋225＝825 となります。すなわち，2 国モデルにおいて一国が関税を課せばその国の貿易の利益を増加させることは可能となりますが，他国が報復関税を課す場合，両国の貿易の利益は自由貿易時より低下する可能性が大きいのです。

[Case Study 2-2]
セーフガード

　日本は戦後ずっとアメリカとの貿易摩擦を引き起こしてきました。アメリカとの関係ではほとんど常に日本の対米輸出が甚だしく大きな額になってアメリカから持ち出される「緊急輸入制限措置」（セーフガード）の適用という脅しをいかに回避するかで苦心してきました。しかし2000年11月に日本は中国に対し繊維・野菜の「緊急輸入制限措置」（セーフガード）を導入すべきかどうかという新しい問題に直面したのです。まず最初に注意しなければなりませんが，セーフガードとは特定の商品の急激な輸入増加によって国内の産業が損害を受けた場合，旧GATT体制においても現在のWTO体制においても認められている輸入制限の権利です。

　セーフガードには繊維セーフガードと一般セーフガード，および特別セーフガードの3種類があります。まず「繊維セーフガード」に関して説明します。2000年11月に国内の繊維製品メーカーより中国からの輸入増加で打撃を受けたとのクレームが起きました。繊維製品の中国からの輸入は1999年度で162万トンですがこれは前年度比14.4％の上昇でした。2000年8月までに117万トンとなりましたがこれは年率でいえば170万トンの輸入量に当たります。しかし一方で損害を受けたとしてセーフガードを要求する企業がある一方で反対企業も存在しました。その代表は低価格商品の販売で知られる「ユニクロ」など，中国で自社ブランド商品の生産を委託し輸入（これを「開発輸入」といいます）している企業です。

　次に「一般セーフガード」で問題になったのは生鮮野菜です。野菜の輸入増は価格の急激な低下を引き起こしているとしてセーフガードの適用が要求されました。表より明らかなように中国よりの輸入が急増しています。

　野菜のセーフガード適用要求に対し次のような処置が採られました。日本政府はネギ，生しいたけ，畳表についてセーフガード導入の決定を行い（2001年4月10日），2001年4月23日より200日間，それぞれの商品に関税が賦課されました。
① ネギ

輸入野菜の国別シェア

	1995 年	1999 年
アメリカ	34.5%	29.1%
中　　国	16.7%	32.9%
ニュージーランド	16.6%	17.3%
その他	32.3%	20.7%

(出所) 日本経済新聞 2000 年 11 月 8 日
注) 通関統計をもとに農水省が作成

　国産品の卸値は￥337/kg ですが，輸入品は過去 3 年平均で￥112/kg であり，国内農家は大きな打撃を受けたと主張しました。過去 3 年平均で 5383 トンが輸入されたので輸入枠を 5383 トンとし，輸入枠内では関税は 0% ですが輸入枠以上の部分について関税率は 256% とする処置が採られました。ちなみに外食産業「すかいらーく」はネギを中国より開発輸入する企業として知られます。
② 　生しいたけ
　国産品の卸値は￥927/kg ですが，輸入品は過去 3 年平均で￥292/kg であり，国内農家は大きな打撃を受けたと主張しました。過去 3 年平均で 8003 トンが輸入されたので輸入枠を 8003 トンとし，輸入枠内では関税は 0% ですが輸入枠以上の部分について関税率は 266% とする処置が採られました。
③ 　畳表
　国産品の卸値は￥629/kg ですが，輸入品は過去 3 年平均で￥323/kg であり，国内農家は大きな打撃を受けたと主張しました。過去 3 年平均で 7949 トンが輸入されたので輸入枠を 7949 トンとし，輸入枠内では関税は 0% ですが輸入枠以上の部分について関税率は 106% とする処置が採られました。

　この日本側のセーフガード措置に対し，中国は対抗措置を採るであろうと予想されました。韓国が 2000 年に中国産ニンニク輸入に対しセーフガード措置として高関税を課したとき，中国は韓国製携帯電話の輸入禁止措置を採ったからです ([3])。実際には，このとき日本の野菜に関するセーフガード措置に対し，中国は自動車，空調機，および携帯電話に対し特別関税として 100% を課すという対抗措置を採りました ([4])。

最後に特別セーフガードです。2003年8月1日に日本政府は冷蔵牛肉と豚肉を対象にセーフガードを発令しました。この特別セーフガードのもとでは牛肉や豚肉輸入量が急増した場合，これらの商品に関する関税率を上昇させる（牛肉の場合現行の38.5%から50%へ）ことが認められています。狂牛病騒ぎの影響による牛肉消費量の落ちこみが反動で急増したことが原因で牛肉輸入が急増しました。その機械的セーフガード発令が認められていることに対する批判が高まりました（[5]）。

　本節で示したように，少なくとも経済学の観点からは，これらの関税・報復関税処置は両国に損害を与える可能性が高くなります。

○ 比較優位の理論

　エコノミスト（経済学者）は *Case Study 2-2* で紹介したセーフガードには基本的に反対です。経済学はアダム・スミスが1776年に著した『諸国民の富』により成立したと考えられています。その中でスミスは政府は経済現象には干渉すべきではないと主張しました。その主張は「見えざる手」を重視した「小さな政府」論として知られます。それ以降，多くのエコノミストによって経済学は発展させられてきましたが，貿易に関して経済学には19世紀にリカードにより発見された比較優位の理論（比較生産費説）があり，現代のエコノミストもリカードと同様に貿易を行っている2国はそれぞれの国が他国より生産費が相対的に低い生産物に特化することによって双方が利益を受けると考えています。また，日中，中韓セーフガード問題で見られるように，多くの場合，相手国による報復関税が課され双方に損害が発生すると考えられます。

　ここでリカードの例をもとに説明しましょう。（以下で「ラシャ」とは毛織物のことです。）いま，イギリスでは220人の労働者でラシャ1単位，ぶどう酒1単位を，ポルトガルでは170人の労働者でラシャ1単位，ぶどう酒1単位を生産しているとします。それぞれの国でそれぞれの商品を生産するのに必要な労働者数は表2.1に記載しています。まず，どの商品について

表2.1 リカードの設例

	イギリス	ポルトガル
ぶどう酒1単位を生産するのに必要な労働者数	120人(1)	80人(0.67)
ラシャ1単位を生産するのに必要な労働者数	100人(1)	90人(0.9)
総労働者数	220人	170人

もイギリスよりポルトガルの方が少ない労働者数で生産が可能であることに注意してください。しかしこの場合, イギリスはラシャに, ポルトガルはぶどう酒に生産の特化を行うことにより双方の国は以前より多くの財の消費が可能となるとリカードは主張します。

この主張を説明するのに生産可能性フロンティアの概念が有用です。生産可能性フロンティアとは, 全ての資源を完全にかつ効率的に利用して生産できる財の組合せを示した曲線のことを意味します。まずイギリスの「生産可能性フロンティア」を導出します。ぶどう酒の量を x, ラシャの量を y で計り, イギリスの220人の労働者を様々に配分してどのような2財の組合せ, $\{x,y\}$, を生産できるかを考えてみると

$$120x + 100y = 220$$

なる1次方程式を満たす $\{x,y\}$ となります。これは図2.11の細い青線 CD で表されます。次にポルトガルの「生産可能性フロンティア」を導出します。これは

$$80x + 90y = 170$$

なる1次方程式を満たす $\{x,y\}$ となります。これは図2.11の黒い実線 AB で表されています。ここでポルトガルは170人の労働者でぶどう酒だけに生産特化することにより $170/80 = 2.125$ 単位のぶどう酒を, イギリスはラシャだけに生産特化することにより220人の労働者で $220/100 = 2.2$ 単位のラシ

図 2.11 生産可能フロンティア

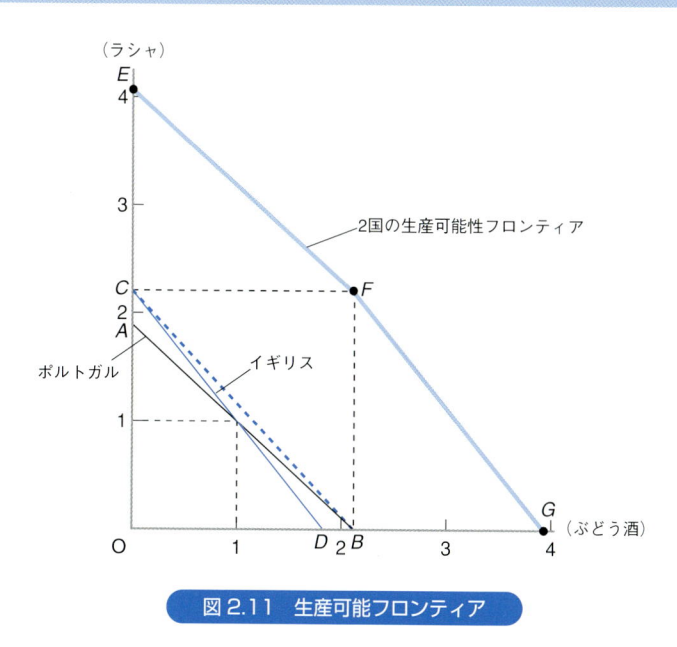

ャを生産することが可能となることに注意してください。（もしポルトガルがラシャだけに生産特化しても 170/90 ＝約 1.9 単位のラシャしか生産できません。）この場合，ポルトガルはぶどう酒に「比較優位」を，同様にイギリスはラシャに「比較優位」を持つといわれます。それぞれ特化して生産された商品の量を半分にして分け合ってイギリスもポルトガルもともにぶどう酒を 1.0625 単位，ラシャを 1.1 単位消費することが可能となっています。これは国内生産だけでは得られない量なので，貿易が行われることを意味します。一般的には両国はそれぞれ図 2.11 の CB で示される青い破線上で消費が可能となります。

このように両国は比較優位の財に生産の特化を行って貿易を行うことで両国とも以前より多くの財の消費が可能となるのです。イギリスとポルトガルという 2 国からなる経済の「生産可能性フロンティア」は図 2.11 の太い青

線 EFG となります。イギリスの 220 人の労働者とポルトガルの 170 人の労働者がすべてラシャ生産に従事する E 点，イギリスの 220 人の労働者がラシャに，とポルトガルの 170 人の労働者がぶどう酒生産に従事する F 点，さらにイギリスの 220 人の労働者とポルトガルの 170 人の労働者がすべてぶどう酒生産に従事する G 点をつないで構築されるのが 2 国の「生産可能性フロンティア」です。

ただこの比較優位の理論には重大な問題が潜んでいます。それはラシャ（ぶどう酒）生産労働者はすぐにぶどう酒（ラシャ）を作れるかのかという問題です。現代の繊維産業のテーマに応用すれば，比較優位の理論は「日本の繊維産業は比較劣位であるから他の産業へ労働を移動すべきだ」と主張します。実際，大手の企業はそのような転進をはかっています。しかしそのためには教育と時間が必要であるというべきでしょう。すなわち，比較優位の理論は長期的に成り立つ理論であると考えるべきです。

本章のまとめ

　日本は第 2 次大戦後，商品輸出を拡大して復興を果たしました。とくにアメリカへの輸出に依存していたので戦後は日米経済（貿易）摩擦が頻発しました。本章はその貿易に関する歴史と理論を消費者余剰と生産者余剰という概念を用いて説明しました。

1　消費者余剰とは市場で商品を購入した需要者がその取引より獲得する「もうけ」を金額で表現します。一方，生産者余剰とは市場で商品を販売した供給者がその取引より獲得する「もうけ」を金額で表現します。2 つの余剰を合わせて総余剰といい，市場の「効率」性を示します。

2　経済学では自由貿易がもっとも望ましいと主張されます。まず，その国の輸出や輸入が世界価格に影響を与えないような小国の場合，「総余剰」の概念を用いて貿易を行うことにより貿易の利益が生じることが示されました。

3　ただそこで，たとえば外国から商品の輸入が行われている場合，貿易前と比べ，供給者である企業の生産者余剰は減少します。産業保護の観点から関税などの保護貿易政策が採られると自由貿易と比べ効率性の低下が生じると示されました。

4 次にその国の輸出や輸入が世界価格に影響を与える大国の場合が吟味されます。お互いに貿易を行う2つの大国があるとします。そのうちの一国，第1国，が関税を課すと余剰は増加し，他国，第2国，の余剰は減少します。しかし，損害を受ける第2国が報復関税を課すと，自由貿易と比べ両国の余剰が減少する場合が生じる可能性が示されました。

5 本章では世界の貿易においてこの自由貿易を実現することを目指すGATTやWTOの歴史，さらにはセーフ・ガードなどの実状を解説しました。

練 習 問 題

2.1 ある商品について国内の需要関数と供給関数が第1章の練習問題1.2の関数で与えられたとします。

① 貿易のない場合，国内市場均衡において発生する「総余剰」を計算しなさい。

② この国を「小国」であると仮定します。この商品の世界価格を10であるとすれば貿易が開始されたとき発生する「貿易の利益」を計算しなさい。

③ 貿易が開始され，関税が10だけ課されたとき発生する「死荷重」を計算しなさい。

2.2 コメに関する日本の関税率は2003年現在490%です。以下の農産物のうち，日本で490%よりも高い関税率が課されているものを選びなさい。

①小麦，②雑豆，③コンニャクイモ，④砂糖，⑤バター，⑥落　花生，⑦でん粉

2.3 WTOにおける日本と発展途上国に存在する貿易問題は関税による日本の農業保護ですが，EUと発展途上国に存在する貿易問題は輸出奨励金によるEUの農業保護です（日本経済新聞2003年9月14，15日参照）。輸出奨励金により発生する効率性の低下（死荷重）を図示しなさい。

2.4 保護貿易を正当化する理由を考えてみなさい。

2.5 最近のアメリカのセーフ・ガードの例として

① 2002年3月に鉄鋼セーフ・ガードの発令，

② 2003年8月に繊維業界は対中セーフ・ガードの要請，11月に発令，

などがあります。

③ アメリカによる鉄鋼セーフ・ガードにはクレームがつき，WTOの紛争解決

機関 DSB は 2003 年 11 月このセーフガードを WTO 協定違反であると判断しました。

　これらの例についてアメリカの状況を調べなさい。

第3章

企業の行動

　第1章で供給について説明しました。そこでは石油メジャーなどからガソリンの提供を受けて消費者へ販売するガソリンスタンド（SS）による供給を吟味しました。この章からは実際にガソリンを生産している石油メジャーや自動車メーカー，あるいは家電メーカーなど製造業といわれる企業の行動分析を開始します。ただし，本章では比較的小規模企業の行動を吟味します。このような企業によってできる市場は完全競争市場と呼ばれ，各企業はその生産活動が価格に影響を与えないほど小規模という前提です。より現実に近い大規模企業の行動は第5章で吟味されます。ミクロ経済学では企業行動分析で用いられる「平均費用」や「限界費用」，さらには「平均生産性」や「限界生産性」といった概念を用いて交通渋滞の理論や「共有地の悲劇」などの理論が構築されました。本章では交通渋滞の理論を説明します。

○ KEY WORDS ○
完全競争，利潤，総費用，平均費用，限界費用，
平均生産性，限界生産性

3.1 費用関数

ミクロ経済学では企業の行動原理を利潤最大化に求めます。企業は費用（賃金）を払って労働者を雇い，材料を他企業から購入して商品（経済学では財と呼びます）を生産します。その商品を市場で販売して収入を獲得します。利潤とは売上（収入）から費用を差し引いたものとして定義されます。企業はできるだけ費用を切り詰め収入を増やそうとします。費用を切り詰めるためには生産を減らせばよいのですが，そうすると収入も減少します。収入を増やすためには生産を増やせばよいのですが，そうすると費用も増加してしまいます。企業が利潤を最大にするにはどのような生産を行えばよいのでしょうか。

本章では大規模な生産施設を持つ少数の企業しか存在しないような産業ではなく，理解のしやすさという面から生鮮野菜農家のように多数の生産者によって構成されているような産業の企業行動を分析します。ミクロ経済学では，このような産業によって成立している市場を完全競争市場と呼びます。

○ 総費用

企業はその生産活動を行うに当たり労働者を雇い，原料を購入し，機械を使用して最終的に製品を作ります。

いま仮に生産量を q とおきます。その q を生み出すのに要した費用の総額を総費用（total cost）といい，$TC(q)$ と関数で表示しておきましょう。この関数は増加関数です。すなわち，生産量 q が増加すれば総費用関数の値 $TC(q)$ も増加します。

経済学ではその総費用を固定費用（fixed cost）と可変費用（variable cost）とに分けて区別します。すなわち機械や工場などは生産を開始するに

当たり，あらかじめ準備をしておかなくてはなりません。また生産開始に当たり，ある程度生産の規模を想定しておいて工場の規模や機械の設置台数は決定され，生産が開始されると極端な生産規模の変化がない限り生産量に変化があっても工場規模や機械設置台数は変化しません。

企業は多くの場合，これらの生産設備を購入するに当たり銀行からの借り入れや社債発行などにより資金を調達し，毎期，一定額を返済していく形式をとります。このように，生産量とは無関係に毎期返済される費用を固定費用といいます。

これに対し工場で雇う労働者や原料や材料は生産量を増やすにはその投入を増やさなくてはなりません。このような費用は可変費用といわれ，$VC(q)$ と関数で表示されます。可変費用は増加関数です。

○ 平均費用と限界費用

ミクロ経済学では総費用を生産量で割った値を平均費用（average cost）と定義します。たとえば 100 単位の財の生産が行われ，総費用が 10 万円であったとします。すると 1 個当たり 1000 円になりますが，これを平均費用といいます。

さて，ある財を 101 個生産したとき 10 万 2010 円の費用がかかったとします。このとき平均費用は 1010 円です。ミクロ経済学では生産量が 1 単位増えたとき追加的にどれ位費用が増えたかに注目します。この概念が限界費用 (marginal cost) といわれ，ミクロ経済学で重要な働きをします。

たとえば 100 から 1 単位生産量が増えたとき追加費用は 2010 円でしたから，生産量が 100 単位のときの限界費用は 2010 円となります。さらに 102 単位生産したとき総費用は 10 万 4040 円であったとしましょう。このとき 102 単位の生産量に対する平均費用は 1020 円，限界費用は 2030 円となります。通常はこのように生産量が変化するとそれぞれ変化すると考えられますから，$AC(q)$，$MC(q)$ と生産量の関数として表示されます。

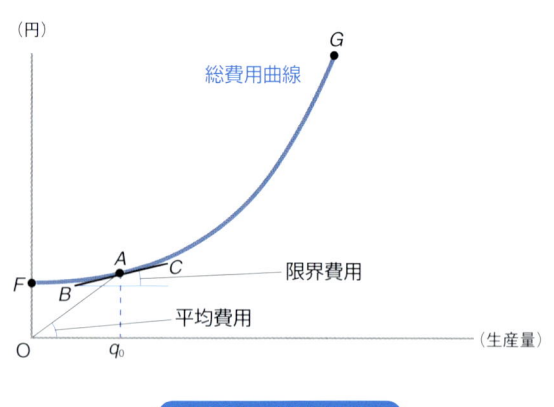

図3.1　総費用曲線

　図3.1では典型的な総費用関数が FG という曲線（総費用曲線）で描かれています。生産量(q)が増えるにつれて総費用も増加しています。固定費用は OF です。生産量が q_0 のとき総費用は A 点の縦座標で，平均費用は直線 OA の傾きで示されます。限界費用は A 点における接線 BC の傾きとなります。というのは接線の傾きは生産量がわずかに増えたとき A 点の縦座標はどのくらい変化するかを示すからです。

　さて図3.1で q_0 を増やしていくと平均費用は最初に減少していきますが，ある点を超えると逆に増加していきます。限界費用はこの図では増加し続けます。ここで注意すべきは平均費用が減少から増加へと転換する点を原点と結べば，それは接線になっているという点です。すなわち，この点で平均費用と限界費用は同じ値となっています。2つの関数の変化をグラフ化した，平均費用曲線と限界費用曲線が図3.2に示されています。図3.2で，平均費用曲線，$AC(q)$，は灰色の実線で，限界費用曲線，$MC(q)$，は青色の線で描かれていますが後者は前者の最小点を通っています。

(円)

限界費用曲線

平均費用曲線

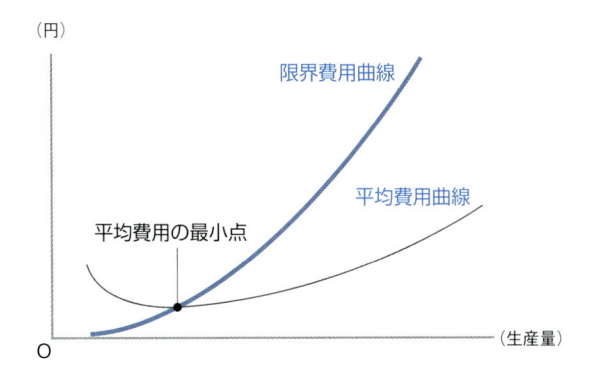

平均費用の最小点

O　　　　　　　　　　　　　　　（生産量）

図3.2　平均費用と限界費用

○ 完全競争企業の供給曲線

　完全競争企業が利潤最大行動をとるとき，その行動はどのように特徴付けられるかを吟味しましょう。製品の価格を p，生産量を q とおけば $p \times q$ は収入（売上）ですから利潤の定義は，収入から総費用を差し引いた

$$p \times q - TC(q) \tag{3.1}$$

で与えられます。多数の企業がその産業を占めているような産業であれば，その企業のみが生産を増加させて市場に提供しても価格はほとんど変化しないでしょう。完全競争企業とはこのようにその企業の生産活動が市場価格に影響を与えない企業のことです。完全競争企業は (3.1) の p を一定と考えて利潤を最大にするような生産量を選びます。このとき企業は，価格が限界費用と等しくなるように，

$$p = MC(q) \tag{3.2}$$

なる生産量 q を選びます。その理由は図 3.3 より明らかとなります。

　図 3.3 で総費用関数，$TC(q)$，は FG なる実線で示されています。収入，$p \times q$，は図 3.3 で傾きが p の直線 OL で示されています。たとえば生産量

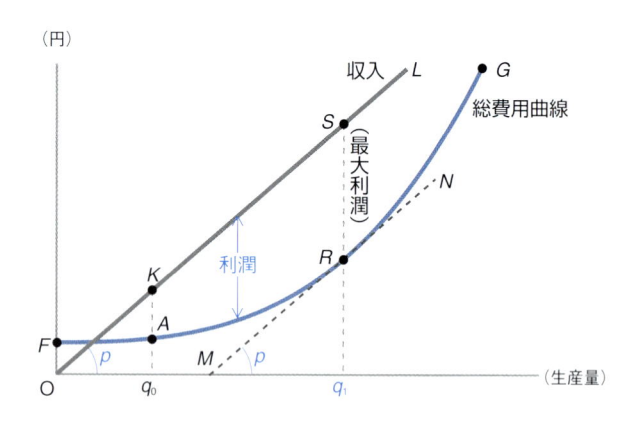

図3.3 総費用曲線と利潤最大化

が q_0 のときの利潤は KA で表されます。それぞれの生産量に対応する利潤は直線 OL と曲線 FG に挟まれた部分の長さとなります。その長さが最大となる点は直線 OL を下方シフトさせて曲線 FG に接する点を探せばよいことになります。

図3.3で直線 MN の傾きは p で，MN は点 R で曲線 FG に接しています。すなわち生産量が q_1 のとき SR という最大利潤が達成されるのです。MN の傾きは p ですから $p = MC(q_1)$ が成り立っています。(3.2) が成り立つのです。このことは完全競争企業にとって

「供給曲線とは限界費用曲線である」　　　(3.3)

ことを意味します。

図3.3で価格，すなわち OL の傾きは充分に大きいので最大利潤生産量 q_1 において利潤は正の値をとります。ここで注意してほしいのは，もしその価格が小さいときは最大利潤では (3.2) が成り立つのですが，「その利潤最大時に得られる利潤は負になることも充分に可能だ」ということです。

図3.4で OL の傾きは小さく，いかなる生産量に対しても利潤は負にな

図 3.4　利潤が負となる場合

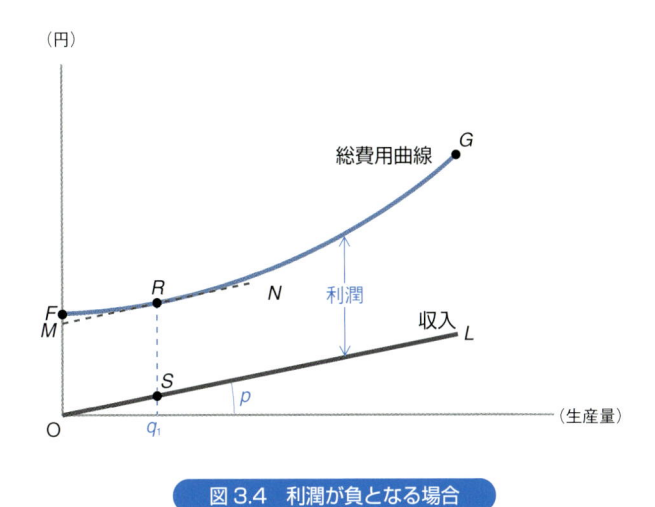

ります。その OL を平行移動させてちょうど費用関数 FG に接するような直線が MN です。接点 R の横座標 q_1 が最大利潤をもたらしますが，その最大利潤 RS は負の値となっています。

　それでは企業はこの場合，生産をやめるべきでしょうか。答は否です。もし生産をやめるとすれば，その場合でも固定費用（OF）を払わなくてはなりません。それは図 3.4 で OF の長さで示されています。MN と OL は平行ですから RS の長さは OM の長さに等しく，OF より短いことに注意してください。すなわち，企業はたとえ利潤は負であっても，固定費用を払うよりは費用は少ないので生産をすべきであるとの結論に達します。

　ここで注意すべきはこの結論は総費用曲線 FG に関する限界費用が増加しているという仮定に依存しているという点です。もし限界費用に減少部分があれば上の結論は修正を余儀なくされます。たとえば，総費用関数が図 3.5 のように q_0 までは限界費用は減少し，q_0 を超えると限界費用は増加してしまうのです。

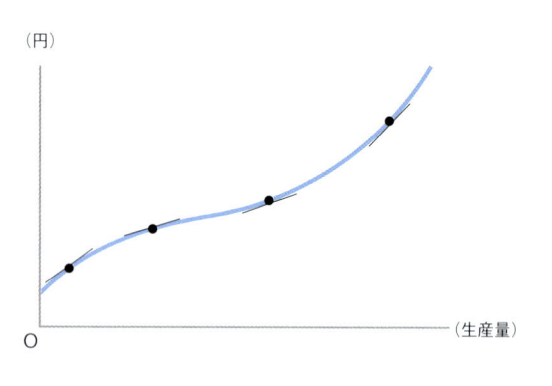

図 3.5　限界費用に減少部分がある総費用関数

　ここで平均可変費用（average variable cost），$AVC(q)$，を定義します。これは可変費用分を生産量で割ったもので，固定費用を FC と置くと

$$AVC(q) = \frac{(TC(q) - FC)}{q} \quad (3.4)$$

で定義されます。図 3.6 で示されるように限界費用曲線は平均費用曲線と平均可変費用曲線の最小点を通ります。

　先に「供給曲線とは限界費用曲線である」と述べましたが，図 3.5 のような総費用曲線を持つ企業の供給曲線に関しては当てはまりません。負の最大利潤が発生した場合，その絶対値，$TC(q) - p \times q$，が固定費用を越えない限り生産を行った方が望ましくなりました。これは式で表すと

$$FC > TC(q) - p \times q$$

となります。これを変形すると

$$p > \frac{(TC(q) - FC)}{q} = AVC(q) \quad (3.5)$$

となります。すなわち，(3.5) より，(3.3) の修正版として，

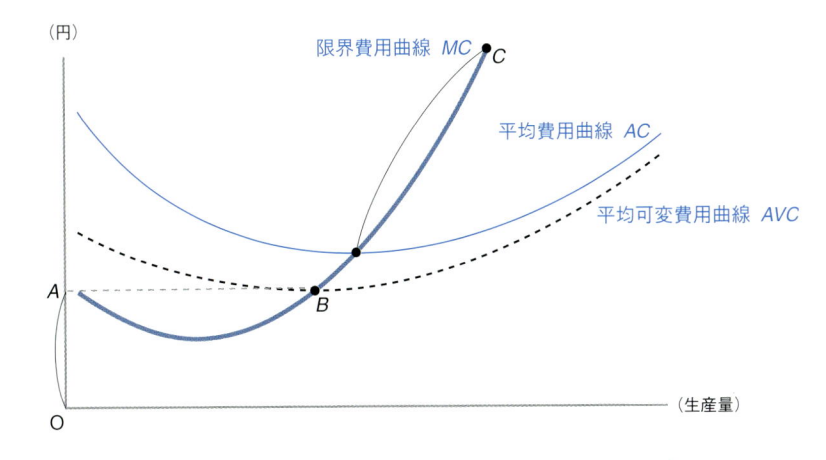

図 3.6 限界費用曲線と供給曲線

「供給曲線とは限界費用曲線のうち
平均可変費用曲線より上にある部分である」 (3.6)

が成り立ちます。図 3.6 の場合，OA と BC が供給曲線となります。なお次節で述べるように企業のこのような利潤最大行動化は生産関数という概念を用いて分析することも可能です。

○ 短期費用曲線と長期費用曲線

さて，同一企業に3つの技術があり第1の技術は

$$TC(q) = 100 + 4q^2 \tag{3.7}$$

で，第2の技術は

$$TC(q) = 200 + 3q^2 \tag{3.8}$$

で表され，第3の技術は

$$TC(q) = 300 + 2q^2 \tag{3.9}$$

で表されたとしましょう。第2の技術は生産量を1単位増加させるための費用（限界費用）は第1の技術より少なくて済みますが，大きな固定費用（200）が必要です。第3の技術は生産量を1単位増加させるための費用（限界費用）は第1および第2の技術より少なくて済みますが，さらに大きな固定費用（300）が必要です。第1，第2，第3の技術となるにつれて効率的（限界費用が少なくて済むという意味で）となりますが，それだけ大掛かりな技術となっているので固定費用が大きくなるのです。すると生産量が増えるにつれて最初は第1の技術，次いで第2の技術，最後に第3の技術が用いられるように思われます。

　しかし第2の技術は用いられないでしょう。第1の技術の示す総費用関数は図3.7のA_1A_2で，第2の技術の示す費用関数は図3.7のB_1B_2で，第3の技術の示す総費用関数は図3.7のC_1C_2で描かれています。技術が最初の2個しかないのであれば第2の技術は生産量 q が 10 より大きいとき用いられるでしょう。しかし，ここでのように技術が3つあれば生産量 q が 10 を超えると第3の技術を用いた方が少ない総費用で済みます。

　総費用関数に関しては様々な技術が選択されることを考慮して技術一定のときの短期総費用関数と様々な技術が選ばれる長期の場合の長期総費用関数が区別されます。新技術を採り入れた機械を新たに注文してもそれを導入するまでに時間がかかることを斟酌した結果です。図3.7でいうと長期総費用曲線は A_1EC_2 という線になります。このような曲線を包絡線と呼びます。すなわち，長期総費用曲線は短期総費用曲線の下からの包絡線となります。

　もし第2の技術の総費用曲線が（3.8）ではなく

$$TC(q) = 200 + 2.5q^2 \qquad (3.8')$$

であれば，この総費用曲線は図3.8のD_1D_2で表されます。F と G の間のどの生産量においてももっとも低い生産費が可能です。ここまで限界費用が改善すればこの企業に採用されることが可能となります。

　この場合，この企業の長期総費用関数は A_1FGC_2 ということになります。いずれにせよ「長期総費用曲線は短期総費用曲線の下からの包絡線」となり

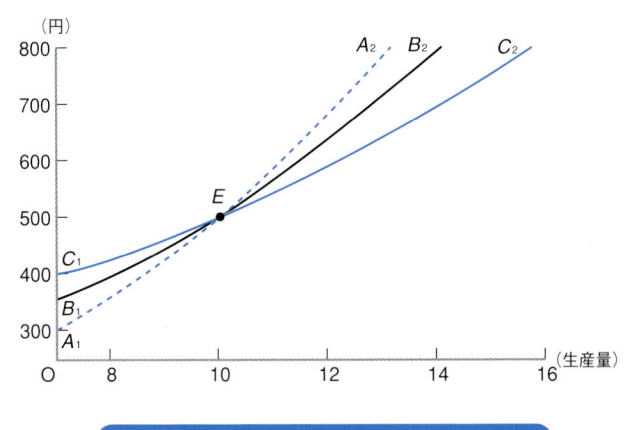

図3.7 短期総費用曲線と長期総費用曲線(1)

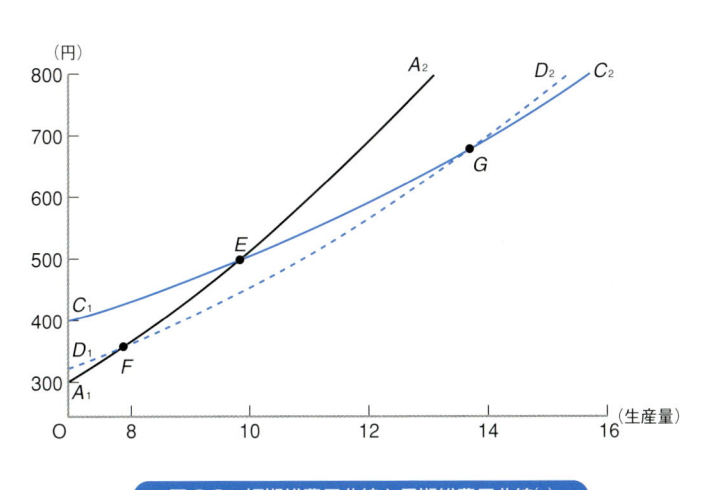

図3.8 短期総費用曲線と長期総費用曲線(2)

ます。ここで平均費用関数についても同様に長期平均費用を定義することができますが，この場合でも長期平均費用曲線は短期平均費用曲線の下からの包絡線となります。

3.2 生産関数

経済学ではその成立当初より「限界生産性逓減の法則」を仮定してきました。これが図 3.1 で仮定された限界費用増加の裏にあるメカニズムです。

1798 年に出版された『人口論』の中でマルサス（T. R. Malthus, 1766-1834）は「限界生産性逓減の法則」を仮定して論証を行い，ゴッドウィン（W. Godwin, 1756-1836）が貧困は社会制度がもたらすと主張したのに対抗して，貧困は必然的な自然現象であると主張しました。これによって経済学は「陰鬱な科学」とのレッテルを貼られたのはよく知られています。日本や他の先進国では貧困は克服されたと考えられていますが，1980 年代にアフリカで飢餓問題が生じたとき，「マルサスの亡霊」がよみがえったといわれました。

たとえば農産物が労働投入によって生産される農業を考察しましょう。農産物の数量を q で，労働投入量を L で測ると，生産関数は $q=f(L)$ と表されます。生産関数とは労働投入を L としたとき，最大可能な生産量を対応させる関数です。マルサスは実際は生産関数は T を土地の面積とおいて $q=f(L,T)$ と表されると主張します。もし労働投入 L を増加させるときに土地 T も同じ割合で増加するなら，q も L の増加に比例して増加するでしょう。しかし，開墾を考えないことにすれば土地は一定です。そのため次第に労働効率は落ちてきますから L を増加させるほど q は増加しないのです。

○ 限界生産物と平均生産物

この状況は図 3.9 に示されています。$q=f(L)$ なる生産関数は労働投入 L が増加していくと単調に増加しますが L が 2 倍になっても対応する生産量 q は 2 倍になりません。ここに土地 T が一定であるとの仮定が影響して

(数量)

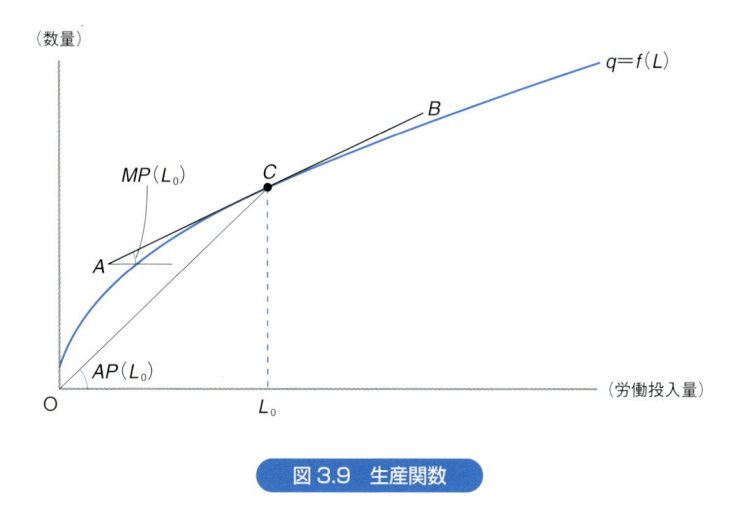

図3.9 生産関数

いるのです。

労働投入が L_0 のとき，その労働投入量をわずかに増加させると，どれほど生産量は増加するでしょうか。その増加量は $f(L)$ の L_0 における接線 AB の傾きで示されます。この接線 AB の傾きを L_0 における**労働の限界生産物（性）**（marginal product）といい，$MP(L_0)$ と表します。また $f(L_0)/L_0$ を L_0 における**労働の平均生産物（性）**（average product）といい，$AP(L_0)$ と表します。図3.9より**労働の限界生産物は労働投入量が増加するにつれて減少**しています。これが**限界生産性逓減の法則**です。

○ 利潤最大化行動

この生産関数を用いた企業の利潤最大化行動を吟味しましょう。固定費用を FC とおけば可変費用は労働コストのみからなります。経済学では労働コストを「賃金率」という言葉で表し，貨幣を計算単位として測った労働コストのことを**貨幣賃金率**と呼びます。（具体的にいうと「月給20万円」がそ

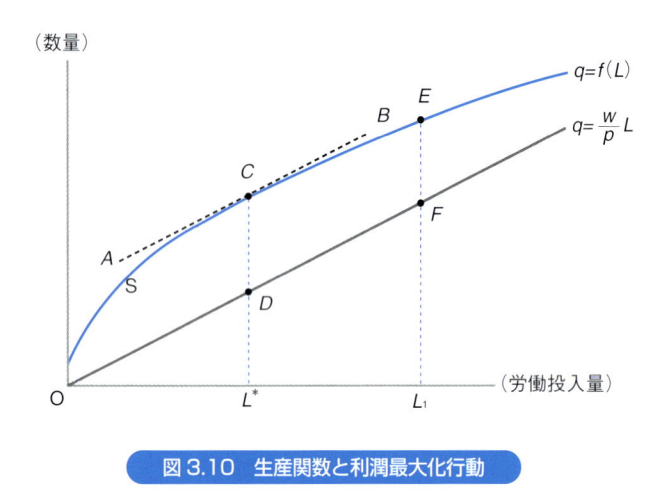

図 3.10 生産関数と利潤最大化行動

れに当たります。）いま，労働の貨幣賃金率を w とおくと利潤は

$$p \times f(L) - w \times L - FC = p\left\{f(L) - \frac{w}{p}L\right\} - FC \qquad (3.10)$$

となりますから利潤最大化を考える場合，$f(L)-(w/p)L$ の最大化を吟味すれば充分です。図 3.9 に $q=(w/p)L$ なる関数を挿入したのが図 3.10 です。

たとえば，労働投入が L_1 のとき，$f(L_1)-(w/p)L_1$ は図 3.10 では EF の長さで表されます。労働投入をさまざまに変化させて $f(L)-(w/p)L$ の最大値を求めるということは，$q=(w/p)L$ を平行移動させてちょうど生産関数に接する点を探すということです。図 3.10 では線分 AB がそのような接線であり，対応する労働投入量は L^* となります。そしてその最大値 $f(L^*)-(w/p)L^*$ は CD の長さで表されます。

ここで線分 AB の傾きは w/p であったことに注意してください。w/p を**実質賃金率**といいます。これは生産物を計算単位として測った労働コストを意味します。（月給 20 万円で生産物の単価が 1 万円の場合，実質賃金率は

20 となります。) 利潤最大点では実質賃金率と限界生産物は等しくなっています。また，限界生産力逓減の法則が成り立っていると w/p が上昇すると $w/p = MP(L^*)$ をもたらす L^* は下落します。

したがって，企業が（3.10）の最大化を図るとすれば，その企業行動は次のようにまとめることができます。

1. 企業は実質賃金率と限界生産物が等しくなるように労働投入量を決める。
2. 実質賃金率が上昇すると企業は労働投入量を減らして供給量を減らす。
3. 実質賃金率が下落すると企業は労働投入量を増やして供給量を増やす。

以下に，これまで定義してきた平均費用や限界費用，さらには平均生産物や限界生産物といった概念が経済学ではどのように応用されるかを紹介します。

3.3　平均費用と限界費用の応用：大気汚染と交通渋滞

最近の公害問題の特徴は，「悪役」としての特定の企業（あるいは企業群）が有害物質を撒き散らす加害者であり付近住民は被害者という単純な構図ではなく，住民自身も加害者となっているという複雑な構図になっているという点です。たとえば混雑・渋滞した道路は移動に時間がかかるというだけでなく，渋滞の際の排気ガスからの有害物質によって公害問題を引き起こしています。交通渋滞に対して，シンガポールが，交通渋滞解消のために市内へ入る自動車に課税していることが知られています。ロンドンでも 2003 年より市内へ入る自動車に税金を課して交通渋滞を解消しようとしています。東京にもこのような課税政策導入の計画があります。このような規制をロード・プライシング（Road Pricing）といいます。ここではこのロード・プラ

イシングについてを吟味してみましょう。

○ 交通渋滞の理論

交通渋滞の理論は平均費用と限界費用を用いて分析されますが，企業行動分析におけるときとはいくぶん異なる定義を用います。

企業行動分析では $TC(q)$ という総費用関数を用いましたが，ここでは q は「生産量」，$TC(q)$ はその生産量を実現するのに必要な「金額」です。平均費用も限界費用も「金額」で測られました。しかし交通渋滞を分析する場合も費用関数，$tc(x)$，を用いますが，ここで x は考察している道路のドライバー数，$tc(x)$ は道路をそのドライバー x 人が利用したときの各ドライバーの所要時間を合計したものです。このとき平均費用関数，$ac(x)$，は $ac(x)=tc(x)/x$ によって定義されます。また限界費用は $tc(x)$ に対する接線の傾きを示します。すなわちドライバーが1人増えたとき総所要時間，$tc(x)$，がどれほど増加するかを示します。

さて，たとえば東名高速道路に対する需要関数を定義しましょう。東京と名古屋の間の所要時間を t とおきましょう。t が長くても道路を利用しなくてはならない人はいるのですからある程度の利用者は存在します。所要時間が短くなると利用者数は増加していくでしょう。道路への需要関数が $x=D(t)$ で与えられるとすれば時間 t が増えると人数 x は減少する減少関数となります。その逆関数を $t=d(x)$ とおいておきます。

図3.11 は横軸に人数を x で測り，縦軸に時間をとります。東名高速道路に対する需要曲線が右下がり曲線，$d(x)$，として描かれています。この道路の利用者が x 人であるときの平均時間が平均費用曲線，$ac(x)$，として描かれています。さらに道路の利用者が x 人であるとき，1人ドライバーが増えるとき累積所要時間が何時間増えるかを示す関数が限界費用曲線，$mc(x)$，として描かれています。（固定費用がゼロで限界費用が増加関数であるとき $ac(x)<mc(x)$ となります。グラフを描いて確認してください。）

図3.11 交通渋滞の理論

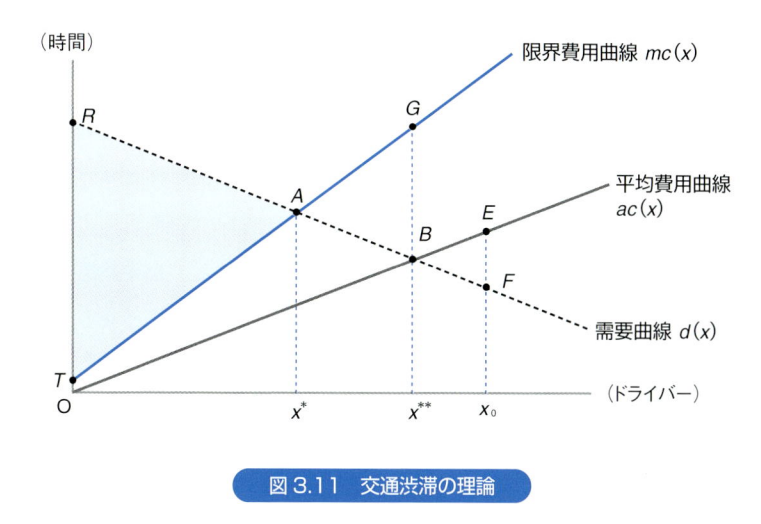

　まず最適ドライバー数は限界費用曲線と需要曲線の交点 A の横軸座標，x^*，となります。というのは x^* であるとき，消費者（ドライバー）余剰は RAT の面積となります。というのは x^* 人は全体で RAx^*O なる面積で表される時間を使ってもよいと考えています。実際にかかる時間の総数は TAx^*O で表されるのですから，消費者余剰は RAT の面積と考えてよいでしょう。

　もしドライバー数が x^{**} まで増加すると，需要曲線から x^{**} 人は全体で $RBx^{**}O$ の面積で示される時間を使ってもよいと考えていることになります。けれども実際にかかる時間の総数は $TGx^{**}O$ で表されますから，消費者余剰は RAT の面積から AGB の面積を引いたもの考えてよいでしょう。x^* 以外の利用者数を想定して消費者余剰を計算すると，いずれの場合も RAT の面積より小さくなります。したがって本来は x^* が最適ドライバー数ということになります。

　ところが，実際には x^{**} が実際のドライバー数ということになります。たとえば x^* なる人数のドライバーが道路を利用していたとしましょう。仮に

$mc(x^*)$ よりいくぶん短い所要時間であれば道路を利用する人が，道路を利用するかどうかを考慮したとします。このドライバーが追加的に道路を利用すると，累積所要時間の観点からは（ほぼ）$mc(x^*)$ なる追加時間を必要としますが，このドライバーの所要時間が $mc(x^*)$ になるとはかぎらないのです。x^*+1 人のドライバーのうち誰かが $mc(x^*)$ なる所要時間となるだけなのです。平均すれば $ac(x^*)(<mc(x^*))$ の時間で済むのです。このように考えればドライバーは増加していき，追加的利用が止まるのは平均費用曲線と需要曲線の交点 B となり，このときにはドライバーが x^{**} となります。すなわち，x^{**} が実際の利用者数ということになり，最適利用数を超えてしまうのです。

これが交通渋滞の理論です（[1] pp.262-5参照）。放っておけば交通は常に最適利用を超えて混雑・渋滞してしまいます。このゆえにシンガポールやロンドンの交通当局が税金をかけて交通量を制限するのは，経済学的観点から正当化されるのです。

ロンドンの場合，2003年2月に，ロンドン市内に入るには一日5ポンド（約930円）を払わなければならないシステムを導入しました。8月までに交通渋滞は約3割解消しました。当局は，その経済効果を5000万ポンド（約93億円）と推定しています（[2]）。東京都は「山手線＋隅田川」区域（約72km^2）にロード・プライシング方式の導入を予定しています。平日午前7時から午後7時まで，この区域に入るには小型車500円，大型車1000円を払わなくてはならなくなるシステムです。ただし実施は早くても2005年度であると報道されています（[3]）。

[*Case Study 3-1*]

大気汚染への政府の取り組み

1952年，4000人のロンドン市民がスモッグにより死亡したという記録が残っていますがスモッグ（smog，「煙の混じった霧」）とは煙（smoke）と霧（fog）

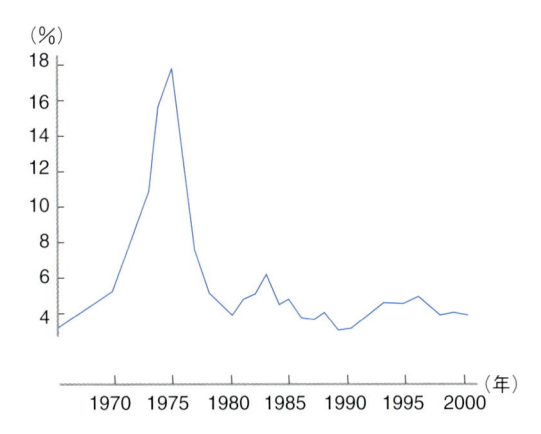

(データ出所)　経済産業省「主要産業設備投資計画」（矢野恒太記念会編『日本国勢図会』所収）より作成。

総投資中に公害防止投資が占める割合

から新しく作られた言葉です。最近ではスモッグといえば自動車の排気ガスを原因としていることはよく知られていますが，このことを初めて証明したのはアメリカの化学者でした。1940年代，化学者ハーゲンシュミット（A.J.H.Smith）はロサンゼルスのスモッグの原因が自動車の排気ガスであることを証明しています。

◆日本における自動車排気ガス訴訟：浮遊粒子状物質（SPM）

　世界的な環境意識の高まりを受けて日本でも1971年に環境庁が設立されています。下図はその環境庁の設立が日本企業にも環境意識の高まりを促し1975年には企業の行う総投資の内，18％近くが公害防止のための投資に向けられたことを示しています。しかし残念ながらその後はもとの水準に戻っています。

　日本の自動車排気ガスをめぐる訴訟で被害者（原告）はなかなか救済を勝ち得ることができませんでした。初めて自動車排気ガス訴訟で勝訴を勝ち得るのは1995年のことです。工場排煙と自動車排気ガスによる公害問題で国の道路建設行政責任を問うた西淀川公害訴訟に対し，1995年7月に裁判所は国側の責任を認定しました。これまで四日市公害裁判以来，工場排煙による汚染に関してのみ公害責任認定が行われてきたのです。これ以降，被害者は自動車排気ガス訴訟で勝訴判決を得るようになりました。1982年に約400名の被害住民が1次訴訟を起こした川崎公害訴訟の判決は1998年8月に出ましたが，自動車排気ガスの被害に対し国側の責任を認定しました。2000年1月には工場排煙と自動車排気ガ

スによる公害問題に関する尼崎公害訴訟（公害認定患者379人）でも勝訴判決がでました。

自動車排気ガスについては被告は国と阪神高速道路公団，被害賠償請求は92億円です。判決は被害者の喘息と浮遊粒子状物質（SPM, Suspended Particulate Matter），特にディーゼル排気微粒子（DEP, Diesel Exhaust Particles）の因果関係を認定したのです。

浮遊粒子状物質は最近の大気汚染公害のキーワードです。自動車排気ガス中に含まれる粒径10ミクロン以下の物質で，軽いので地上に落下せず空中に漂い，人間が吸って喘息を引き起こすと主張されました。とくにSPMの4割を占めるといわれるディーゼル・エンジンからの排気ガス中に含まれるDEPにはベンツピレンという有毒物質が含まれ喘息や癌との関連が問題となっているのです（[4]）。

日本では自動車排気ガスの引き起こす光化学スモッグや酸性雨対策として1992年に「自動車NOx削減法」が成立しました（2001年6月により規制が強化され「自動車NOx・PM法」へと改正されました）。NOxとは一酸化窒素（NO）や二酸化窒素（NO_2）の総称で「ノックス」と読みます。（ちなみにSOxとは一酸化硫黄（SO）や二酸化硫黄（SO_2）の総称で「ソックス」と読みます。）またここでの規制対象はガソリン車ではなくディーゼル車です。

硫黄酸化物と異なり窒素酸化物の多くはエンジン外で発生します。自動車やトラックのエンジン内が高温で燃焼するとき，その高熱でエンジン外の大気に含まれる窒素が酸化（NO）し，それが二酸化窒素（NO_2）となり光化学スモッグや酸性雨を引き起こすのです。また，次頁の図より明らかなように，SO_2と異なりNO_2は経済成長率が高くなるとその大気中濃度は下落する傾向があります。

◆政府の対応：環境ビジネス産業への補助

政府は法律を改正するだけでは責任を果たしたことになりません。NOxやSPMの基準達成率が高まるような具体的な対応策が求められます。まずSPM，とくにDEPの除去装置装着に補助金が与えられます。除去装置；DPF（除去フィルター）の装着へ2億5000万円が補助金として準備され，東京，大阪圏で購入費の1/4が補助されました。トラック用DPFは1台の価格が50-80万円しますが17000台分，バス用DPFは1台の価格が70-240万円ですが9000台分準備

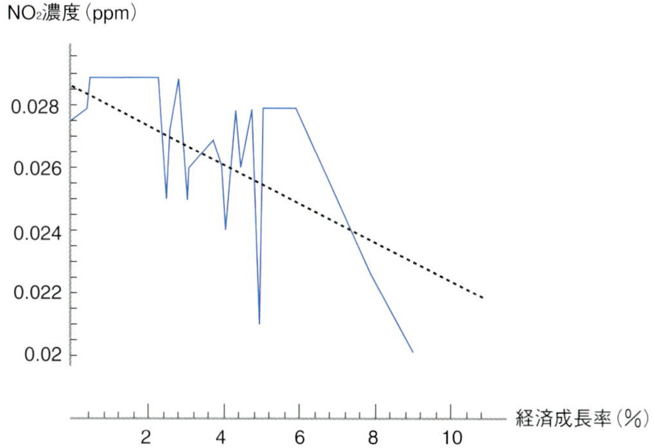

(データ出所) 環境庁「大気汚染状況調」(一般環境大気測定局 (15局)) (矢野恒太記念会編『日本国勢図会』所収) より作成。

経済成長率と NO_2 濃度

されました ([5])。

すでに述べたように，大気汚染公害訴訟で政府の不十分な道路行政は SPM や DEP による付近住民の喘息を阻止できなかったとして責任を問われました。そこで旧建設省（現国土交通省）は前述したロード・プライシングの導入を計画しています。

川崎公害訴訟の判決（1998 年 8 月）で自動車排気ガスの被害に対し国側の責任が認定されましたが，川崎市で問題となった道路は首都高速道路です。ここは川崎市の中心地を通過する横羽線（羽田—石川町）と川崎市の湾岸埋立地を通過する湾岸線の 2 線が通っています。旧建設省（首都高速道路公団）は横羽線の大型車通行料金を上げ，同時に湾岸線の大型車通行料金を下げます。ドライバーは前者の通行を避け，後者を通るようになることが期待されるのです。また尼崎公害訴訟の判決（2000 年 1 月）で自動車排気ガスの被害に対し国側の責任が認定されましたが，尼崎市で問題となった道路は阪神高速道路です。ここは尼崎市の中心地を通過する神戸線と尼崎市の湾岸埋立地を通過する湾岸線の 2 線が通っています。川崎市の場合と同様に旧建設省（阪神高速道路公団）は神戸線の大型車通行料金を上げ，同時に湾岸線の大型車通行料金を下げます。ドライバーは前者

の通行を避け，後者を通るようになることが期待されるのです。

　実はこれまではこのように複雑な課金方法を用いると交通渋滞の原因となっていましたが，最近では技術革新により自動料金収受システム（ETCシステム，Electronic Toll Collection system）の活用が可能となり，これを利用して渋滞緩和も期待されるようになっています（[6]）。ただ，現在ETCは普及の面でまだ問題が残されてはいます。

　DPFといった公害防止装置やETCシステムなどは新興の環境ビジネス産業といえます。政府はこのような環境ビジネス産業への補助を通じてこれを日本の中心産業にしようと画策しているのです。

本章のまとめ

　本章では完全競争企業行動が吟味されました。小規模の企業であればその生産活動が市場価格に影響を与えることはほとんどないと考えられます。このような企業はどのような行動をするかというのが本章のテーマです。

1　商品を生産する企業は利潤を最大にします。利潤とは収入から費用を引いたものです。収入は価格×生産量で定義されます。まず費用が生産量の関数として与えられる場合を吟味しました。この費用関数のグラフでそれぞれの生産量に対応する接線の傾きを限界費用といいますが，企業は価格＝限界費用が満たされるとき利潤最大を実現します。

2　企業の費用関数を調査するとU字型をしているといわれますが，その原因として固定費用が考えられます。費用は固定費用と可変費用からなります。可変費用を生産量で割ったものを平均可変費用といいますが，商品を生産する企業の供給曲線は限界費用曲線のうち，平均可変費用より上にある部分となります。

3　次に費用が生産関数を構成する生産要素の市場価格で評価される場合が吟味されました。生産要素が労働だけの場合，企業の利潤の最大化は実質賃金率＝限界生産物なる条件が満たされるとき実現します。

4　費用関数を生産量で割ると平均費用曲線が得られます。平均費用と限界費用は等しくなるとは限りません。一見したところ生産の理論（企業行動）とは無関係と思われる交通渋滞が平均費用と限界費用の乖離から説明されました。

練習問題

3.1 以下の企業のうち，可変費用が高く，固定費用が低いと考えられる企業を2つ選びなさい。

①アマゾン，②新日鉄，③日本航空，④ユニクロ，⑤東京電力

3.2 セルフ・ガソリンスタンドは通常のガソリンスタンドに比べ1リットル当たり2-3円しか安くないので利用者には不満の声が聞かれるといわれます（日本経済新聞2002年10月24日）。この不満に正当性があるかどうかを吟味しなさい。

3.3 以下の4つの命題のうち正しいものを選びなさい。

① 供給曲線は平均費用曲線である。
② 平均費用曲線は平均可変費用曲線の最低点を通る。
③ 長期平均費用曲線は短期固定費用曲線の下からの包絡線である。
④ 企業は実質賃金率と限界生産物が等しくなるように労働投入量を決める。

3.4
① 2002年10月29日に判決の出た「東京大気汚染訴訟」について調べ，これまでの訴訟との相違を述べなさい。
② 「自動車NOx・PM法」を調べ，自動車産業に対する影響を吟味しなさい。
③ JR貨物は18億円かけてコンテナ貨車100両を車両メーカーに緊急発注しました。（日本経済新聞2003年11月22日）。その理由を調べなさい。

3.5 所有者のいない森や海における動物や魚といった資源の乱獲問題が世界の関心を集め，「種の絶滅」が懸念されています。資源乱獲問題は経済学では「平均生産物」と「限界生産物」の乖離より説明されます。参考文献（[7] pp.310-6, [8] pp.26-8）を手がかりに説明しなさい。

第 4 章

市場の失敗

　第2章で自由貿易を取り上げた際には，政府の市場介入は望ましくないことを説明しました。経済学は基本的に市場メカニズムを信奉します。

　しかしすべての政府の市場介入はすべきでないと主張されるわけではありません。たとえば現在，「地球温暖化」が大きな問題となっていますが，経済学ではこのような環境問題においては政府の市場介入が主張されてきました。市場メカニズムに任せていればうまく行かない場合があるのです。これを「市場の失敗」といいます。本章では市場メカニズムの効率性とその限界というテーマを取り扱います。ただ，ここでの市場とは「完全競争」市場を意味します。これと比べると「独占」市場では効率性が低下します。「不完全競争」市場における独占をめぐる問題は章をあらためて第5章で取り上げます。

○ KEY WORDS ○
市場メカニズム，税，補助金，外部経済，外部不経済

4.1　新古典派の基本定理

　市場には「見えざる手」が働いて調和がもたらされると主張したアダム・スミスなど「古典派経済学」と呼ばれる立場の経済学者は，市場メカニズムの効率性を主張し，政府の市場介入を批判してきました。これを小さい政府主義といいます。第2章で自由貿易が望ましく，関税による国内産業保護は望ましくないと主張しましたが，それは「見えざる手」哲学，あるいは「小さい政府」主義の表れです。

　たとえば1970年代後半のアメリカで，航空産業の規制緩和を皮切りに広範な規制緩和が行われ，政府の介入を可能な限り排除しようという風潮が一般化しました。その風潮は世界中に広がり，現在の日本でも「規制緩和」あるいは「小さい政府」主義が基本政策といえるでしょう。第6章以降で1930年代の大不況とそこで成立したケインズ（J. M. Keynes, 1883-1946）によるマクロ経済学を紹介しますが，ケインズは市場メカニズムに全面的な信認をおかず，政府による積極的な介入の必要性を主張しました。これを大きな政府主義といいます。第2次世界大戦後しばらく世界各国は「大きな政府」主義をとっていました。しかし，1970年代以降になって再び「小さい政府」主義が隆盛となります。

　古典派経済学の理論を精緻化した学派を新古典派といいますが，そこでは「見えざる手」のもたらす調和を，効率性によって表現します。たとえば市場に介入して税金を課したり補助金を与える政策は効率性の損失を招き望ましくないと主張されます。市場メカニズムがもっとも望ましい効率を実現しているのであり，政府は市場メカニズムには干渉すべきではないと主張されるのです。これを新古典派の基本定理といいます。

○ 課税による効率性の低下

いままでガソリンを例にとってきましたが，実は 2003 年 10 月現在，ガソリンには 1 リットル当たり 53.8 円に達する「ガソリン税」が課税されています。ガソリン税は道路の建設・整備のための「道路特定財源」としてのみ用いられることになっています。

このような課税は消費者の支払う価格を上昇させます。上述のような効率性の観点から，その経済効果を吟味してみましょう。第 1 章では暗黙の前提としてガソリン税が課されていない場合を考察していましたが，図 1.5 によればこのような場合にガソリン価格は需要曲線と供給曲線の交点 E で定まる P_D となります。

さて，ここから政府が道路財源確保のためにガソリン税を課したとしましょう。消費者は 1 リットルあたり T 円のガソリン税を支払うとすればガソリン需要者の支払う価格，p^d，とガソリン供給者の受け取る価格，p^s，に差が生じ，その差が T 円ということになります。

この場合，図 4.1 の需要曲線 d を T だけ下方シフトさせ，その交点を G とすると，市場での取引量はその G の横座標 q' となります。すなわち図 4.1 で FG がガソリン税率 T に等しくなります。生産者価格は $p^{s\prime}$，需要者価格は $p^{d\prime}$ となり，

$$p^{d\prime} - p^{s\prime} = T \tag{4.1}$$

という関係が成立します。

図 4.1 から，税金 T が大きくなれば消費者の支払うガソリン価格は高くなり，消費するガソリンの量は減少すると推論されます。表 4.1 はいくつかの国を選び，各国のガソリン税，ガソリン価格，および一人当たりガソリン消費量を比較したものです。（ただし，ドルと各国の為替レートは「購買力平価」が用いられています。「購買力平価」については第 8 章参照。）上で述べた推論は当たっているといえるでしょう。

次に第 2 章で学んだ余剰概念を使って，課税による効率上の損失を吟味し

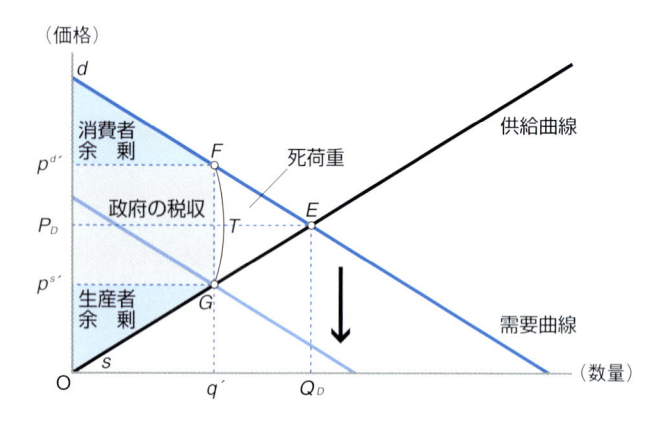

図 4.1 課税による効率性の低下

表 4.1 各国のガソリン使用の状況（1993年）

国	ガソリン税[*1]	ガソリン価格[*2]	一人当たりガソリン使用量[*3]
アメリカ	0.09	0.34	1600
カナダ	0.21	0.46	1124
オーストラリア	0.24	0.53	936
日　本	0.30	0.65	364
ドイツ	0.48	0.66	497
スウェーデン	0.55	0.78	627
イタリア	0.72	1.00	400
ポルトガル	0.85	1.21	235

（単位）　*1，*2　1リットル当たり，ドル，*3　リットル
（出所）　L. R. Brown (ed.) *State of the World 1996*, Earthscan Publications Ltd., p.179, Table 10-2.

ましょう。

税金が課される前の均衡 E において消費者余剰は三角形 dEP_D, 生産者余剰は三角形 P_DEs となります。需要者にとって価格は $p^{d\prime}$ へと上昇しますから消費者余剰は三角形 $dFp^{d\prime}$ へと減少します。供給者にとって価格は $p^{s\prime}$ へと下落しますから生産者余剰も三角形 $p^{s\prime}Gs$ へと減少します。ただし政府には四角形 $p^{d\prime}FGp^{s\prime}=T\times q^\prime$ なる税収がもたらされ, 道路整備に用いられます。(ちなみに2000年度は4兆3,968億円が道路整備のために用いられました。)

ここで注意しなくてはならないのは課税前の消費者余剰＋生産者余剰と比べ, 課税後の消費者余剰＋生産者余剰＋税収の値は三角形 FEG の面積分だけ少ない値となっていることです。三角形 FEG は死荷重となっています。すなわち課税により効率上の損失が発生しているのです。

4.2　市場の失敗：外部性

ガソリン税については考えておかなくてはならない問題があります。効率上の損失があるのに, なぜ課税が行われるのでしょうか。端的には道路建設費用として直接に税を納めさせるよりはガソリンを購入するときについでに納めさせる方が負担感が少ないという側面があると思われますが, さらに根本的な理由として道路には, 外部経済が働くということがあります。

道路は2つの地域の交通を便利にするので, つながれた両地域の経済活動は以前に比べ盛んになると期待されます。それによって, たとえばより優秀な原材料が利用可能となったりするので, 道路建設によって2つの地域の生産関数がシフトし, 以前と同じ労働と資本の投入で前より多い生産量が可能にすることが期待されます。このように, ある経済主体の経済活動（この場合は道路建設）で, 他の近隣の経済主体に（市場を介さないで）直接, 正の

波及効果がもたらされる場合を（技術的）外部経済といいます。この外部効果は，既に述べた課税による効率の損失を補って余りあるかもしれません。

しかし，さらに考えなくてはならない側面があります。それは，負の波及効果の場合，すなわち（技術的）外部不経済という効果です。たとえば道路ができたことで付近住民に騒音や排気ガスによる病気などの被害が発生することが充分に考えられます。道路建設により付近住民の負担する（以前にはかからなかった）治療費などの費用は「（技術的）外部不経済」です。外部不経済は一般家計にのみ発生するものではありません。道路付近の企業にとって騒音や酸性雨，さらには光化学スモッグ対策上必要となる費用は「（技術的）外部不経済」です。したがって，道路建設に関していえば，外部経済と外部不経済が発生していると思われるので，それらを勘案して課税による効率上の低下と比較せねばなりません。

第2章で説明した公害問題とは「外部不経済」に関する問題です。外部不経済の問題は市場では解決されないと主張されてきました。これを市場の失敗といいます。

公害問題に関する伝統的理論はピグー（Arthur Cecil Pigue, 1877–1959）により厚生経済学（Welfare Economics）として知られる学問分野の中で構築されました。彼は公害問題を外部不経済の問題として捉え，市場による価格メカニズムが働かないのが原因であると考えます。ですから政府が介入し，税を課すことによって価格を変動させることが価格メカニズムを復活させることであるとピグーは主張しました。これをピグー税といいます。

現在，地球温暖化問題をめぐっては，「炭素税」と呼ばれる二酸化炭素排出抑制のための税を課すべきか，もし課すならばどれほどの税率とすべきか，といった議論が行われています。ある試算によると炭素1トン当たり3400円を課すとガソリン1リットル当たり2円程度の値上げとなります。しかしこの課税から生ずる約1兆円の税収を環境対策に用いれば二酸化炭素を6%削減できるとの試算になります（[1]）。これらはピグー税と考えることができます。以下では，さらに詳しくピグー税の理論を考察します。

○ ピグー税

　いま，いくつかの工場からなる石油コンビナートでそれぞれを所有する企業が石油製品を製造しているとしましょう。たとえば A, B, C, D, E なる企業がそれぞれの工場の操業によりそれぞれ 1000 単位の生産が可能とします。A が最新の工場であり，この順序で古い工場となっているとすると生産コストは企業 A の工場がもっとも低く，企業 E の工場がもっとも高くなります。したがって A 社は単位当たり 1000 円以下の価格では採算が取れず，E 社は 1250 円以下の価格では採算が取れないと仮定します。その他，価格が B 社は 1050 円，C 社は 1100 円，D 社は 1150 円以下では採算が取れないと仮定します。このとき供給表は図 4.2 のようになります。

　この商品に対し単位当たり 1350 円まで支払う意思のある 1000 人がそれぞれ 1 単位買いたいと考えていると仮定しましょう。異なる需要者グループと

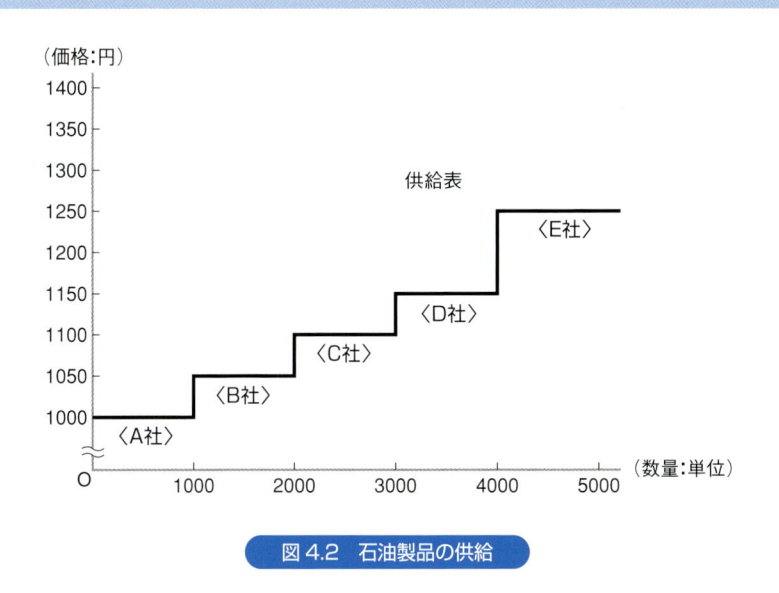

図 4.2　石油製品の供給

しては単位当たり1300円まで支払う意思のある1000人がそれぞれ1単位買いたいと考えています。このように50円刻みで異なる需要者グループが1000人ずつ存在するとしましょう。すると需要表は図4.3のようになります。

　この市場では図4.4のように需要表と供給表を合わせると単位当たり1200円の市場価格が決まり，4000単位生産が行われます。E社の工場は操業をすることができません。これは市場の力です。このときの総余剰は（薄い青色の付けられた）4000単位までの需要表と供給表に囲まれた部分の面積で測ることができます。

　さてこのコンビナートではこの石油製品の生産により発生した硫黄酸化物が付近住民に喘息などを発病させるとしましょう。付近住民にとって通常の生活をしていて工場が操業されると彼らに外から降りかかる悪影響ですからこの効果は「外部不経済」です。その治療代として工場当たり10万円の被害を発生させているとしましょう。このとき生産物1単位当たり100円の被害となります。もしこの喘息の治療代を企業が補償するのであれば企業にとってその治療代を費用に上乗せせざるをえません。費用に上乗せした場合，供給表は図4.5におけるような破線になるでしょう。

　過去において企業はそのような喘息と企業活動の因果関係はないと主張した時代があります。このような場合，企業は太い実線で示される供給表に従い供給行動を行うでしょう。するとこの製品の生産量は前と同じ4000単位で，市場価格は1200円です。現実には公害が発生しているのですからその被害を差し引くと総余剰は図4.6の薄い青色部分の面積から灰色の部分の面積を差し引いたものとなります。

　しかし，もし何らかの手段で生産量を3000単位に抑えることができれば被害を差し引くと総余剰は図4.6の薄い青色部分の面積のみとなり，この方が望ましいのは明らかです。このように市場に任せていると公害が発生しているときは望ましい生産を超えて生産の行われる傾向があります。すなわち市場の失敗が生じます。

図 4.3　石油製品の需要

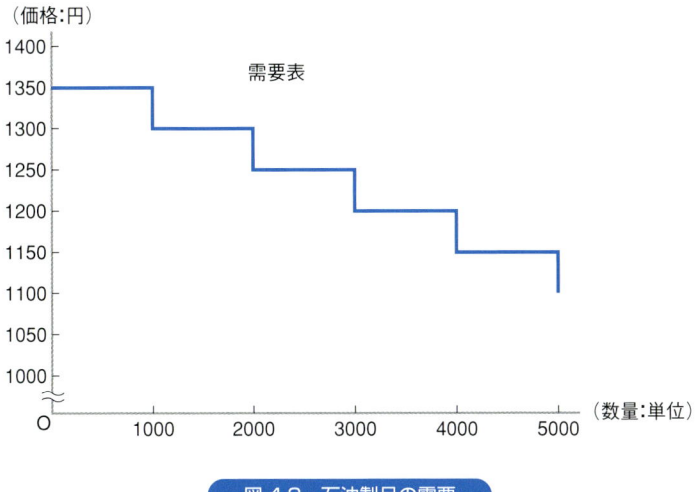

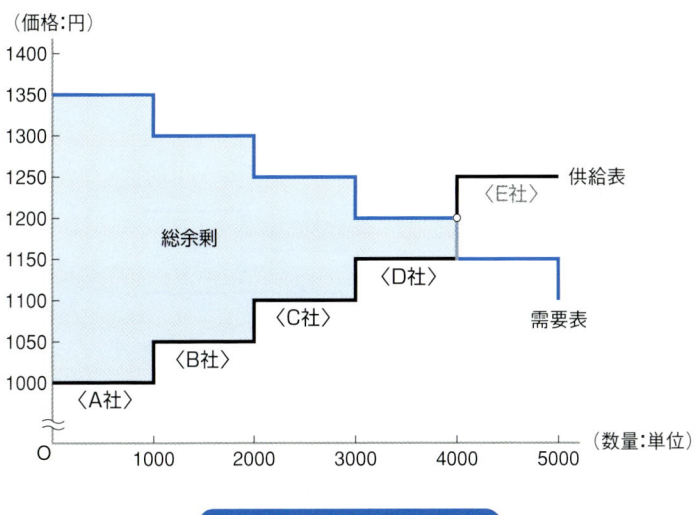

図 4.4　市場価格と総余剰

4.2 市場の失敗——外部性

4 市場の失敗

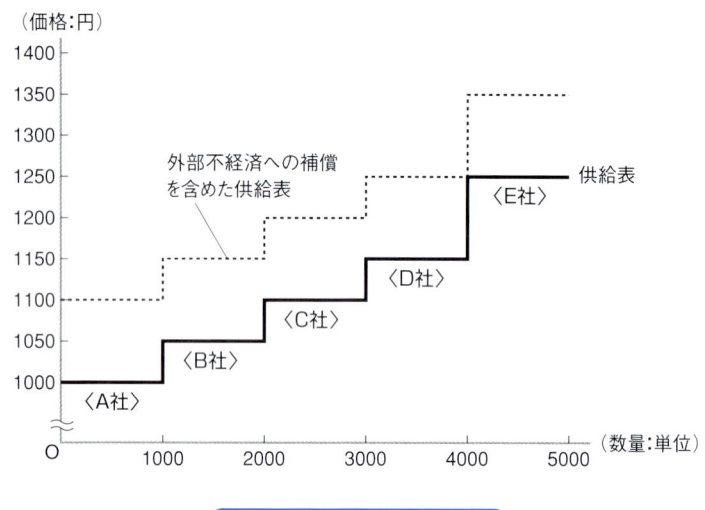

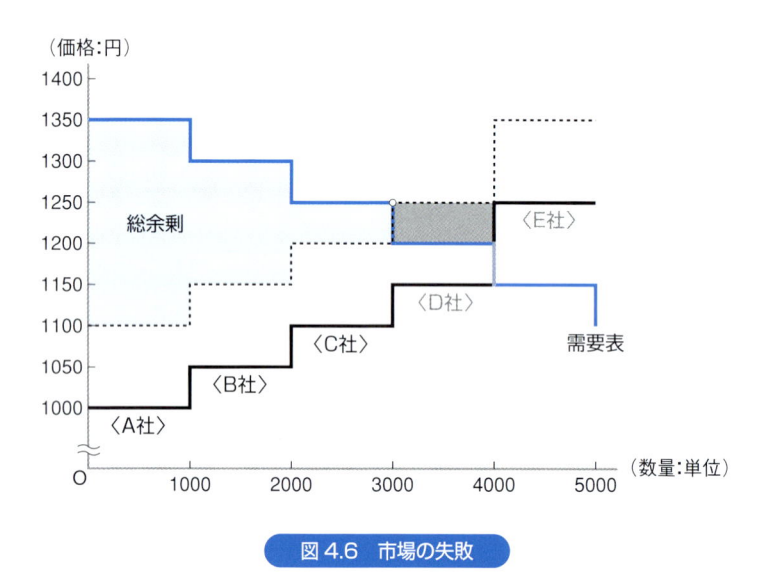

図4.5 外部不経済の場合

図4.6 市場の失敗

この市場の失敗の現象に気付いたのが，前述のイギリスの経済学者ピグーでした。彼は公害問題が発生しているときは，市場に任せず政府が課税政策を採ることを提案しました。すなわち政府は1単位当たり100円の税を企業に課すのです。このとき企業はその課税負担を価格に転嫁せざるを得ません。市場価格が1200円から1250円になると，需要は図4.3より3000単位になります。供給表は図4.6の太い実線ではなく，その太い実線が上方へ100円シフトしたものになっていることに注意してください。課税によりD社は市場からの退出を余儀なくされます。このようにして望ましい生産量が実現するのです。

このような課税がピグー税と呼ばれるものです。

○ 政策の実際

実際には価格に一定の税金を単純に上乗せする形式の課税政策は採られません。その理由は各工場のもたらす外部不経済の程度が一様ではないという事実にあります。一様ではないといっても逆に生産性の高い工場がそうでない工場に比べ少ない外部不経済を生じさせるという保証もありません。実際，1960年代，日本の鉄鋼メーカーが新型の高炉（LD転炉）による高い生産性で世界市場を制覇していったとき，高炉は通常の溶鉱炉に比べ高い外部不経済を発生させるのではないかとの論争が行われたことがあります（[2] pp.101-4参照）。

そこで，A社の工場は高い生産性を持つが硫黄分の排出が多いので23万円の治療費を発生させ，B社の工場は硫黄の排出が少ないので10万円の治療費を発生させ，C社の工場はさらに硫黄の排出が少ないので2.5万円の治療費を発生させるとしましょう。治療費は硫黄の排出量に比例し，D社およびE社は公害を発生させないと仮定します。このとき，政府は硫黄分の排出に比例して税を徴収すればそれぞれの企業に被害分の課税を行うことが可能となるでしょう。このとき課税後の供給表は図4.7の上部境界線，図

市場の失敗

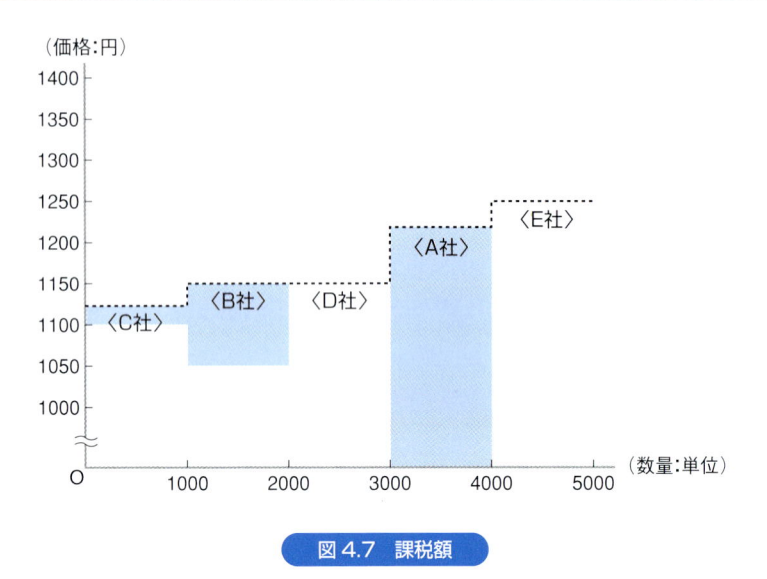

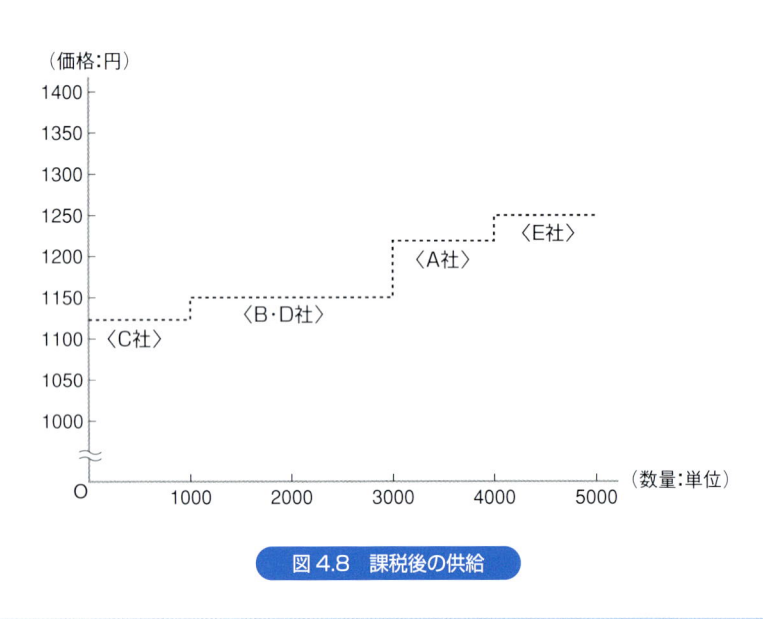

図4.7　課税額

図4.8　課税後の供給

（価格:円）のグラフ

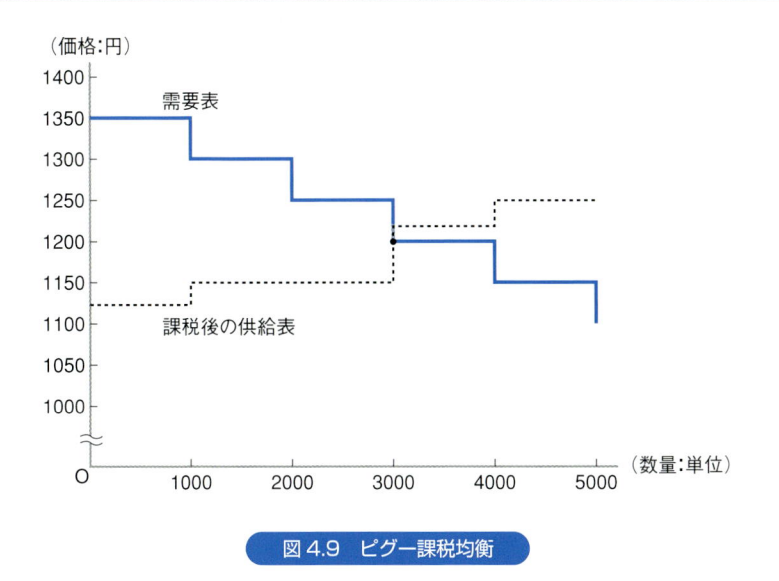

図4.9 ピグー課税均衡

4.8, で与えられます。その下の青い色を付けた部分が硫黄分排出に比例した課税額を示します。A社は1単位当たり1230円で，B社は1150円で，C社は1125円で，D社は1150円で，E社は1250円で製品を提供することになります。

この供給表と図4.3の需要表を合わせたのが図4.9です。市場価格は単位当たり1200円，生産量は3000単位となります。この課税体系のもとではA社は操業の停止を余儀なくされるでしょう。ここで解説を行った硫黄酸化物に関する課税が，日本で実際に採られてきたピグー税です。この課税法が二酸化炭素排出による地球温暖化を阻止するための炭素税として導入することが検討されているのです。

[Case Study 4-1]

リオ環境サミットから地球温暖化防止京都会議

　1992年6月（3-14日），ブラジル，リオデジャネイロ，で「地球サミット」（「環境と開発に関する国連会議」）が開かれ，多様な環境問題が討議されましたがそこでのメイン・テーマは「CO_2 の排出抑制」でした。「地球温暖化」論争に最終的な結論は出ていませんでしたが，参加者にとって「地球温暖化」は真実であり，問題はいかにして二酸化炭素排出削減を実現するかでした。この目的を実現する手段として考えられていたのは伝統的なピグー税でした。すなわちガソリン，石炭などを消費するとき，含まれる炭素量に比例して税金を課すシステムが提案されたのです。このシステムは「炭素税」と呼ばれますが，その本質はピグー税です。この炭素税はすでにデンマーク，オランダ，フィンランド，ノルウェー，スウェーデンで導入されていましたが「地球温暖化」はグローバルな問題ですから「地球サミット」の焦点は会議参加国全員が「炭素税」の導入を宣言するかでした。結果は宣言の見送りとなりましたが反対意見は発展途上国から多く出ました。というのは，どうしても炭素税は生産の抑制につながりますから，短期的には経済成長を鈍化させることが懸念されるからです。しかし次頁の表から明らかなように発展途上国の CO_2 排出量シェアは高く，彼らの炭素税導入は不可欠です。

　このような理由からリオ会議は失敗であったといわれることがありますが，決してそのようなことはありません。リオ会議の合意文書は「アジェンダ21」といわれますが，27項目，800ページに及ぶ合意文書で重要な合意項目が含まれます。たとえば「日本や西側諸国はGNPの0.7％を拠出し，一部はこの資金で環境保全技術を開発し，残りは発展途上国がアジェンダ21に沿う形で環境に配慮した経済発展のために用いる援助とする」という項目があります。これまで既発展国は発展途上国援助の目標値を言明することを拒んできたのですが，この会議で目標値を明確にしその履行を約束したのです。

　「地球温暖化」についてはその真偽をめぐって長らく論争がありました（本章末のコラム参照）が，最終的な結論は1995年に出ました。第2次IPCC（Intergovernmental Panel on Climate Change）報告が「人間の化石燃料使用を通じた

CO_2排出量の国別シェア（1995年度，世界合計約64億1千トン（炭素換算））

（[ ]内数字:1997年度エネルギー消費シェア）

	国名	シェア		国名	シェア
(1)	アメリカ	21.9% [25%]	(9)	カナダ	1.9 [2.9]
(2)	中国	13.6 [10]	(10)	イタリア	1.7 [2.0]
(3)	ロシア	7.7 [7.1]	(11)	韓国	1.6 [1.8]
(4)	日本	4.8 [5.5]	(12)	メキシコ	1.5 [1.4]
(5)	インド	3.9 [3.4]	(13)	フランス	1.4 [2.7]
(6)	ドイツ	3.6 [3.9]	(14)	ポーランド	1.4 [1.2]
(7)	イギリス	2.3 [2.7]	(15)	南アフリカ	1.3 [1.1]
(8)	ウクライナ	1.9 [1.9]	(16)	インドネシア	1.3 [1.1]

（データ出所）　オークリッジ国立研究所（米国）資料（矢野恒太記念会編『世界国勢図会2000／01』所収），国連，*Energy Statistics Yearbook98*（矢野恒太記念会編『日本国勢図会2000／01』所収）より作成。

二酸化炭素排出増加により地球温暖化が始まっている」との結論を発表したのです。そして100年後の地球温暖化予測を1～3.5℃の上昇としました（[3]）。これを受けて1997年12月に開かれた「地球温暖化防止京都会議」で日本は1990年との比較で2010年までに二酸化炭素の排出量を6％削減することを約束しました。アメリカは7％，EUは平均して8％削減することを約束しました。環境省のデータによると1990年度，日本の二酸化炭素の排出量は1億1244万トンでした。その後の1998年までの変化は次頁の図に示していますが1997年以来減少してはいるものの，1990年比でまだ5.6％高いレベルにあります。これからさらに6％削減せねばならないのです。

　日本にとってさらに困った事情があります。それはこの削減の日本経済に与える負担は他国に比べて大きいということです。もともと日本はエネルギー使用節約に励む国でした。したがって現在GDP100万ドル当たりの二酸化炭素排出量はアメリカ211トン，ドイツ118トンに対し日本は61トンで済んでいます（[4]）。逆にいえば単純に計算して1トンの二酸化炭素を減らすのに100万/61ドルのGDPを減らさねばならないのに対し，ドイツは約半分，アメリカは約1/3の負担で済むのです。

　オイル・ショック時，日本は国民の石油使用を減らすためにテレビ放送は午後

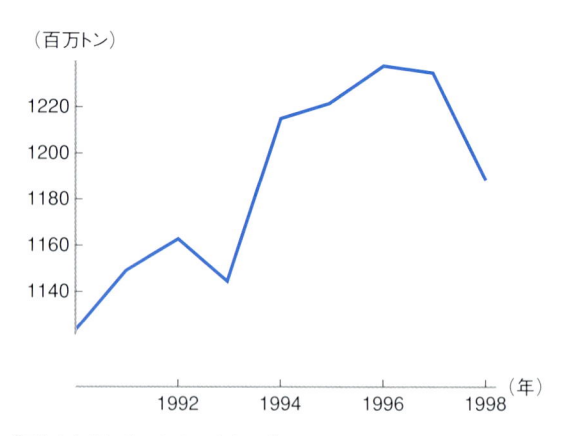

(データ出所)「環境庁資料」(矢野恒太記念会編『日本国勢図会 CD–ROM2001/2』所収)をもとに作成。

日本の CO_2 排出量（1990–98年）

10時には終了，日曜日はガソリンスタンドの閉店など，厳しい省エネ策を採用しましたが，現在考えられているのはガソリンなどへの炭素税（環境税）です。ガソリンの価格を高くして消費を抑え，税収を太陽光発電や風力発電など環境への負荷の小さい代替エネルギーの使用・開発への補助金に用いる政策が考慮されています。このように環境ビジネス産業を盛んにすれば GDP の減少をかなりの程度抑えることが期待できるのです。ただ炭素税だけではとても京都議定書で約束した6%削減を実現できません。そこで京都議定書で認められた二酸化炭素排出権の市場取引制度を利用して，ロシアなどから二酸化炭素排出権を購入して6%削減を実現する計画です。日本政府は目標達成の具体案を以下のような「温暖化批准大綱」としてまとめています。

(1) 省エネで CO_2 を 2.5% 減少
(2) 森林吸収で CO_2 を 3.7% 減少
(3) 排出権取引で CO_2 を 1.8% 減少
(4) 代替フロン利用で CO_2 を 2% 増加

日本はどうしても代替フロンを使用せざるを得ないので CO_2 の排出は上昇します。この分を上の3つの手段でカバーせねばならないのです。

「地球温暖化防止京都会議」ではトンガやツバルなど，温暖化により国家消滅

の可能性の高い諸国は議定書の合意を強く求めましたが，OPECなど，議定書が成立して世界の石油消費が落ちれば大きな被害を受ける諸国もあり彼らは議定書の成立に消極的でした。ヨーロッパの諸国は議定書の合意を強く求めましたがアメリカの提案した二酸化炭素排出権の市場取引制度に反対しました。このようにさまざまな国の主張が対立しあい，地球温暖化防止のために各国が削減率を約束する議定書の合意は困難であると見られていたときにアメリカのゴア副大統領（当時）が登場して合意にこぎつけたのです。ところが2001年にアメリカは大統領がクリントン氏からブッシュ氏に交代するとこの議定書の批准を拒みました。結局，2001年のマラケッシュ会議における合意をもとにアメリカを抜きにして各国の議定書の批准が実現しました。

「地球温暖化防止京都会議」にはもう一つ大きな問題があります。先の表で示した二酸化炭素排出シェアが21%のアメリカが参加しないのは大きな問題ですが中国やインドなど，一人の排出量は小さくても人口が多くて国レベルでは大きな排出量シェアをもつ国には二酸化炭素排出量削減の義務はありません。リオ会議と同様にこれらの発展途上国は環境問題解決のために国内の資源を振り向けると経済発展が疎かになり既発展国との差がますます拡大するとの判断から環境面での猶予措置が認められたのです。

2001年の第3次IPCC報告では100年後の温度上昇予測値が1.4~5.8℃となり，第2次IPCC報告と比べ予測値が上昇しました（[5]）。マスコミ報道でよく知られるようになりましたが，地球温暖化により洪水や旱魃といった異常気象が発生しやすくなり海面が上昇するので珊瑚礁の上に国土があるトンガやツバルといった国家は消滅の危機にあるのです。IPCC会長のR.ワトソン氏によると現在でも地球温暖化により一年当たり3000億ドルの被害が発生しています（[6]）。

4.3 コースの定理

　経済学において公害など環境問題に関しては1920年代よりしばらくの間はピグー的な政府介入策が唯一の解決策でした。しかし1960年代にアメリ

4 市場の失敗

図4.10 コースの定理

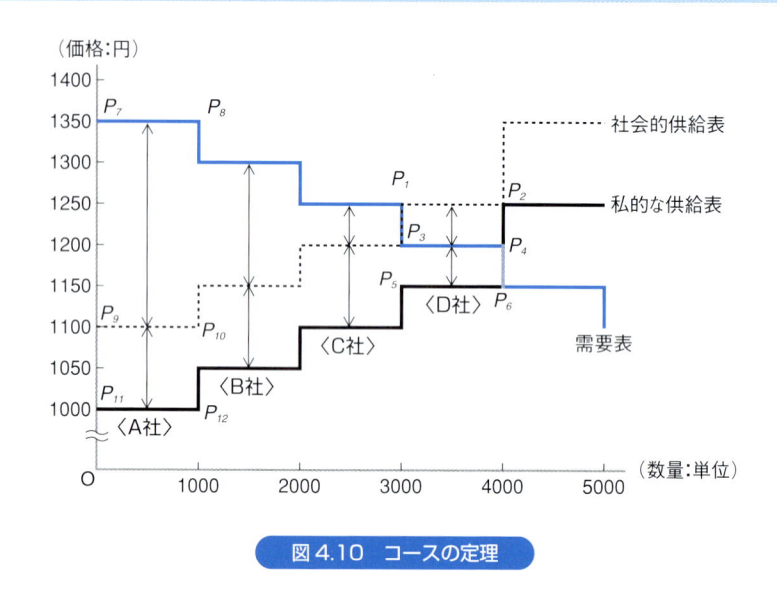

カの経済学者コース（Ronald Coase, 1910–）が現れて当事者同士の直接交渉によっても解決可能であるとする興味深い理論を発表しました。ここでは新しい外部不経済の解決策として，コースの理論を紹介しましょう。

ピグー課税の節における図4.4より話を続けます。A, B, C, D, E, Fなる石油化学企業が石油製品を製造し，図4.5のようにそれぞれ生産量1単位につき100円の外部不経済をもたらすモデルです。本節の図4.10で黒い太線は私的な供給表，破線は外部不経済をも考慮した社会的供給表を示します。青い実線は石油製品に対する需要表です。企業群は外部不経済を考慮せずに行動するので市場均衡価格は1200円，供給量は4000単位となります。

コースはこのように企業による公害が容認されている社会であろうと，逆にその公害が完全に規制されて生産できない状況であろうと，いずれの場合でも政府が介入しないで，公害の被害者と企業が直接交渉することにより最適生産が実現すると主張しました。これはコースの定理といわれますが，彼

はこの定理を発見したことが認められて 1991 年のノーベル経済学賞を獲得しました。

まずこのように企業による公害が容認されている社会における交渉を吟味しましょう。この場合，被害者が加害者である企業へお金を払って生産を減らしてもらわねばなりません。被害者たちは企業 D の所へ行き生産を減らしてもらうためには生産者余剰である四角形 $P_3P_4P_6P_5$ 部分の面積だけお金を支払わねばなりません。実際その生産減少により四角形 $P_1P_2P_6P_5$ 部分の面積だけ被害が減るので生産減少は実現するでしょう。市場価格は 1250 円，生産量は 3000 単位となります。

しかしそこから企業 C と掛け合って生産減少を要求することはありません。というのは生産減少による企業の生産者余剰の低下を補償するに足るだけの被害額の減少が望めないからです。したがってちょうど望ましい生産規模が交渉によって実現するでしょう。

次に企業による公害が決して容認されない社会における交渉を吟味します。公害はまったく認められないのですから生産はゼロからスタートします。もっとも生産効率の高い企業 A は被害を受ける人々に四角形 $P_9P_{10}P_{12}P_{11}$ 部分の面積で測られるその被害額を払わなければなりません。企業 A の 1000 単位の生産により，まず価格は 1350 円となりますから四角形 $P_7P_8P_{12}P_{11}$ 部分の面積ではかられる生産者余剰を獲得し，被害の補償を行うことができます。

次に企業 B も同様な被害の補償を行って生産が可能となります。企業 C も同様な被害の補償を行って生産が可能となり，生産は 3000 単位まで拡大します。しかし企業 D は操業できません。企業 D が生産を開始すると価格は 1200 円となり生産者余剰は $P_3P_4P_6P_5$ 部分の面積となります。ところが被害者に支払う補償金は四角形 $P_1P_2P_6P_5$ 部分の面積で示され，生産者余剰より大きくなってしまうからです。したがって，生産は 3000 単位で留まりそれ以上に拡大しないので最適生産が実現するのです。

ここで公害による被害が生産効率の高い企業になればなるほど大きくなる場合でもコースの定理は成立することに注意が必要です。

ピグー課税の節における後半の例では，図 4.9 より明らかなように A 社の操業を停止するのが最適状態です。まず企業による公害が容認されている社会における交渉を吟味しましょう。企業群は外部不経済を考慮せずに行動するので市場均衡価格は 1200 円，供給量は 4000 単位となります。企業 A は高い生産性があり，1000 円から供給できるので 20 万円の生産者余剰を得ています。一方，この企業は硫黄分の排出が多く公害の被害額は 23 万円ですから被害者は A 社の生産者余剰分を払ってでも生産を減らしてもらうのが有利となります。さらに続いて B 社に操業停止を求めるのは被害額が高くない（10 万円，生産者余剰は 20 万円）ので有利とはなりません。したがって最適生産 3000 単位が実現します。

次に企業による公害が決して容認されない社会における交渉を吟味しましょう。どの企業も被害者に公害の被害額を補償して生産を開始するのが有利となります。たとえば A 社が生産を開始したとしましょう。もし 4000 単位まで生産が拡大するとしたらその段階で A 社は操業を停止するでしょう。というのはこのとき製品価格は 1 単位当たり 1200 円となり生産者余剰は 20 万円，被害者に支払うべき補償額は 23 万円となり，生産を続けるのは不利となってしまうのです。つまり生産量は 3000 単位（価格 1250 円）と，最適生産が実現されます。

ただし，このコースの定理では被害者と企業がそれぞれまとまって交渉にあたらねばならないのですが，現実にはその間の意見の調整には時間やお金といった面でのコストがかかると思われます。したがってコースが主張するようにこの当事者間の交渉が最適生産を実現するとは簡単にはいえないことに注意が必要です。

[*Case Study 4-2*]
二酸化硫黄排出権の市場取引

二酸化硫黄（SO_2）は日本では四日市喘息の原因でした。世界的にもこの公害

物質をいかに減らすかは大きな問題です。ピグーはそのためには課税政策が有効であると主張しましたが，新しい動きとして排出権の市場取引があります。

ピグーは価格メカニズムが働かないので政府が税金をかけることで価格を変化させようとしましたが，この新しい動きによると「二酸化硫黄を排出する権利」を政府が認めた後でその権利を売買させればそこで決まる価格が有用な働きをすると期待されます。このアイデアはカナダの政治学者デイルズ（J.H.Dales）によって初めて提示され（[7]），価格メカニズムを用いるアプローチであるため急速にエコノミストの賛同を得るようになりました。これは次のようなメカニズムです。

ある国でSO_2の年間排出量が100トンであったとします。A社，B社，C社がそれぞれ30トン，30トン，40トン排出しているとします。政府はSO_2排出量を5トン減らしたいと仮定しましょう。政府はたとえばA社に29トン，B社に29トン，C社に37トンの「排出権」を設定します。各社はその技術革新努力を，できるだけ生産を減らすことなく，SO_2排出削減の方向へ集中するでしょう。A社は現在の生産を維持して28トンの排出で済む見込みがついたとします。このときA社は1トン分を売りに出すことができます。あるいは生産を増やして29トンまでSO_2排出を増やしてもよいわけです。B社もその努力が実り現在の生産を維持して27トンの排出で済む見込みがついたとします。このときB社は2トン分を売りに出すことができます。

もしC社は現在の生産を維持すればどうしても40トンを排出せざるを得ないとすれば3トン分買わなくてはなりません。ただしその価格は市場で決まります。市場で価格決定の交渉が行われるとき，各社はその生産量を増減させて排出権の購入・販売を申し出ますから，各社が何トンのSO_2排出になるか，取引価格はいくらになるかをここでいうことはできません。ある場合にはC社は生産量を落として38トンのSO_2排出量（ただしA社とB社からそれぞれ0.5トンの購入），A社もB社も生産を増やして28.5トンのSO_2排出量となるかもしれません。

しかしいずれの場合でもSO_2排出量の総量が95トンを超えることはありません。ここでのポイントは排出権購入の場合は企業にとってコスト要因，排出権販売の場合は収入要因ですからいずれにせよSO_2排出量をできるだけ抑える努力をするはずです。

4 市場の失敗

アメリカでは現実にこのSO₂排出権の市場取引が行われています。このシステムはもともと州レベルで導入されていたのですが1993年に国レベルで導入されました。現実に取引されるものは火力発電所が排出するSO₂の排出権で、その価格が決定される場所はシカゴ商品取引所です。すでに述べたように、アメリカ政府、実際には環境保護局（EPA）、はすべての火力発電所に対しSO₂を排出できる量を設定し、これを越えて排出できないと規定します。火力発電所は排出量を設定量以下に抑えればその差を市場（商品取引所）で販売できるのです。

もし火力発電所が設定量以上の排出を余儀なくされればその差を市場（商品取引所）で購入しなければなりません。1995–99年の期間について145,010トン分のSO₂供給が最初に提示されました。内訳は16社が行った95,010トン分のSO₂排出権とEPAの保持する50,000トン分のSO₂排出権でした。これに対し、最初は106件、321,000トン分のSO₂買い注文が出ています。交渉の末、50,010トン分のSO₂売買が成立しました。価格は＄450～＄131/トンでした。2000–04年の期間について10万トン分の　SO₂売買が成立しています。価格は＄310～＄122/トンでした。

エコノミストにはこのシステムは効率的であると高く評価されましたが、エコロジスト達は反対しました。そもそも「環境を汚染する権利を認める」ということ自体もってのほかというわけです。エコロジストのなかでも環境NGOであるグリーン・ピースの批判は的を得ていました。彼らは次のように批判しました。上の説明にもある通り「総量規制の目標は達成されるであろう。しかし地域的に環境悪化の可能性がある。すでに中西部地域は劣悪な石炭を使用しているがこの地域の電力会社はSO₂削減努力をせずに排出権購入で済ますことができるからだ。このように問題がある制度は止めて一律に排出規制を行うべきである。」（[8]）。

確かにSO₂濃度の高い地域では直接にその地域住民に喘息などの病気を多発させる恐れがあります。その意味では二酸化硫黄排出の問題は本来ローカルな問題であるのに市場取引で総量規制というグローバルな解決をはかっているという側面を指摘できるでしょう。しかしフロン（CFC, chloro–fluoro–carbon）ガスや二酸化炭素（CO₂）排出の問題は本来グローバルな問題といえます。ある地域のCFCやCO₂蓄積量が増加するときにその地域に気候変動などの問題が発生する

のではなく，地球全体の CFC や CO_2 蓄積量が増加するときに問題が発生すると考えられるからです。

> **コラム** 地球温暖化
>
> 　二酸化炭素（CO_2）が「地球温暖化」を引き起こすとして京都議定書が1997年に合意されましたが，この「地球温暖化」説を最初に唱えたのはアイルランドの物理学者ティンダール（John Tyndall, 1820–93）です。1863年のことです。ただしこの理論はいささか異なる仮説の論理として使われました。氷河期といえば地球の温度が低かった時代ですが，その説明に使われているのです。すなわち，大気中の CO_2 濃度が低かったので気温が下がったと主張されました。現在の形で「地球温暖化」説を最初に唱えたのはスウェーデンの化学者アレーニウス（Svante August Arrhenius, 1859–1927）です。彼は1903年にノーベル化学賞を受賞している著名な学者ですが，1897年に「地球温暖化」説の予測を行っています。その予測によると，地球の大気中 CO_2 濃度が2倍になり気温は9度F（華氏）ほど上昇します（[9] p.63）。この予想は現代行われている予想とそれほど異なっていません。実験により CO_2 は太陽からの光エネルギーを通過させるが，より長い波長の輻射（地球で反射した後の光エネルギー）を吸収するという性質（「温室効果」）は確かめられています。
>
> 　「地球温暖化」説における問題は2点あり，まず第一に地球は暖かくなっているといえるのかという点です。第二に，地球は暖かくなっていることが確認されたとして次の問題はその温暖化が人間の活動の結果としての CO_2 濃度の上昇が原因といえるのかという点です。
>
> 　「オゾン・ホール」に隠れて「地球温暖化」がほとんど世間の注目をひかなかった1988年という時点で，環境と気象に関する会議でアメリカ航空宇宙局（NASA）のハンセン（James Hansen）が5年移動平均法（それぞれの年の気温を定義するのにその年を中心に5年間の気温の平均値を計算してその年の気温とする）を用いてグラフに描くと過去100年間の気温の動きは上昇してきていると報告しました。ただ，このグラフに対しても太陽活動の影響という点，さらにはデータに北半球の観測地点が多く，本当に地球の平均気温といえるかという点など疑問が投げかけられました（[10] p.11]）。しかしその会議で地球温暖化により異常気象が発生しやすくなるなど，次のような地球への悪影響の予測が報告されました。
>
> 　(1) 洪水や旱魃など異常気象

(2) 海面の上昇
(3) 食糧資源の減少

　最後の(3)に関して，次のようなメカニズムで発生するといわれます。地球の平均気温が上昇すると全般的な降水量が7～11％ほど増加します。地球には平衡作用があり，湿気の上昇は土壌の蒸発量の増加を引き起こします。地域によっては乾燥化が生じますが，予測では夏季に北アメリカやロシアで乾燥状態が生じ，この地域の小麦やトウモロコシの生産量が減少するといわれるのです。

　マスコミがこれにとびつき，この年以降「地球温暖化」は「オゾン・ホール」よりも世間の注目を浴びるようになります。

本章のまとめ

　第3章で自動車渋滞の理論を説明しましたが，これはドライバーにとっては時間のロスですが，道路付近住民にとっては公害問題でもあります。本章では公害問題をはじめ市場の失敗に分類される問題を説明しました。

1　第2章で自由貿易が望ましく，関税のように価格メカニズムに干渉する政策は望ましくないと説明しました。この命題を一般化したものを新古典派の基本定理といいます。市場メカニズムの働きに任せると最適状態が実現するという定理です。例として，（物品）税は望ましくないとの主張を説明しました。

2　しかし「新古典派の基本定理」はいかなる経済現象においても成り立つかといえば，必ずしもそうではなく，政府の介入を必要とする経済現象もあるといわれてきました。それが公害など外部不経済の問題が発生する場合です。ここではピグー税による政府介入の必要性を説明しました。

3　「ピグー税」の議論は1920年代から知られていましたが，この議論を批判する議論が1960年代にコースによって行われ，コースの定理として知られます。外部不経済の発生する場合，被害者と加害者同士の交渉によって政府介入と同じ状態が実現するという定理です。

4　最後に，環境問題への関心が高まっているのを受けて，ピグー税とみなすことのできる炭素税（環境税）の問題を「地球温暖化」をめぐる問題として説明しました。

練習問題

4.1 p を商品価格，q を商品量とおいて商品の需要関数が $q = d(p) = 100 - p$，供給関数が $q = s(p) = p$ で与えられるとき，$T = 10$ なら課税政策による効率性低下（死荷重）はどれほどの額になるか計算しなさい。

4.2 市場へ介入する政策として（物品）課税政策は望ましくないと説明しましたが，補助金政策も望ましくないといわれます。図 4.1 を参考に生産者への補助金政策をとったときに発生する効率性の低下（死荷重）を図示しなさい。

4.3

① 本文中，ピグー税の議論で各工場当たりの被害額が 10 万円ではなく 12 万円であったとした場合，ピグー税はいくらになり，この市場の生産量はどれだけになるか計算しなさい。

② 本文中，ピグー税の議論で各工場あたりの被害額が 10 万円ではなく 16 万円であったとした場合，ピグー税はいくらになり，この市場の生産量はどれだけになるか計算しなさい。

4.4 日本は京都議定書の公約を守るために排出権取引に頼らざるを得ず，その排出権の購入先はロシアであるといわれています（日本経済新聞 2003 年 8 月 16 日）。ところがそのロシアは京都議定書の批准に消極的であるといわれています。その理由を調べなさい。

4.5 現在，温室効果ガスに関する排出権取引を行っている国を調べ，その取引価格を調べなさい。

第5章

不完全競争

　産業を多数の企業が占め，企業の行動が価格に影響を与えないような完全競争市場は効率的です。しかし，もし産業を一企業が支配し利潤最大化行動をとればそのような市場（独占市場）は非効率となります。実際には独占市場を探すのは難しく，せいぜい数社の大企業が産業を占める場合が大多数です。このような市場はそれぞれの大企業の行動は価格に影響を与えるので不完全競争市場といわれます。談合のようにこれらの企業が共謀して，まるで1社であるかのように行動すれば独占市場と同じですから，やはり非効率となるので共謀行為は独占禁止法により禁止されています。もっとも不完全競争市場では共謀以外に他企業を意識した多様な行動がとられます。このような行動はゲームの理論を使って分析するのが便利です。本章ではこうした現実の市場の姿により近い不完全競争市場を分析します。

○ KEY WORDS ○
独占，寡占，カルテル，ゲームの理論，
囚人のディレンマ，公共財

5.1　原油産業のケース

　これまで企業行動を分析するに当たり，完全競争状態にある産業を仮定しました。この仮定によれば産業を多くの企業が占め，それぞれの企業は極めて小さい規模で操業しているので，そのうちの1企業が生産を増やして市場に提供しても市場価格は変化しません。

　しかし実際の市場では少数の大企業が占めている例を眼にします。むしろこのような産業の方が大多数ではないかとの印象を与えます。本章ではこの現実的な産業を分析します。完全競争の支配する市場の対極に位置するのは独占市場です。実際にはある市場に唯一の企業が存在するという意味での独占市場の例を探すのは簡単ではありません。しかしある産業に少数の大企業が存在し，お互いに共謀してまるで1つの企業が存在するかのように行動して高い価格をつけ，獲得された独占利潤を分け合うことが可能です。このような企業行動を示す市場を不完全競争市場といいます。

　日本の独占禁止法やアメリカの反トラスト法はこのような企業間の共謀を防止する目的を持って制定されています。独占市場の分析は，完全競争行動をとる場合よりも高い利潤を獲得し消費者が損害を受けるという問題だけでなく，社会全体として効率性が低下するという問題を指摘します。

　あるいはむしろ少数の企業のなかで強力な企業が自己の力をさらに強めるため他企業を倒す戦略をとることがあります。独占禁止法や反トラスト法はこのような戦略を阻止しようとします。したがって不完全競争の分析は大きな意義を持っています。本章では不完全競争の分析用具として有用なゲームの理論も紹介します。

　まず，なぜ独占市場は発生するかという問題をアメリカにおける原油産業を例にとって吟味しましょう。

◯ 費用逓減：費用曲線による分析

　創成期のアメリカ原油市場において巧妙な戦略で事業を拡大し，トラスト（trust）を通じてこの産業における市場シェアを 90% にまで広げるのが 1870 年に設立されたロックフェラー（J. D. Rockfeller, 1839–1937）のスタンダード・オイル（Standard Oil Co.）です。

　スタンダード・オイルは，元々，クリーブランドで設立された精油所でしたが，油田を買収して一貫操業企業となります。そして油田地帯と石油消費地を結ぶ小鉄道を買収して安価な運賃を実現しました。さらにスタンダード・オイルは鉄道の株主であることを利用してライバル企業の鉄道輸送契約書類を手に入れ，原油の最適供給計画を立てる巧妙な戦略でクリーブランドの石油会社 25 社のうち 20 社を自社の傘下に収めたといわれます。このように戦略に長けたことも市場シェア 90% を実現した大きな要因ですが，他に大きな要因があります。

　その要因とは原油市場そのものの持つ特色です。ここでのキーワードは第 3 章で説明した「固定費用」と「可変費用」です。原油産業は油井を掘って油田を発見すれば自然の力で作られた原材料は地表にもたらされ，加工された石油製品を消費地へ運搬するだけです。ただその油田の発見には，多額の費用を必要とします。明らかに固定費用が巨大であり，それに比べれば可変費用は微々たるものです。このときどういうことが起こるのでしょうか。

　たとえば生産量を q で示し，固定費用が 100 で可変費用が $4q^2$ であったとしましょう。この可変費用にはすでに説明した「限界生産力逓減」の法則を仮定しています。工場設備は一定ですから労働投入が 1 単位ずつ増えていくと効率が落ちていき，それぞれの追加的 1 単位の労働投入で増加する生産量は減少していきます。逆にいうと，生産量を 1 単位ずつ増やすためにはより多くの労働が必要になっていきます。つまり追加的な可変費用は q の増加とともに増加していきます。$4q^2$ はそのことを示しています。総費用は q の関数，$c(q)$，で表すと

$$c(q) = 100 + 4q^2 \tag{5.1}$$

となります。(5.1) 式で定義される総費用関数が図 5.1 の太い曲線で表されています。もし固定費用が 1000 になるとその総費用関数 $c(q) = 1000 + 4q^2$ が図 5.1 の細い曲線で表されています。

平均費用は総費用を生産量で割った値，$c(q)/q$，です。すなわちそれぞれの生産量 q に対し，1 単位当たりの費用を示します。$q = 5$ のとき平均費用は図 5.1 の直線 OA の傾きで示されます。もし固定費用が 1000 ならば，$q = 5$ のときの平均費用は図 5.1 の直線 OB の傾きで示されます。

その平均費用を q の関数と考えたものを平均費用関数といいます。それは (5.1) より $c(q)/q = 100/q + 4q$ となります。これをグラフで表示すると図 5.2 の太い曲線となります。これはしばしば「U 字型平均費用曲線」といわれます。この関数の特徴は，生産量が増えると最初のうち平均費用は低下していくところにあります。この部分を費用逓減といいます。そしてある点を超えると上昇していきます。つまり U 字型をしているのです。

もし固定費用が 1000 となれば $c(q)/q = 1000/q + 4q$ となりますが，これをグラフで表示すると図 5.2 の破線となります。前と同じ U 字型をしていますが，前より大きな生産量になるまで平均費用は低下していきます。固定費用が大きくなればなるほど「費用逓減」の部分は大きくなるのです。

先ほどの原油製造会社に話を戻しましょう。可変費用と比べて固定費用が巨大な，これらの原油製造会社にとっては原油を生産すればするほど費用逓減が起こって生産が有利になります。したがって，いったん油田が発見されると原油生産が急激に拡大して市場に流れ込み，価格は急落しました。そのため会社の業績は赤字になり破産します。生産の停止です。すると原油市場では供給不足からまた原油の値段は回復します。この原油価格の急騰に引かれて新しい油田が開発され，費用逓減産業ですから再び原油生産が急激に拡大して市場に流れ込み，価格は急落します。このように初期の原油市場は「too much と too little の繰り返し」であったといわれます。

このような産業構造を持つ原油市場とロックフェラーの巧妙な経営戦略が

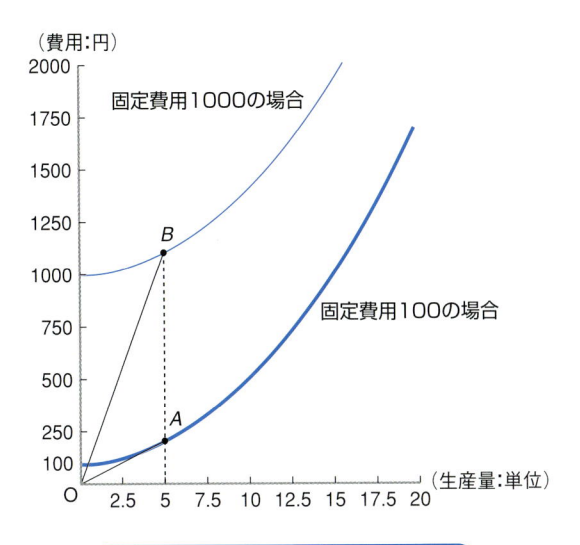

図 5.1　固定費用増加と総費用関数

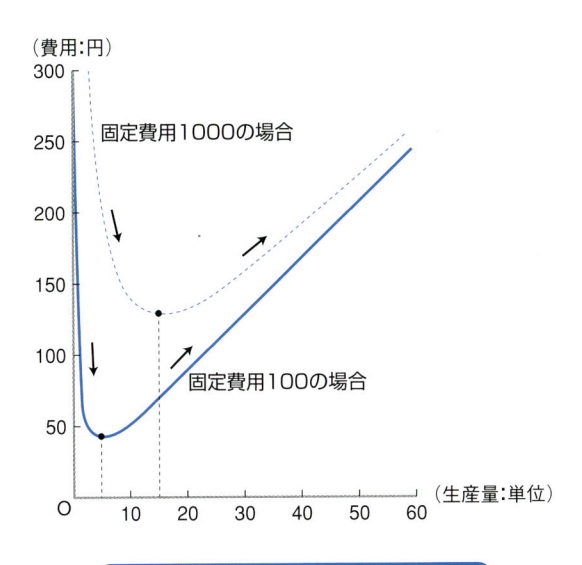

図 5.2　固定費用増加と平均費用関数

相まってスタンダード・オイルの市場シェア 90% が可能となったのです。これは単なる過去のエピソードではありません。1970 年代後半に航空サービスの規制緩和がアメリカでスタートしましたが，この航空サービス産業は典型的な費用逓減産業です。この規制緩和による競争の導入で多くの航空サービス会社が倒産していったのはよく知られています。

[*Case Study 5-1*]
トラストの形成

　スタンダード・オイルはライバルを打ち負かしながらその市場シェアを 90% へと増加させていきました。ロックフェラーが傘下においた石油会社を支配するのに使った経営形態は「トラスト」でした。トラスト，trust，は信託と訳しますが，もともと未亡人や未成年者などの保有財産を彼らの信託により管理することを意味します。この時代，独占の一種と考えられたトラストとは子会社から株式の信託を受けて被信託者（trustee，トラスティ）が管理する形態で，ロックフェラーがトラスティとなるのですから実質的には持株会社方式でした。持株会社とは，事業を目的とせず，他の複数の会社の 50% 以上の株式を所有することによって，それらの会社を支配・管理することを目的にした会社のことをいいます。

　このような持って回った方式がとられたのは，各州で制定された「一般会社法」によってあからさまに子会社の株を所有し支配するためだけに設立された純粋持株会社は禁止されていたからです。1880 年代，ウイスキー，砂糖，鉛の精製業者などがトラストを形成して一般大衆の反感を買っていました。「価格をつりあげ巨大な独占利潤を上げている」と批判されたのです。ロックフェラーは 1879 年にトラストの計画を立て 1882 年にスタンダード・オイル・トラストを組織しています。その後，1899 年に会社をニュージャージーへ移し，ニュージャージー・スタンダード・オイル（Standard Oil Company of New Jersey），通称「ジャージー」を設立します。しかしジャージーは純粋持株会社でした。というのはニュージャージー州の「一般会社法」は企業誘致を目的として 1889 年に「純粋持株会社」を容認していたのです（[1] pp.92-3）。このようにして持株会社

方式で市場シェア90%を実現していきました。

　シャーマン反トラスト法はトラストを取り締るために1890年に成立しますが，その規定は

　　第1条：複数の州の間での，あるいは外国との間での取引もしくは売買を制限するような，トラストなどの形態における，あるいは共同謀議の形態における協定や団結は，すべて違法である

となっていてトラストをも含む一般的な独占行為の禁止となっています。シャーマン反トラスト法を司る司法省反トラスト局はその成立以降，大企業を次々と起訴しいくつもの反トラスト訴訟に勝利しました。その初期の勝利の一つがスタンダード・オイルに対する反トラスト法訴訟です。1911年，スタンダード・オイルに分割命令が出て，子会社が独立しました。その独立した子会社はモービル石油やエッソ石油となったのです。シャーマン反トラスト法を補足する目的で1914年に「連邦取引委員会法（Federal Trade Commission Act）」および「クレイトン法（Clayton Act）」が成立します。アメリカの独占禁止政策は司法省反トラスト局と連邦取引委員会が担うこととなります。

　1998年に世界を驚かせるニュースが報道されました。分割命令を受けて独立の石油会社となっていたスタンダード・オイルの末裔であるエッソ（エクソン）石油とモービル石油が企業合併すると発表したのです。ただし，現在では両者が合併したとしてもかつてのアメリカの市場シェア90%を誇ったスタンダード・オイルと比べると見劣りがします。たしかに合併して設立されたエクソンモービルは世界最大の石油会社となったのですが，世界的に見て無敵というわけではありません。ヨーロッパに基盤を持つBPやロイヤルダッチ・シェルなども「スーパーメジャー」として大きなシェアを占めています。エクソンモービルは世界の原油市場に組み込まれていて反トラスト政策上問題はないと判断されて1999年，エクソンモービルの設立は反トラスト局に認められました。

5.2 独占の理論

　独占禁止法とは独占は望ましくない，すなわち弊害があるから禁止するという法律です。しかしなぜ独占は望ましくないのでしょうか。その理由付けはミクロ経済学が提供します。もっとも，独占というとき，実際，ある市場に1社しかいないという意味での独占市場はなかなか探すのが大変です。現実問題として独占が問題となるのは少ない企業が存在する市場でそれらの企業が話し合って生産調整を行うときでしょう。さらにこのような意味での独占の弊害はこれまでと同じように「生産者余剰」と「消費者余剰」の概念を用いて吟味されます。

○ 余剰概念による分析

　これまで企業は各自の生産設備を用いて生産するのに自らの財が売れれば全てを販売すると仮定されてきました。このとき，もし企業が話し合って生産調整を行い，共同して価格を操作することを計画したとすれば，彼らはどのような生産規模を選ぶかを吟味してみましょう。

　いま，第4章で考えたのと同じ生産設備を持つようなA, B, C, D, Eなる石油化学企業が石油製品を製造していると仮定します。ただし本章での焦点は公害問題ではないので公害は発生していないと仮定しておくと，需給表は図5.3のようになります。需要表は青色の実線で，供給表は黒い実線で表示しています。

　5社全部が財を生産して供給したとすれば5000単位が供給されますが，これだけの需要が生じるのは価格が1150円のときです。したがってこの5000単位を販売するためにはこの価格を付けねばなりません。1150×5000円の収入が得られますが，全ての生産設備を用いて生産しているので（1000

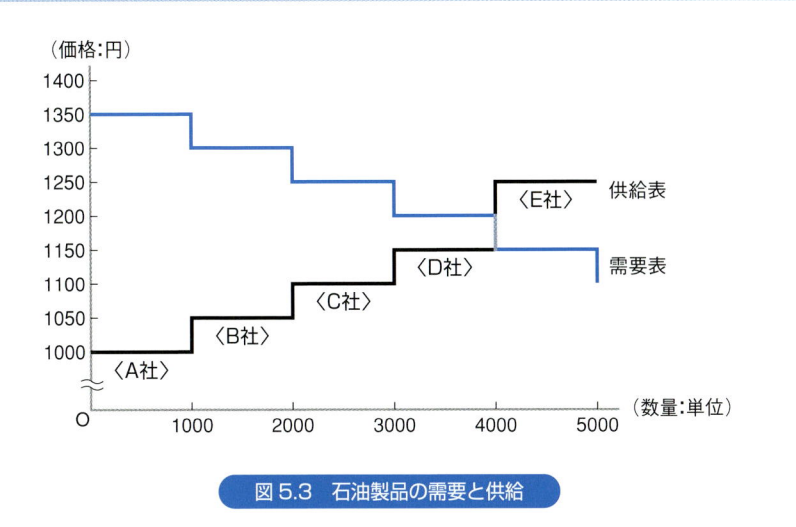

```
（価格：円）
1400
1350
1300
1250                         〈E社〉        供給表
1200
1150              〈C社〉  〈D社〉           需要表
1100
1050       〈B社〉
1000  〈A社〉
   O     1000  2000  3000  4000  5000   （数量：単位）
```

図5.3　石油製品の需要と供給

$+1050+1100+1150+1250) \times 1000$ 円の費用を要しています。するとこの5社には 200,000 円の利潤（生産者余剰）が発生することになります。この生産者余剰は図5.4の薄い灰色の部分の面積から濃い灰色の部分の面積を差し引いた値です。

○ カルテル

さてもし生産能率の落ちるE社の生産を中止して4つの生産設備を用いて生産を行うと仮定すれば4000単位が供給されますが，これだけの需要が生じるのは価格が1200円のときです。

ここで注意していただきたいのは，独占的行動をするためには市場の需要を熟知している企業あるいは企業グループでないといけないということです。企業グループは1150円の価格をつけても5000単位の需要が生じますからそのうちアトランダムに4000単位を売ることもできます。しかし4000単位し

(価格:円)

```
1400
1350 ┐
1300  └──┐
1250           ┌──〈E社〉──┐
1200     └──┐            │
1150        └──┐ 〈D社〉   │
1100      〈C社〉└──┐      │
1050  ┌──┘                │
1000 〈A社〉〈B社〉          └──
 O    1000  2000  3000  4000  5000  (数量:単位)
```

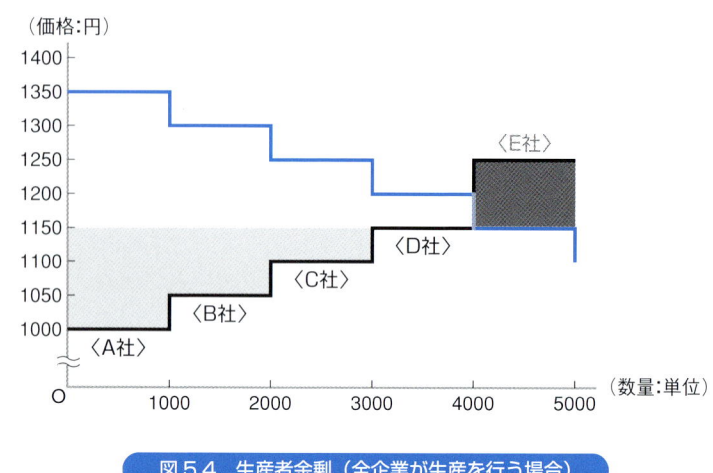

図5.4　生産者余剰（全企業が生産を行う場合）

か供給しないのですから1200円の価格をつけるのが合理的なのです。この意味でも市場の情報を熟知するには少数の企業グループでないといけません。したがってこの4000単位を販売するためにはこの価格を付けねばならないのです。1200×4000円の収入が得られますが，4社の生産設備を用いて生産しているので（1000＋1050＋1100＋1150）×1000円の費用を要しています。するとこの5社には500,000円の利潤（生産者余剰）が発生していることになります。

　もし次に生産能率の落ちるD社の生産をも中止して3つの生産設備を用いて生産を行うと仮定すれば3000単位が供給されますが，これだけの需要が生じるのは価格が1250円のときです。したがってこの3000単位を販売するためにはこの価格を付けねばなりません。1250×3000円の収入が得られますが，3社の生産設備を用いて生産しているので（1000＋1050＋1100）×1000円の費用を要しています。するとこの5社には600,000円の利潤（生産者余剰）が発生していることになります。

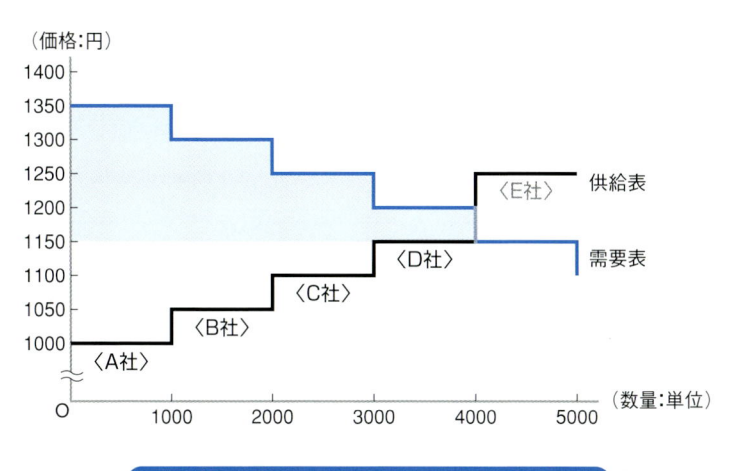

図5.5 消費者余剰（全企業が生産を行う場合）

5.2 独占の理論

　もしC社も生産を中止して2つの生産設備を用いて生産を行うと仮定すれば2000単位が供給されますが，これだけの需要が生じるのは価格が1300円のときです。したがってこの2000単位を販売するためにはこの価格を付けねばなりません。1300×2000円の収入が得られますが，2社の生産設備を用いて生産しているので（1000+1050）×1000円の費用を要しています。するとこの5社には550,000円の利潤（生産者余剰）が発生していることになります。

　最後にもし生産能率のもっとも高いA社の生産設備のみを用いて生産を行うと仮定すれば1000単位が供給されますが，これだけの需要が生じるのは価格が1350円のときです。したがってこの1000単位を販売するためにはこの価格を付けねばなりません。1350×1000円の収入が得られますが，1社の生産設備のみを用いて生産しているので1000×1000円の費用を要しています。するとこの5社には350,000円の利潤（生産者余剰）が発生していることになります。以上によって，もしこの5社が共同して価格操作をしなが

表5.1　余剰概念による分析

生産工場数	利潤（生産者余剰）	消費者余剰	総余剰
5	200,000	500,000	700,000
4	500,000	300,000	800,000
3	600,000	150,000	750,000
2	550,000	50,000	600,000
1	350,000	0	350,000

ら生産計画を行うとすればA，B，C社の生産設備を用いて生産を行うとき，もっとも高い利潤（生産者余剰）が得られることになるのです。

このような話し合いによる企業の生産計画は「カルテル（cartel）」と呼ばれます。経済学の立場からこのようなカルテル行動を見たときどう判断できるかを吟味してみましょう。5社全部が財を生産して供給したとすれば500,000円の消費者余剰が生じています。この消費者余剰は図5.5の薄い青色の部分の面積として計算されます。

次に，上で吟味したそれぞれの場合について消費者余剰を計算し生産者余剰との和を計算して総余剰を導出した表5.1を参照してください。

生産工場数が3のとき，総余剰は750,000円となり生産工場数が4のときよりも少ないことに注意が必要です。経済学の立場からは先に述べたような共謀による企業の生産計画を望ましくないと結論付けることができます。

仮に全ての工場を所有し市場の需要行動を熟知する，ただ1つの企業が存在すると仮定すれば，その企業は上の計算から3つの工場を稼動させ600,000円の利潤（生産者余剰）を獲得するでしょう。この利潤を独占利潤といいます。もし，それぞれの工場が別の企業により所有されてお互いに話し合うことなく，さらに市場の状況を把握せずに生産計画を立てれば，4つの企業が生産を行うはずでした。これは完全競争の場合です。そのとき全ての企業の生産余剰の和は500,000円でしたが，これに比べ企業が集合して独

占企業として行動するときには，生産者余剰を 100,000 円増加します。

しかしその増加は消費者余剰を 150,000 円も減少させるという社会的犠牲と引き換えに可能となったことに注意してください（表 5.1）。経済学の立場ではそのような企業（群）の共謀行為を認めることはできません。ここで吟味した理論が独占禁止法（アメリカでは反トラスト法）を裏で支えているのです。

○ 限界概念による分析

さて独占企業行動を少し違った側面から吟味してみましょう。

これまで吟味されてきた 5 つの工場を所有する独占企業を想定します。工場 A のみを稼動させ，財 1000 単位の供給を行うと 1 工場当たり 1,350,000 円の収入が得られます。これを 1 工場当たりの「限界収入」といいます。一方，この工場は財 1 単位当たり 1000 円の費用がかかります。そこで 1 工場当たりの「限界費用」を 1,000,000 と定義します。

工場 A に加えて工場 B を稼動させると追加的に 1000 単位の財の生産・供給が可能ですが，この範囲での 1 工場当たりの「限界収入」と「限界費用」を計算してみましょう。この 1000 単位の財の生産・供給により価格は一単位当たり 1300 円に低下してしまいます。前の 1000 単位の生産・供給により 1350×1000 円の収入を得ていたのですから，1300×2000−1350×1000＝1250×1000 円だけの追加収入を得ています。したがって工場を 1 単位から 2 単位へと増加させたときの「限界収入」は 1,250,000 円です。

一方，工場 B は財 1 単位当たり 1050 円の費用がかかりますから「限界費用」は 1,050,000 円となります。次に工場 A，B に加えて工場 C を稼動させる場合，さらに工場 A，B，C に加えて工場 D を稼動させる場合，最後に工場 A，B，C，D に加えて工場 E を稼動させる場合とそれぞれの「限界収入」と「限界費用」を計算して表にしてみましょう。それが表 5.2 です。

「限界収入」と「限界費用」の差を「限界利潤」と定義します。工場の稼

表5.2 限界概念による独占行動分析：表

生産工場数	限界収入	限界費用	限界利潤	累積利潤
1	1,350,000	1,000,000	350,000	350,000
2	1,250,000	1,050,000	200,000	550,000
3	1,150,000	1,100,000	50,000	600,000
4	1,050,000	1,150,000	−100,000	500,000
5	950,000	1,250,000	−300,000	200,000

動数を増やしていくと限界収入は減少，限界費用は増加，したがって限界利潤は減少していきます。このデータより累積利潤を計算して最後の列に付け加えています。この累積利潤が前表の利潤に対応しています。

この表5.2からわかることは，独占企業は限界利潤がゼロに近づくところまで生産するときに最大の（累積）利潤を獲得する，あるいは「独占企業は限界収入と限界費用が等しくなるところまで生産するときに最大の（累積）利潤を獲得する」といえます。しかし上で示したようにこの独占企業行動は望ましくないのです。

これまで，独占企業（群）がいくつかの工場を操業している場合を考察してきました。そこでは生産量は1000単位ずつ変化しました。以下では生産量をもっと連続的に1単位ずつ変化させることができると仮定して分析します。このとき，限界収入とはそれぞれの生産量を1単位だけ増加させたときどれほど収入が変化するかを意味します。それぞれの生産量に限界収入を対応させる関数を限界収入関数といいますが，これはグラフに示すと需要曲線の下に位置します。そのことを示すために生産量を q で，価格を p で表しましょう。生産量のわずかな変化を Δq で示すと価格は Δp だけ変化します。このとき収入はどれだけ変化するでしょうか。

第1章で述べたように (13頁参照)，収入の変化，$\Delta(p \times q)$，は

$$\Delta(p \times q) = p\, \Delta q + q\, \Delta p \tag{5.2}$$

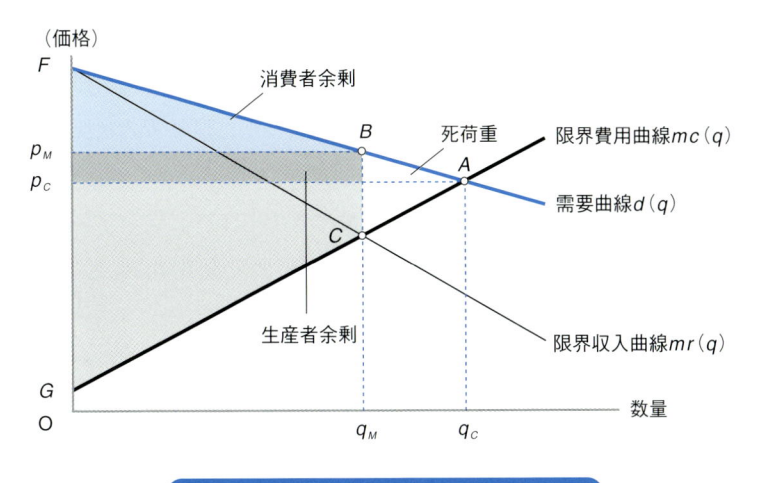

図5.6　限界概念による独占行動分析：図

で示されます。限界収入は $\Delta(p\times q)/\Delta q$ ですから

$$\frac{\Delta(p\times q)}{\Delta q} = P + \frac{q\,\Delta p}{\Delta q} < p \tag{5.3}$$

となります。というのは需要曲線は右下がりなので $\Delta p/\Delta q<0$ が成り立つからです。(5.3) 式はどの点でも限界収入は需要価格より小さいことを意味します。

図5.6 で需要曲線は $d(q)$ で示されています。その下方に限界収入曲線が $mr(q)$ で，限界費用曲線が $mc(q)$ で示されています。独占企業がその利潤を最大にするのは $mr(q)=mc(q)$ が成り立つときです。したがって q_M が独占利潤最大をもたらす生産量，独占価格は p_M です。

◯ 完全競争市場との比較

もし企業が完全競争企業として行動したら生産量と価格はどのように決まったでしょうか。第3章で分析したように完全競争企業は $p=mc(q)$ なるよ

うに行動します。すなわち完全競争市場では $mc(q)$ が供給曲線です。このとき需要曲線と供給曲線の交点が均衡です。供給量は q_C，価格は p_C となります。完全競争と独占を比較してみましょう。独占企業は完全競争企業と比べ生産を減らし価格を高くします。これは明らかに消費者の状況を悪化させます。

ここではさらに問題があることを指摘すべきでしょう。完全競争均衡が実現したとき，消費者余剰は図5.6の三角形 $FAPc$ となります。生産者余剰は三角形 $PcAG$ です。すなわち総余剰は三角形 FAG です。

企業が独占企業として行動して独占均衡が実現すると消費者余剰は三角形 FBP_M へと減少します。生産者余剰は四角形 $P_M BCG$ へと増加しています。すると総余剰は四角形 $FBCG$ となりますが完全競争と比べ BCA の面積だけ小さくなっています。これが独占による損害です。独占企業は消費者の犠牲のもとに利潤を増やすのですが，その増加分は消費者の犠牲分を上まわることはないのです。三角形 BAC の面積は独占による死荷重（または超過負担）といいます。

もし需要曲線を $p = a - b \times q$ と一次関数（ただし a と b は正の定数）であると仮定すれば，限界収入曲線は $mr(q) = a - 2b \times q$ となります。このことは (5.3) 式に $\Delta p / \Delta q = -b$ を代入すれば明らかです。さらに一次の限界費用関数が与えられれば死荷重を計算することができます（数学的補注参照）。

数学的補注

すでに第1章の数学的補注で「増分」の概念を説明しました。(5.3) 式に直接に代入して求める結果を得ることができますが，ここでは練習として直接に求めてみましょう。仮定より収入曲線は $r(q) = p \times q = (a - b \times q)q$ です。生産量が q_0 から q_1 へと変化する q の増分は $\Delta q = q_1 - q_0$ で定義され，収入の増分は $\Delta r(q) = (a - b \times q_1) q_1 - (a - b \times q_0) q_0$ で定義されます。限界収入，$mr(q)$ は $mr(q) = \Delta r(q) / \Delta q$ で定義されますが

$$\Delta r(q) = a(q_1 - q_0) - b(q_1 + q_0)(q_1 - q_0) = a \Delta q - b(2q_0 + \Delta q) \Delta q$$

ですから

$$mr(q) = \frac{\Delta r(q)}{\Delta q} = a - 2b \times q_0 - b\Delta q$$

となり，Δq が小さいとき近似的に

$$mr(q) = \frac{\Delta r(q)}{\Delta q} = a - 2b \times q_0$$

となるのです。

[Case Study 5-2]
マイクロソフト社と反トラスト訴訟

　最近，もっとも注目された反トラスト訴訟はマイクロソフト（Microsoft）社をめぐるものでしょう。近年マイクロソフト社の躍進が続いていますが，当初マイクロソフト社は IBM の下請けとして成長しました。IBM はもともと企業や研究所が用いるような大型のコンピュータを製造・販売していました。しかし半導体の技術革新はコンピュータの小型化を可能とし，個人でも持ち運びできるようなパーソナル・コンピュータ（以下 PC）の人気が高まります。そしてこの PC 部門の立ち上げに遅れた IBM は業績が悪化しました。1981 年に PC 部門へ進出するに際し，IBM は PC に指令を出す基本ソフト（OS）の開発を社の歴史の中で初めて外注しました。その外注先がビル・ゲイツとポール・アレンの作った，当時はまだ零細企業のマイクロソフト社でした。IBM の OS は DOS といいますが，マイクロソフト社はそれを MS–DOS として納入しました。これまで IBM の基本政策は自前主義だったのですが，PC の発売をできるだけ急ぐために外注したといわれています。この MS–DOS は Windows 型となり絶えず改良されて IBM 以外にも採用されるようになり，いまでは事実上の標準 OS として，PC に採用されている OS 市場の 95% のシェアを獲得しています。

　このマイクロソフト社が反トラスト訴訟に巻き込まれたのです。1996 年当時，Netscape Communications 社のインターネット閲覧ソフト（ブラウザ）は市場シェアの 80% を占めていました。マイクロソフト社はこの部門へも進出し，Internet Explorer を開発しました。司法省反トラスト局によるとマイクロソフト社は PC メーカーが OS としてマイクロソフト社の Windows を搭載するとき，必ず Inter net Explorer も同時に搭載することを条件付けるという「抱合せ販売」戦

略をとって Netscape Communications 社のシェアを 2000 年には 30％ まで下落させ損害を与えたと主張しました。これ以外にも他企業に損害を与えた独占行動があるとの主張が認められて，2000 年に連邦地裁は反トラスト法違反を認める一審判決を出しました。最悪の場合，マイクロソフト社は是正措置として分割される恐れもありましたが，2001 年，分割は回避され，司法省とマイクロソフト社は和解案に合意しました。

　Linux など，プログラムを世界中に開放して自由に使用・改良を認める異なる OS がじわじわとシェアを伸ばしているうえ，パソコンの形態も変化することが予想されるなど，必ずしも現在のマイクロソフト社の優位は保証されてはいません。イノベーションの進化は予測不可能なのです（[2], [3] pp. 44-7）。

5.3　ゲームの理論

　独占企業は不完全競争の一例です。少数の大企業がある産業を占めている場合，彼らが連絡を取り合い共謀すればそのグループを独占企業と見ることができます。しかし逆にそれらの少数の大企業がお互い競争をすればどのような状況が実現するでしょうか。

　少数の企業ですから A 社が自らの生産量を増やして市場へ供給すればその商品価格が下落することは自覚しています。また，他の B 社が生産量を増やして市場へ供給してもその商品価格が下落することは自覚しています。このように少数の大企業がある産業を占めている場合を寡占市場といいますが，この寡占市場でそれぞれの企業はどのような生産量を選び，価格はどのように定まると考えられるでしょうか。

　1838 年にフランスのクールノー（A. A. Cournot, 1801-1877）は『富の理論の数学的原理に関する研究』において寡占企業がまったく同じ財を生産しているときに企業はどのような行動をとるかということを分析しました。彼の分析はクールノー寡占モデルといわれ，その後に発展を遂げた不完全競争

研究の礎となりました。

その後さまざまな不完全競争モデルが開発されましたが，1950年代にナッシュ (John F. Nash, 1928-) がフォン・ノイマン (John von Neumann, 1903-57) のゲームの理論を利用してこれらのモデルを極めて一般的なナッシュ非協力ゲームにまとめました。これをゲーム論的アプローチといいます。このゲームの参加者は必ずしも企業に限る必要はありません。ですから企業分析に限らず，様々な分野で応用されています。ナッシュはこの貢献が認められて1995年，ノーベル経済学賞を授与されました。これよりナッシュ非協力ゲームの説明に入ります。

◯ ナッシュ非協力ゲーム

トランプや麻雀，碁，将棋などのゲームにおいて，人々は他のゲームの参加者の持つカード，石，駒を予想し，その「手」(戦略)を読み，自分の「手」(戦略)を出します。「ゲーム」の理論とは，このようなゲームを理論的に考察するためにフォン・ノイマンによって考案され，ナッシュにより大きく発展させられました。

ナッシュによる非協力ゲームというのは n 人のプレイヤーが，それぞれ自分の利得を最大にするように戦略を決定するというゲームです。いまプレイヤー i の戦略集合を S_i とおきましょう ($i=1, 2, 3, \cdots, n$)。それぞれのプレイヤー i が自己の戦略集合から戦略 $s_{j_i}^i \in S_i$ を選べばそれぞれのプレイヤーに利得 $p_i(s_{j_1}^1, s_{j_2}^2, s_{j_3}^3, \cdots, s_{j_n}^n)$ が生じます。

たとえば「じゃんけん」は一つのゲーム ($n=2, i=1, 2$) です。勝てば100円獲得し，負ければ100円を支払わねばならないとしましょう。$S_1=S_2=\{$グー，チョキ，パー$\}$ となります。利得はたとえば p_1(グー，チョキ)$=100$, p_2(グー，チョキ)$=-100$, p_1(グー，グー)$=0$, p_2(グー，グー)$=0$, ……などとなります。この関係は利得関数として表され，その利得表を行列として描くことができます。

表5.3 「じゃんけん」ゲームの利得表

プレイヤー1の利得表

1 \ 2	グー	チョキ	パー
グー	0	100	−100
チョキ	−100	0	100
パー	100	−100	0

プレイヤー2の利得表

1 \ 2	グー	チョキ	パー
グー	0	−100	100
チョキ	100	0	−100
パー	−100	100	0

表5.3で縦にプレイヤー1の戦略を，横にプレイヤー2の戦略を表示します。したがってプレイヤー1がグーを，プレイヤー2がチョキを選ぶとプレイヤー1は100の利得を，プレイヤー2は−100の利得を得ます。このゲームで各プレイヤーはお互いの戦略集合と利得表の中身をよく知っていますが，相手がどの戦略を取るかは不明です。

ナッシュはこの非協力ゲームの解を次の条件を満たす戦略の組 $\{s_{j_1*}^1, s_{j_2*}^2\}$ として定義しました。

$$p_1(s_{j_1*}^1, s_{j_2*}^2) \geq p_1(s_{j_1}^1, s_{j_2}^2) \quad 全ての s_{j_1}^1 \in S_1 に対し$$
$$p_2(s_{j_1*}^1, s_{j_2*}^2) \geq p_2(s_{j_1}^1, s_{j_2}^2) \quad 全ての s_{j_2}^2 \in S_2 に対し \quad (5.4)$$

すなわち，プレイヤー1にとって相手が $s_{j_2*}^2$ を選べば $s_{j_1*}^1$ を選ばざるを得ず，プレイヤー2にとって相手が $s_{j_1*}^1$ を選べば $s_{j_2*}^2$ を選ばざるを得ない場合，$\{s_{j_1*}^1, s_{j_2*}^2\}$ をこのゲームの解と定義したのです。

しかし，どんなゲームに対しても必ずゲームの解が存在するというわけではありません。たとえば先に構築したじゃんけんゲームには解はありません。たとえば{グー，チョキ}を選んでみましょう。p_2(グー，チョキ)＝−100＜100＝p_2(グー，パー)より(5.4)は成り立ちません。次にたとえば{チョキ，グー}を選んでみましょう。p_1(チョキ，グー)＝−100＜100＝p_1(パー，グー)より(5.4)式は成り立ちません。このようにいかなる戦略の組を作っても(5.4)式が満たされない戦略を探すことが可能なのです。

ナッシュの貢献はいかなるときにこのような非協力ゲームに解が存在する

かという問題に解答を与えたことです。

クールノー寡占モデルの場合，2つの企業が同質の財を生産しているとしましょう。第 i 企業の総費用関数を $c_i(q_i)=F_i+a_i\times q_i$ で与えられるとします。ただし F_i と a_i は正の定数です。F_i は固定費用，a_i は限界費用となります。($i=1,2$) これらの企業をプレイヤー1，2とおくと，その戦略集合はそれぞれの企業の生産量からなり，利得関数はそれらの企業の獲得する利潤となります。そして (5.4) 式を満たす生産量の組，$\{q_1{}^*, q_2{}^*\}$ が存在すると証明できます。またこの解（クールノー寡占均衡）における利潤を計算するのは容易です。

ここで，このナッシュ非協力ゲームがどのように応用されるかを吟味しましょう。

○ 技術革新導入ゲーム

第3章で技術と費用関数の関係を説明しましたが，まず，技術革新は企業にとっていつも望ましいかという問題を吟味します。

現在，半導体産業が過剰投資による不況に苦しんでいるといわれます。半導体産業は技術革新が盛んですがその導入には多額の固定費用を必要とします。技術革新により限界費用を削減できますが，通常，技術革新を導入するには以前より高い固定費用を必要とします。いま2つの半導体製造企業があり，それぞれ限界費用を削減する新技術を導入するかどうかを検討しているとしましょう。この2つの企業にとって戦略集合は {非導入，導入} です。

「非導入」という戦略は「新技術を導入しない」，「導入」とは「新技術を導入する」という戦略です。メモリーのような半導体製品であれば同質の財といってよいでしょう。そこでこの2企業をクールノー寡占企業であると仮定しておきます。次の4つの場合にそれぞれの企業のクールノー寡占均衡における利潤が計算できます。

(1) 企業1は旧技術で生産，企業2は旧技術で生産，

表5.4 技術革新ゲームの利得表

企業1の利得

1＼2	非導入	導入
非導入	350	330.11
導入	350.64	330.31

企業2の利得

1＼2	非導入	導入
非導入	350	350.64
導入	330.11	330.31

(2) 企業1は旧技術で生産，企業2は新技術で生産，

(3) 企業1は新技術で生産，企業2は旧技術で生産，

(4) 企業1は新技術で生産，企業2は新技術で生産。

その計算結果を表5.4の利得表として表すことができたとしましょう。（半導体製品に対する需要関数が $q=100-p$，旧技術の総費用関数が $c(q)=550+10q$，新技術の総費用関数が $c(q)=589.8+9q$ であるクールノー寡占モデルであれば，このような利得表となります。）

この技術革新導入ゲームにおいてナッシュ非協力ゲームの解はどうなるでしょうか。(5.4)に当てはめて吟味するとこのゲームでは解は｛導入，導入｝となります。実際，相手が「導入」という戦略をとると自分も「導入」という戦略を取らざるをえません。もしお互いに連絡をとって話し合えばそれぞれ「非導入」の戦略を取ることによって高い利潤の確保が可能なのですが，ナッシュ非協力ゲームではこのような協力を禁じているのです。つまり，相手の戦略を読み合うのみで協力（共謀）が禁止されている場合，技術革新はお互いの企業に損害を与えることが可能なのです。このような解を囚人のジレンマ解といいます。

「囚人のジレンマ」とは，2人の共犯者が警察に逮捕され，相手が自白して自分により大きな罪の責任をなすりつけて処罰を軽くしてもらおうとすることを恐れて双方とも自白してしまい，もし2人ともが黙秘したならば実現できたであろう軽い処罰よりも重い処罰を受けてしまう状況に名付けられた

ものです。もちろん,限界費用や固定費用の大きさによってはゲームの解が{導入,導入}となり,その際,双方の利潤が増加していることも可能であるという事実も指摘しておくべきでしょう。

○ 公共財構築ゲーム

第3章において交通渋滞の理論を説明しましたが,交通渋滞が起きる原因は誰もが道路を利用できるという点にあります。道路のような財を,経済学では公共財と呼びます。公共財の性質は,消費における排除不可能性(対価を支払わない人を排除できないこと)と非競合性(ある人の消費により他の人の消費を減少できないこと)です。ほかにも公園や軍備は公共財と定義されます。

この性質により,公共財にはフリーライダー(ただ乗り)現象が生じやすいといわれることがあります。フリーライダーとは道路や公園,軍備などの公共財建設にあたり費用を支払わないで,公共財が建設された後はそれを利用する人のことです。このフリーライダー現象はゲーム理論を用いて説明することができます。

[1] 公共財の最適規模

まず,公共財の最適規模問題を考えてみましょう。ある国で公共財の建設計画が起きたとしましょう。

この国には2家計があり,それぞれ公共財に対する需要関数を持っています。家計1は公共財需要が高く,単位当たりコスト,p,が高くても公共財を需要します。いま,家計1の公共財に対する需要関数は $d_1(p)=100-p$ で与えられたとします。一方,家計2は家計1に比べれば公共財需要は高くなく,公共財に対する需要関数が $d_2(p)=30-p$ で与えられたとします。

このとき,もし公共財の単位当たり価格が90であるとき,どれほどの公共財規模が最適状態であるといえるでしょうか。

図5.7で家計1の需要曲線は AB で,家計2の需要曲線は CD で表され

(価格)

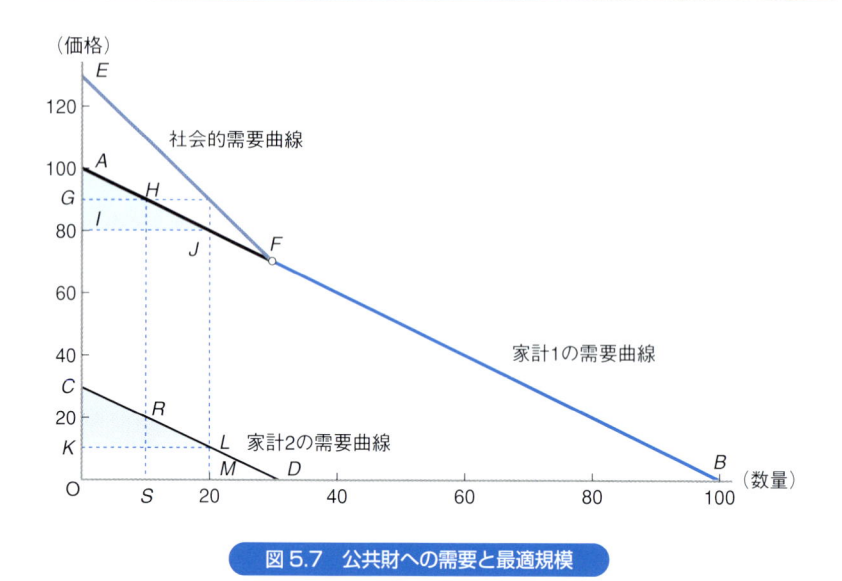

図5.7　公共財への需要と最適規模

ています。公共財に関する社会的需要曲線は AB に CD を上乗せした EFB と考えるべきです。というのも需要曲線はそれぞれの公共財量に対し，それが1単位増えたとき，どれほどのお金を支払う意思があるかを表示しますが，公共財は双方が同時に消費できるのですから，それぞれの支払いを足したものが社会的に支払う意思であるとみなすべきだからです。

　このとき，消費者余剰の議論を用いると公共財は20単位建設するとき最大の消費者余剰が達成されます。その単位当たりコスト90を家計1は80＝ JLM，家計2は10＝ LM だけ支払うことになります。家計1の消費者余剰は三角形 AJI の面積＝200，家計2の消費者余剰は三角形 CLK の面積＝200ということになります。したがって政府は20単位の公共財生産を提案するでしょう。

　ちなみに，このように政府が計算して各家計に負担額を通知するやり方ではなく，この負担額を各家計が試行錯誤を通じて提示するようなやり方とし

表 5.5 公共財調達ゲームの利得表

家計 1 の利得表

1\2	賛 成	拒 否
賛 成	200	50
拒 否	0	0

家計 2 の利得表

1\2	賛 成	拒 否
賛 成	200	250
拒 否	0	0

てリンダール・メカニズムが知られています。

[2] 公共財調達ゲーム

政府のこのような提案に対し，家計 1 も家計 2 も賛成するでしょうか。家計 2 はこの提案を拒否するでしょう。その理由をナッシュ非協力ゲームで考えてみましょう。

このゲームにおいてそれぞれのプレイヤーの戦略集合は {賛成, 拒否} となります。それぞれが賛成すれば政府の計画どおり 20 単位の公共財が構築されます。そのときの各家計への利得は消費者余剰です。もし家計 1 が公共財構築に賛成し家計 2 が反対すれば家計 1 のみの負担で公共財が構築されます。このとき公共財は 10 単位構築され家計 1 の消費者余剰は三角形 AHG の面積＝50 となります。

この公共財構築ゲームの特徴は家計 2 が政府提案を拒否しても 10 単位の公共財を消費できるという点にあります。費用を払う必要はないので家計 2 の消費者余剰は台形 $CRSO$ の面積＝250 となります。もし家計 2 が公共財構築に賛成し，家計 1 が拒否すれば家計 2 のみの負担で公共財が構築されますが，実際は建設費用がまかなえないので公共財は構築されず，それぞれの利得はゼロとなります。双方が拒否すれば公共財は構築されず，それぞれの利得はゼロとなります。この利得表は表 5.5 に示されています。

公共財調達ゲームの解は {賛成, 拒否} となります。公共財の最適規模が実現せず，家計 2 はフリーライダーとなる解です。もちろん，需要関数と単位

当たりコストによっては最適規模が実現する場合もあります．

本章のまとめ

　現代の企業としては大企業が多く見られ，市場を少数の大企業のみで占めてしまう場合が少なくありません．このような場合，大企業は自らの企業活動が市場価格に影響することを自覚します．このような市場を不完全競争市場といいます．

1　本章はこのような大企業の成立史からスタートしました．まず，原油産業を例にとって説明を始めました．ここでは大企業は固定費用が大きく生産を拡大すれば平均費用が減少する費用逓減効果が著しいので生産過剰となり，倒産する企業を吸収して巨大企業が成立するのです．

2　そのような企業の活動を規制する目的でアメリカでは反トラスト法が，日本では独占禁止法が制定されました．たとえ市場に複数の企業が存在しても共謀してまるで1つの独占企業として行動することが可能であることに注意が必要です．

3　これらの法律のよって立つ根拠は独占企業は市場の効率性を低下させるというミクロ経済学の命題です．独占企業の利潤最大化行動は「限界収入」＝「限界費用」により規定されますが，この企業が完全競争企業として行動したときに比べ効率性の低下（死荷重）が発生するのです．

4　本章では最後にゲームの理論を説明しました．少数の大企業が競争状態にあるとき，各企業は他企業の行動を読み合います．これがゲームの理論の枠組みの中で吟味されました．ここではその他「公共財」の問題をゲームの理論の枠組みの中で吟味しました．

練習問題

　5.1　各国の独占禁止法担当部局は独占禁止法に関する国際協定が必要であるということについて合意していると報道されています（日本経済新聞2003年8月5日参照）．その理由を述べなさい．

　5.2　EUと日本，アメリカの間で独占禁止法の規制がどのように相違しているか，マイクロソフト社の反トラスト法違反事件（日本経済新聞2003年8月7日参照）を参考にして述べなさい．

　5.3　農民がグループを組んで行動するという農協（農業協同組合）はアメリカ

の反トラスト法でも日本の独占禁止法でもその活動は「適用除外規定」により認められています。しかしその見直しが議論されています。その理由を考えなさい。

5.4　独占企業の存在する市場で需要曲線は $q=d(p)=600-p$ で与えられるとします。ただし q は商品の量，p はその価格です。独占企業の費用関数が $c(q)=q^2/2$ の場合，独占企業の生産量，価格，および完全競争市場と比べたときの効率性の低下（死荷重）を計算しなさい。

5.5　第2章第3節「関税と報復関税」における例からナッシュ非協力ゲームを構築しゲームの解を探しなさい。ただし日本は自動車をアメリカへ輸出し，アメリカから農産物を輸入しているとします。それぞれの国が輸入関税を課さない政策を自由貿易政策，輸入関税を課す政策を保護貿易政策という戦略であるとします。また第2章第3節における関数がそれぞれの国の商品に対する需要関数と供給関数であるとします。

第 6 章

日本銀行と金融

　この章よりマクロ経済学の分野に入ります。この分野でも価格は重要な概念ですが個別市場の価格より，経済全体の平均的な価格（物価水準）が問題となります。また，市場の非効率も問題となりますが，この分野では失業により発生し経済全体がこうむる非効率性が大きな問題となります。

　この分野がミクロ経済学と異なる点として最後に挙げなくてはならないのは貨幣の働きが極めて重要視されるという点です。物価水準は貨幣の量により説明され，失業の解消には貨幣量を変化させる政策（金融政策）が用いられます。その貨幣の量の調節を行うのが日本銀行です。したがって，本章ではマクロ経済学の基礎として日本銀行の働きを説明し，日本の金融市場を吟味します。

○ KEY WORDS ○
金融，郵政事業，国債，日本銀行，貨幣，
民間銀行，株式

6.1 金融

　2002年度，日本人は個人として1400兆円の金融資産を保有しています。金融とは余剰の資金を持っている人や企業（黒字主体）の資金を，資金不足の人や企業（赤字主体）へ融通することを意味します。銀行などは金融の橋渡しを行うので金融機関といわれます。

○ 金融資産

　いま国債を例にとると，資金不足の政府が借金証書である国債証書を発行して，資金に余裕の有る個人や銀行がその証書を購入し，お金が政府の手に渡ります。政府は税金や国債発行収入から公務員に給料を払い，公共サービスを提供することが可能となります。このとき，個人や銀行の手に残る国債は金融資産となります。

　民間企業であるNTTの発行する株式証書も金融資産です。ただ，前者を「安全資産」，後者を「危険資産」ということがあります。というのは，国債の場合，100万円の資金で国債を購入した場合，満期まで保有すればその100万円は所有者の手に戻り，その途中で一定利率の配当が保証されているからです。株式の場合，100万円の資金で株式を購入した場合，たとえば1000株が購入されるとすれば1株1000円で購入されているのですがその株価は時々刻々変化します。その株式を売却したとき株価がもし1200円となっていれば120万円が手元に戻りますが，もし800円であれば80万円しか手元に戻りません。元本が保証されないという意味で危険資産といわれるのです。

　ただし注意しなければいけないのは，もし満期になる前に資金が必要となって国債を売却せざるを得ない場合です。その場合でも「流通市場」で売却

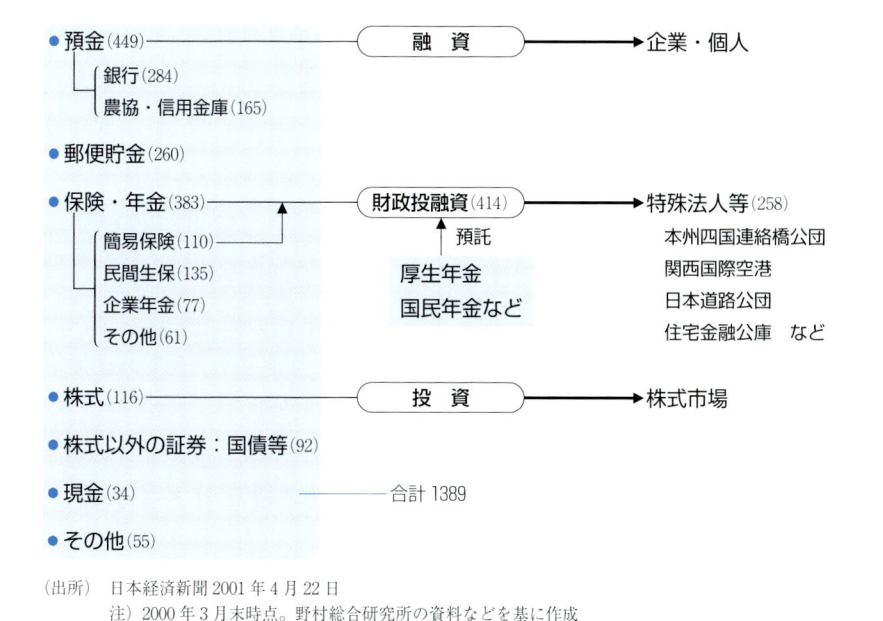

```
●預金(449) ──────────┐      ┌─融　資─┐ ──→ 企業・個人
  ├銀行(284)
  └農協・信用金庫(165)
●郵便貯金(260)
●保険・年金(383) ────┐      ┌─財政投融資(414)─┐ ──→ 特殊法人等(258)
  ├簡易保険(110)              ↑預託                    本州四国連絡橋公団
  ├民間生保(135)              厚生年金                  関西国際空港
  ├企業年金(77)               国民年金など              日本道路公団
  └その他(61)                                           住宅金融公庫　など
●株式(116) ──────────┐      ┌─投　資─┐ ──→ 株式市場
●株式以外の証券：国債等(92)
●現金(34) ──────────── 合計 1389
●その他(55)
```

（出所）日本経済新聞 2001 年 4 月 22 日
　　注）2000 年 3 月末時点。野村総合研究所の資料などを基に作成

図 6.1　個人金融資産（1389 兆円）の内訳と流れ（単位：兆円）

することが可能ですが，最終的に手元に残るのは 100 万円以下となることもあります。したがってその意味では国債は必ずしも安全資産ではありません。この意味で安全資産の典型は銀行や郵便局の預貯金ということになります。

○ 日本の個人金融資産

　2000 年度，日本の個人金融資産は 1389 兆円でした。その内訳を図 6.1 に示しています。1389 兆円のうち銀行や農協などへの安全資産としての預金は 449 兆円，郵便局への貯金は 260 兆円でした。黒字主体の余剰資金は民間の生命保険や郵便局の簡易（生命）保険購入を通じて赤字主体へ融通されていきます。民間の生命保険として保有される金融資産が 135 兆円であるのに

対し，官営の簡易（生命）保険はほぼそれに匹敵する110兆円でした。

下の Case Study で述べるように，銀行など民間の金融機関と官営の郵便局は，百年戦争といわれる戦いを繰り広げてきました。郵便局の郵便貯金や簡易（生命）保険を通じて集められた資金は厚生年金や国民年金を通じて集められた資金とともに財政投融資として特殊法人へ融通されています。この年，414兆円が財政投融資として運用されていますが，そのうち本州・四国連絡橋公団や日本道路公団などの政府系企業（特殊法人）で258兆円が運用されています。

日本では，これまで説明してきた安全資産として保有される金融資産が多くを占め，危険資産である株式の保有が少ないことが知られています。この年，116兆円が株式として保有されています。国債は必ずしも安全資産ではないと説明しましたが国債等の証券による金融資産残高は92兆円でした。現金として保有される金融資産は34兆円でした。

[Case Study 6-1]

日本郵政公社：郵政3事業の民営化問題

2003年4月1日，郵政事業の民営化の第一歩として日本郵政公社がスタートしました。郵便サービス，（郵便）貯金サービス，および（簡易生命）保険サービスの郵政3事業をつかさどってきた郵政省は2001年1月の行政改革の一環として行われた省庁再編制で総務省に組み入れられ，企画立案と管理を行う郵政企画管理局と現場の郵政3事業サービスを行う郵政事業局に分けられました。その郵政事業局が日本郵政公社となったのです。

もともと小泉純一郎氏は郵政3事業の民営化を唱えてきましたが，彼は総理大臣となり，その主張を実現させようと動きはじめ，民営化への第一歩が実現したのです。

1999年度，郵便貯金事業は266兆円の資産勘定となりました。表ではそのうち主なものを表示しています。貸付金とは「ゆうゆうローン」の貸付残高です。日銀預託金とは郵便貯金が引き出される場合に備えて日銀へ当座預金として預託

している資金です。

郵便貯金特別会計の貸借対照表（単位：億円）

	資　産			負　債		
	貸付金	日銀預託金	資金運用部預託金	通常郵便貯金	積立郵便貯金	定額郵便貯金
1999 年	9,789	158	2,576,560	310,521	6,313	2,124,167
2000 年	8,199	1,008	2,473,590	407,662	5,774	1,928,468
2001 年	7,239	7,968	2,076,492	480,372	5,308	1,750,245

（データ出所）『郵便貯金2001』，『郵便貯金2002』，総務省郵政企画管理局をもとに作成。

　しかしその貯金事業資産の多くは財務省資金運用部が財政投融資として特殊法人へ融資するための資金に用いられています。これが資金運用部預託金です。郵便局の負債項目のうち「通常郵便貯金」とは引き出し自由の貯金を，「積立郵便貯金」とは1年定期貯金や2年定期貯金といった一定期間引き出しが不可能な「定期貯金」を，「定額郵便貯金」とは6か月据えおいた後ではいつでも引き出しが可能な貯金を意味します。

　これに対し，下の表は民間銀行の代表として三井住友銀行の貸借対照表の資産項目，負債項目のいくつかを表示しています。かつて三井銀行はさくら銀行と名称変更を行いましたが，2001年12月「持株会社」方式により住友銀行と合併し，三井住友銀行が生まれました。このことにより，2002年3月期決算において資産および負債項目のそれぞれで大幅な増加が見られます。総資産も2001年3月期には65兆円でしたが2002年3月期には102兆円へと増加しました。

三井住友銀行の貸借対照表（単位：億円）

	資　産			負　債		
	貸付金	現金預け金	有価証券	預　金	譲渡性預金	借用金，社債（カッコ内）
2000 年 3 月	313,585	37,829	89,822	273,882	68,416	24,612 (5,334)
2001 年 3 月	311,723	45,380	168,603	301,690	70,266	23,883 (11,017)
2002 年 3 月	599,283	54,584	204,429	610,518	65,775	34,062 (21,348)

（データ出所）『会社四季報 CD-ROM　2002 年秋』（東洋経済新報社）をもとに作成。

「貸付金」とは企業・家計への貸付金です。「現金預け金」とは銀行手持ちの現金と日銀への当座預金を合わせたものです。預金引き出しに備えるものです。「有価証券」とは銀行が保有している他企業の株式や国債などの評価額です。負債項目の代表は「預金」ですが，「譲渡性預金」(negotiable certificate of deposit, CD) という項目もあります。これは 1979 年より運用が開始された大口の定期預金ですが，裏書により他人への譲渡が認められています。また戦後初めて登場した「自由金利」商品ですから，各銀行は CD の金利を自由裁量により決定することが可能です。これは第 10 章で問題となります。

　郵便貯金と銀行預金を比べると前者が 2003 年 3 月末現在 235 兆円であるのに対し，都市銀行全体の預金は 217.3 兆円（三井住友銀行＝62.2 兆円，UFJ 銀行＝53.9 兆円，みずほ銀行＝53.7 兆円，東京三菱銀行＝47.5 兆円）とほぼ同額です。簡易生命保険と民間生命保険を比べると前者が 2003 年 3 月末現在 123 兆円であるのに対し，生保会社全体で 184 兆円（日本生命＝45.2 兆円，第一生命＝29.8 兆円，住友生命＝23.0 兆円，明治生命＝17.1 兆円）となっています（[1]）。このように巨大な政府の金融機関は民業を圧迫しているとして分割・民営化が民間金融機関から要求されてきたのです。日本郵政公社の成立と同時に郵便事業へは郵便局以外に新規参入の道が開かれ，宅配会社はダイレクト・メールを取り扱うことができるようになりました。

　旧郵政省（現総務省郵政事業庁）はこの民営化論に対し，全国あまねく設置された郵便局を通じて公平にサービスを提供するのは民間銀行にはできないと主張します。阪神大震災が発生したとき，「ライフラインの復興」という言葉がマスコミを賑わしました。震災により水道や電気，交通機関が止まり，とにかくその復旧が強く求められましたが，水道や電気，交通機関の提供するサービスは人間生活を維持する最低条件であるという意味でライフラインといわれたのです。旧郵政省によれば郵政 3 事業とはこのようなライフラインであるというわけです。

　実際，銀行と郵便貯金という分け方をもっと細分化して都市銀行，地方銀行，第二地銀，信用金庫，郵便貯金と分けると，これらの金融機関の預貯金総額に占める個人預貯金の割合（13 年度末）はそれぞれ 54.5%，69.8%，72.7%，78.0%，99.4% となります（[2] p.8）。郵便貯金は「個人のための貯蓄機関」であると主張されます。しかし民間金融機関は彼らが強いられているさまざまな税負担を郵

便局が免れていることを指摘します。したがって，郵政3事業の民営化問題に対し，国民は政府のある種の保護により「全国あまねく公平なサービス」を受けることを認めるかどうかの判断を求められていることになります。

6.2　日本銀行

　日本銀行は紙幣や硬貨などの現金通貨を供給する日本で唯一の金融機関ですが，実は資本金1億円で設立された株式会社で，その株式は店頭市場で公開されています。2002年5月現在，出資者は4,119名で財務大臣が株の55%を保有しています（[3]）。

　2002年3月の決算によれば日本銀行は138兆5,636億円の総資産を持ちます。貸借対照表の内訳は資産項目として主要なものとして①日銀貸出金，②国債，③海外資産（外国為替）から成り，負債項目として主要なものとして①発行銀行券，②金融機関預金，③政府預金からなります。この項目のいくつかについて説明を加えておきます。

　「金融機関預金」とは市中金融機関が日本銀行に預けた当座預金などのことです。市中銀行が自行への預金に対する支払請求に備え，ある程度の準備金を保有しておく必要があり，これは法定準備として義務づけられています。この「法定準備」が「金融機関預金」の一部となりますが市中銀行はその法定準備以上の資金を（利子の付かない）当座預金として日銀へ預けています。というのは市中銀行間で所有する手形交換や為替交換などを決済する必要があるのですが，この決済は市中銀行が日銀に保有する口座を通じて行われるからです。これは「日銀当預」といわれます。

　「日本銀行勘定」によれば「法定準備」（引当金）は2001年度2兆3,320億円，当座預金（日銀当預）は15兆6,150億円となっています。銀行同士の決済が保持する日銀当預のみで足りない場合，支払い義務を持つ銀行は他

表6.1 日本銀行の貸借対照表（単位：億円）

	資　産			負　債		
	貸出金	国　債	外国為替	発行銀行券	金融機関預金 (当座預金＋法定準備)	政府預金
2001年3月	14,087	577,319	32,523	586,744	156,150 ＋23,320	59,650
2001年9月	6,323	758,166	37,255	597,294		
2002年3月	9,900	866,537	41,800	678,762		

（データ出所）『会社四季報 CD-ROM 2002年秋』（東洋経済新報社），『日本統計年鑑』（平成15年）より作成。

（注）『会社四季報』には各期の決算内容のすべてが記載されているわけではなくそのいくらかが掲載されているのみですが，それを転載しています。『日本統計年鑑』（平成15年）は総務省ホームページ（http://www.stat.go.jp/data/nenkan/index.htm）で読むことができます。

の資金に余裕のある銀行から資金を短期的に借りる必要が生じます。このように銀行間で短期的に資金を融通しあう市場はコール市場といわれ，そこで成立する金利はコール・レートといわれます。最近の金融緩和で日銀から資金が日本経済へ潤沢に供給されているので2003年5月現在，コール・レートは0.001％とほとんどゼロまで下落しています。

「政府預金」とは政府の保有する当座預金のことです。たとえば租税や国債を発行して得られる資金は最終的にはこの政府保有の当座預金に振り込まれるのです。『日本統計年鑑』によれば5兆9,650億円（2001年度）となっています。

日本銀行の資産項目としての「国債」に移りましょう。2001年度，政府の発行した国債の累積残高は388兆円ですから，そのうち1/5程度が日本銀行によって保有されていることになります。残りは個人と民間銀行が保有しています。アメリカで日本の国債に当たるのは財務省証券です。しばしばアメリカの財務省証券を日本が買い支えているといわれますが，表6.2に示されているように，2000年度ではアメリカの財務省証券を日本人など外国

表 6.2　市場性国債の保有者別割合（2000 年 12 月　単位：％）

	日本（399 兆円）	アメリカ（386 兆円）
政府（うち郵貯関連）	37(18)	8
中央銀行	12	15
民間金融機関	41	32
民間非金融機関	2	1
個人	2	9
非居住者	6	35

（出所）　日本銀行『にちぎんクォータリー 2001 年秋季号』(http://www.boj.or.jp/service/out021.htm)

　人非居住者が保有している割合は 35％，これに対し，日本の国債をアメリカ人など外国人が保有している割合は 6％ でした。日本の国債を政府が保有している割合，とくに郵便貯金の資金運用として保有されている割合の高さが目立ちます。

　日本銀行の資産項目としての「貸出金」とは日本銀行が行う市中（民間）金融機関への貸出金を意味します。その貸出形式には 2 種類あります。一つは市中金融機関が割り引いて所有する商業手形を再割引することによってその市中金融機関へ貸し付ける形式で，第 1 次大戦以前はこの形式が主流でした。しかし現在では市中金融機関が所有する国債や商業手形を担保にその市中金融機関へ貸し付ける第 2 の形式が主流です。この貸付時の金利が公定歩合といわれます。

　「外国為替」として日本銀行が保有するのは主にドルですが，これも日本銀行が直接に市場から購入したものではありません。日本銀行には以下のプロセスを通じて保有されます。日本の民間企業が商品を輸出すればドルなどの外貨を手にします。一方，企業は設備投資を行うに当たり，海外の金融機関からの借り入れ，あるいは外債発行により外貨を調達します。日本国内で企業活動を行うのに必要なのは国内通貨（円）ですから，ドルを所有する企

業はその外貨を「外国為替公認銀行」で国内通貨と交換します。銀行も国内で活動しているので，その大部分の外貨は政府の外国為替特別会計へ売却されます。この会計は日本銀行に開設されているので外貨は日本銀行へもたらされますが，外貨の所有者はあくまで政府です。

　このように日本企業の輸出が好調だと大量の外貨が「外国為替特別会計」へ持ち込まれます。政府は円（またはドル）レートに介入する目的で外貨購入をする場合には国内通貨を必要としますから，溜まっていく外貨の一部を日本銀行に売却します。（溜まった外貨の多くはアメリカ財務省証券購入などに当てられ資産運用が行われています。）この売却行為は単なる帳簿上の操作に過ぎませんがこのような経緯で日本銀行は外貨を保有するのです。逆に，たとえば原油価格が上昇していけば企業や家計の原油代金支払いが増えます。このような場合は上と逆のプロセスを通じて日本銀行の外貨は減少します。

　日本銀行はこれ以外にも金貨や金塊などの金地金（きんじきん）を所有しています。『日本統計年鑑』によれば2001年度，その金地金は4460億円の評価となっています。

コラム 嵩む国債依存度

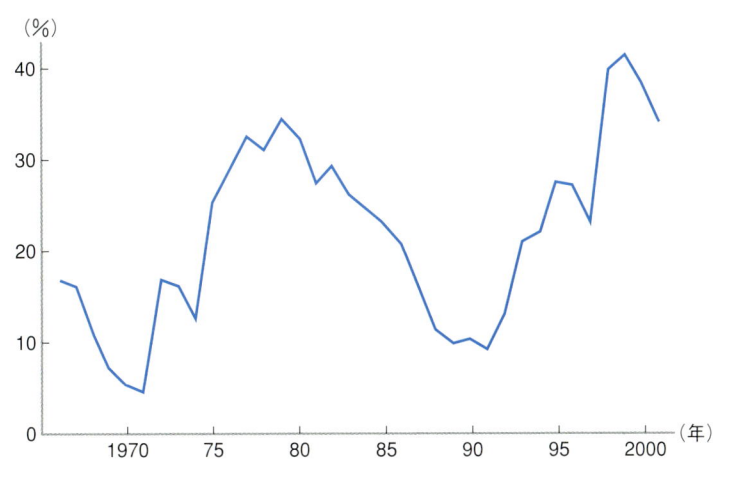

国債依存度の変遷（1966-2001年）

（データ出所）　矢野恒太記念会編『日本国勢図絵CD-ROM2001/2』より作成。

　上図は「国債依存度」の変遷を示しています。政府予算は税収と国債からなりますが、「国債依存度」はその予算に占める国債の割合として定義されます。国債とは国の負う借金ですから、1990年以来、不況対策にこれだけ借金をして公共事業を行ってきたのですが、景気がなかなか本格的な回復に向かっていないのは国民が実感している通りです。公共事業で政府が必要とする資金は政府の当座預金（表6.1参照）からまかなわれます。

　次頁の図は1985年に民営化され、1987年2月に160万円で売り出されたNTTの株価に関する1987年2月から2002年5月までの変遷をグラフで示していますが、政府はこれまで6次に渡りNTT株を放出してきました。最安値は2002年2月の37.5万円です。1987年売出し直後の4月22日にNTT株価は318万円の最高値を付け、この株価高騰で当時のNTT株投資家は大喜びしたものの、その後の株価低迷で損害をこうむった人達もいます。2001年6月現在でNTT株売却収入は総額13兆5,000億円にのぼります。これらの政府収入はとりあえず「政府預金」（国債整理基金特別会計）に入れられ、累積した国債債務の支払いに当てられています。「国債整理基金特別会計」とは多数ある政府「特別会計」の一つです。「特別会計」とは政府がその活動を行うに当たり、重要な事項別に資金の

出し入れを記録・管理しておくために一般会計とは別に設置する会計で，これ以外に「外国為替特別会計」，「食糧管理特別会計」，「郵政事業特別会計」（2003年3月まで），「失業保険特別会計」などがあります。

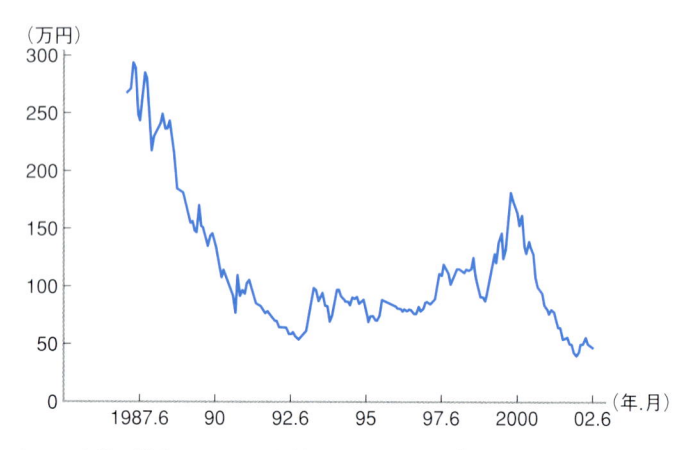

NTT株価の変遷（1987-2002年）

（データ出所）『株価CD-ROM'99』（東洋経済新報社）と『会社四季報CD-ROM2002年秋』（東洋経済新報社）より作成。

6.3 貨　幣

　日本銀行はマネーサプライ（貨幣供給）を調節して経済の安定を目指します。具体的には，(1)物価の安定，(2)完全雇用の実現，(3)国際収支の均衡，を目標としています。日銀の行う政策は金融政策といわれますが，ここで「貨幣」とは一体何を意味するのかを吟味しておきます。

　現金通貨を手元に保有しても利子は付きませんが，商品（財やサービス）を購入するには現金通貨を必要とするのである程度の現金通貨を手元に保有します。したがって，現金通貨も金融資産に含められます。図6.1の個人

金融資産表では「現金（通貨）」は 34 兆円となっています。これは個人の財布や金庫に存在する 1 万円札や 5 千円札といった紙幣や 500 円硬貨などの補助貨幣からなります。この現金通貨は個人のみならず企業に保有され「貨幣」の一部を構成します。しかしこれだけが貨幣ではありません。

図 6.1 中に「預金」という項目がありますがこれは当座預金，普通預金，通知預金などからなる「要求払い預金」と，半年，あるいは 1 年といったある一定期間は解約するのが困難な「定期性預金」からなります。

経済学で「貨幣」というとき，個人や企業の保有する現金通貨のみならず，彼らの保有する「要求払い預金」をも含めます。というのは，ここから個人は公共料金の引き落としを行い，クレジット・カードの決済に使うことができ，企業は小切手の振出を行うことができるからです。個人や企業の保有する現金通貨と要求払い預金を合わせて $M1$ といいます。定期性預金も多少のコストを要しますが現金化は可能ですから，しばしば準通貨（near money）として貨幣に含めます。$M1$ とこの定期性預金を合わせて $M2$ という貨幣概念が用いられます。

統計によると，まず「現金通貨」については 2000 年度に 53 兆 7,300 億円が日本経済に存在し，2001 年度では 57 兆 3,500 億円が日本経済に存在しました。3.6 兆円ほど増加しています。図 6.2 の実線が 1991 年より 2001 年までの各年度に日本に存在した「現金通貨」の額を示します。ほとんどは 1 万円札です。「要求払い預金」については 2000 年度に 176 兆 9,000 億円が，2001 年度では 192 兆 8,000 億円が日本経済に存在しました。したがって，$M1$ については 2000 年度に 230 兆 6,300 億円が，2001 年度では 250 兆 1,500 億円が日本経済に存在したことになります。図 6.2 の破線が 1991 年より 2001 年までの各年度に日本に存在した $M1$ の額を示します。

さて日銀はどのようにしてマネーサプライ（貨幣供給）を調節することができるかという問題を吟味しましょう。現金通貨を変化させれば預金は変化します。しかしこれだけでなく「法定準備」の変化も預金の変化をひき起こします。そこで現金通貨と法定準備をそれぞれ C，R と表し，その和をハ

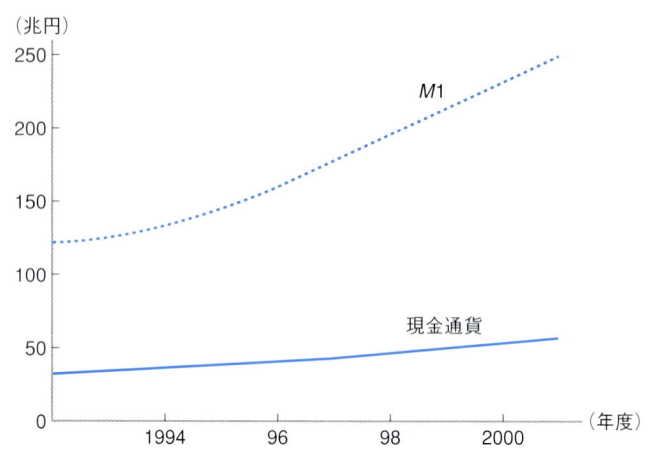

(データ出所) 『日本統計年鑑』（平成15年）第4章「通貨・資産循環」より作成。

図6.2　現金通貨の額とM1の額の推移（1992-2001年）

イパワード・マネー（またはマネタリー・ベース，中央銀行貨幣）と定義し，H で表します。

$$H = C + R \tag{6.1}$$

要求払い預金を D と置くと

$$M1 = C + D \tag{6.2}$$

です。少額の財・サービスを購入するのにわざわざ銀行から預金をおろす手間を省くため，企業も家計も現金通貨をある程度保有しています。預金に対するその保有割合を c とすると

$$C = cD \tag{6.3}$$

となります。また民間銀行は自行への預金の引き出しに備えて要求払い預金の一部を日銀に法定準備として預けています。要求払い預金に対するこの比率を r とおくと

$$R = rD \tag{6.4}$$

となります。すると (6.1), (6.3), (6.4) より

$$D = \frac{H}{c+r} \tag{6.5}$$

となります。このとき (6.2)，(6.3)，(6.5) より

$$M1 = \frac{H(1+c)}{c+r} \tag{6.6}$$

をえます。

表6.1における金融機関預金のうち日銀が直接に管理できるのは「法定準備」ですから，これと「発行銀行券」を合わせた金額をマネタリー・ベースと定義しました。(ただし2000年5月より R は「法定準備」ではなく，「法定準備を含む日銀当座預金」に改められました。) (6.6) より，この何倍もの額になる $M1$ が貨幣として人々の取引に用いられているのです。

(6.6) で $(1+c)/(c+r)$ を貨幣乗数といいます。たとえば $c = 0.2$, $r = 0.1$ であれば貨幣乗数は4となります。わかりやすい例として $c = 0$, $r = 0.1$ の場合を考えてみましょう。この場合，貨幣乗数は10となります。人々はだれも現金通貨を保有せず，銀行に預けるという極端な場合です。

このとき日銀が市中の流通市場で国債を購入したとしましょう。たとえば1億円の購入額であったとします。その額だけ紙幣，すなわちマネタリー・ベースの増加が発生します。国債の販売者はだれも現金通貨を保有しないと仮定すると，銀行へ預金され，金融機関預金が増加します。民間銀行はその増加の10%を法定準備として日銀に預け，残りの9千万円を企業や個人に貸し付けたり有価証券の購入にあてます。その9千万円分の資金はどこかの銀行の預金となります。預金の増加した民間銀行は9千万円の10%を法定準備として日銀に預け，残りの (9千万×0.9) 円を企業や個人に貸し付けたり有価証券の購入にあてます。その (9千万×0.9) 円の資金はどこかの銀行の預金となります。このようにして預金は増加していきます。結局，その合計は

$$1(1+0.9+0.9^2+0.9^3+\cdots\cdots) = 1/(1-0.9) = 10$$

となり，最初に1億円のマネタリー・ベース増加は最終的に10億円の $M1$

の増加を引き起こすのです。

さて，すでに日本銀行の民間金融機関への貸出金利である「公定歩合」について説明しましたが，日本銀行はこの公定歩合を変化させて$M1$の変化を引き起こすことも可能です。民間金融機関にとって公定歩合が低くなれば日本銀行から低コストで資金が調達できるのですから潤沢になった資金はその金融機関の貸出金利を低下させることが見込まれるからです。

一方，参考のため，アメリカの場合にはどうなるのかを説明すると，アメリカは連邦制国家ですから，その中央銀行は12の連邦準備銀行（FRB, Federal Reserve Bank）をメンバーとする連邦準備制度理事会（Fed, Board of Governors of the Federal Reserve System）といえます。各連邦準備銀行はその公定歩合により民間銀行へ資金の貸付を行います。

アメリカの経済白書では1929年以来，各年度のニューヨーク連邦銀行の公定歩合と民間銀行のプライムレート（優良企業への貸出金利）に関するデ

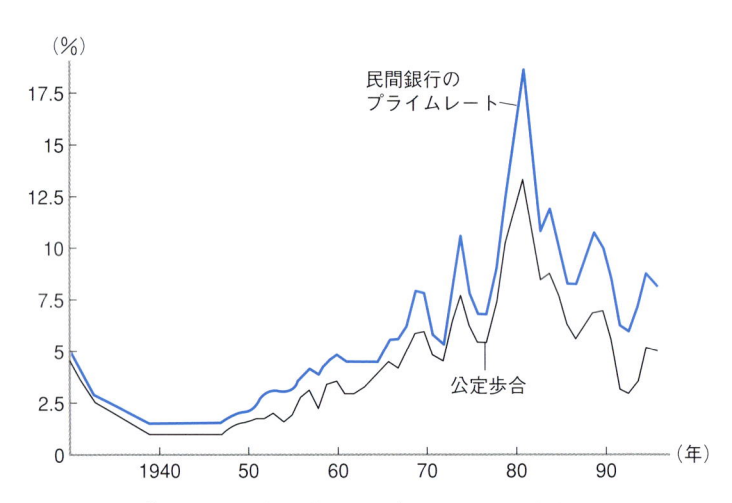

（データ出所）『2001 米国経済白書』（毎日新聞社）Table B-73 より作成。

図6.3　アメリカの公定歩合とプライムレート

ータを提供しています。図 6.3 で黒い実線はニューヨーク連邦銀行の公定歩合の変遷を，青い実線は民間銀行のプライムレートの変遷を描いていますが，民間銀行は公定歩合に上乗せして優良企業への貸付を行っているようです。このニューヨーク連邦銀行の公定歩合を x，民間銀行のプライムレートを y とおいて 2 つのデータから最小 2 乗法による計量経済学的分析（第 1 章参照）を行うと

$$y = 0.377855 + 1.29794x$$

という結果になります。x（ニューヨーク連邦銀行の公定歩合）の係数の p 値はほぼ 0 となり，ニューヨーク連邦銀行の公定歩合と民間銀行のプライムレートは正の相関があると考えてよいことが保証されます。この分析の決定係数は 0.96 ですから，民間銀行のプライムレートについて，その変化の 96% はニューヨーク連邦銀行の公定歩合の変化によって説明されます。中央銀行の公定歩合と民間銀行の貸出金利にはこのように密接な関係があるのです。

6.4 国債と利回り

ここで国債の理論を説明しておきます。10 年物国債を考えてみましょう。国債購入の最低単位は 5 万円です。（個人向けに特別に最低単位が 1 万円で発行される場合があります。）10 年物国債とは毎年一定の利子（表面利率）が保有者へ支払われ，10 年後にその投資された 5 万円が払い戻されます。

ある投資家が 100 万円を国債に投資する場合を考えてみましょう。5 万円国債 1 枚の表面利率がたとえば 1.5% であったとした場合，その国債の所有者に毎年 750 円が支払われますが，それは銀行預金が 1.5% である場合と同じ意味を持つのかを吟味してみます。銀行預金の場合，100 万円が 1 年間預金されれば 1 万 5 千円の利息とともに 100 万円が戻ってきます。しかし上述

の国債の場合,投資された100万円でその国債を20枚購入できるかどうか分かりません。購入時期が国債発行時期と一致していれば20枚購入可能でしょう。たとえば発行されて3年経っていたとしましょう。その場合でも「流通市場」で購入することができます。10年もの長期にわたって保有される間には投資家に投資資金を回収する必要の生ずる場合もあるでしょう。そのとき,国債を所有したいと考える人との間で取引が行われる場所,それが流通市場です。

　この流通市場は毎日取引が行われ,売買価格が決定され,新聞で報道されます。仮に残存期間が7年,表面利率1.5%の国債証書1枚が,たとえば流通市場で5万5千円で売買されているとしましょう。額面100円当たりの単価は110円となります。この投資家は99万円を用いて国債証書を18枚所有することができます。この国債証書は仮定から表面利率が1.5%でしたから残りの7年の間,毎年,国債証書1枚当たり750円が保有者に支払われるのです。

　銀行預金の利率に当たるのは国債「利回り」です。国債の理論によれば1年当たりの国債の「利回り」は「購入価格」＝額面100円当たりの単価とおいて

$$100 \times \frac{\text{表面利率} + \dfrac{100 - \text{購入価格}}{\text{償還期間}}}{\text{購入価格}} \tag{6.7}$$

で定義されます。償還期間とは国債購入から償還までの期間を意味します。上の仮設例では7年です。(6.7)で定義された「利回り」は国債投資の収益率を意味します。表面利率は毎年確実に支払われる利息です。これはインカム・ゲインといわれます。また,償還されるときは額面100円に対し必ず100円が支払われますから,購入価格との差は一種の収益を意味します。これはキャピタル・ゲインといわれます。

　キャピタル・ゲインは必ずしも正の値になるとは限りません。負値を取るときはとくにキャピタル・ロスといわれることがあります。いずれにせよそ

れを償還期間で割れば1年当たりのキャピタル・ゲイン（ロス）となります。このようにインカム・ゲインとキャピタル・ゲイン（ロス）を合わせたものが「利回り」ですが国債の「市場利子率」といわれることもあります。ここでの仮設例では

$$100 \times \frac{1.5 + \frac{100-110}{7}}{110} \fallingdotseq 0.065\,(\%)$$

となります。

　ここで国債購入の需要が増えれば（供給が減れば）国債の流通市場での取引価格は上昇し，それによって（6.7）より利回りは低下します。逆に国債購入の需要が減れば（供給が増えれば）国債の流通市場での取引価格は低下し，（6.7）より利回りは上昇します。それでは表面利率は何を意味するのでしょうか。これは国債発行時の国債の流通市場における利回り（市場利子率）の実勢を意味するといえます。もし国債発行時の市場利子率が高ければ新規発行債の表面利率も高くないと誰も購入しないでしょう。したがって国債の市場利子率とは国債の購入者にとって国債投資からの収益率を意味しますが，政府にとって国債を発行するときの資金調達コストを意味します。このことが「累積債務」の抱える問題です。

　日本はすでに述べたように高い国債依存度と388兆円にもおよぶ国債発行残高に示される借金漬け財政運営を行っていますが，これは国債の流通市場での取引価格を低下させ，国債の市場利子率が高くなる原因となり得ます。したがって新規発行国債の表面利率をそれに応じて高くしなければならなくなるのではないかと懸念されるのです。すなわち，政府の「累積債務」は財政負担を一層厳しくする危険があるのです。

6.5 債券市場

　国がその資金不足をまかなうために発行する借金証書が国債なら一般企業が資金不足をまかなうために発行するのが社債です。たとえば 2003 年 5 月 1 日の日本経済新聞をみると「公社債店頭売買参考統計値」欄に東京電力の発行する社債（電力債「東京電力 504」）に関する情報が掲載されています。東京電力は新規の発電所建設や旧発電所の補修などに必要な資金を社債によってまかなっているのです。同じ紙面に，内部留保が多くてトヨタ銀行といわれるトヨタ自動車も 2008 年 2 月償還の社債を発行しています。

　さて，「東京電力 504」という電力債は償還日は 2008 年 4 月ですから残余期間は 5 年です。表面利子率は 0.335% です。この日の流通市場で額面 100 円に対し 100.20 円の売買値が付きました。(6.7) と同じ公式でこの電力債の利回りは計算できます。すると

$$100 \times \frac{0.335 + \frac{100 - 100.20}{5}}{100.20} \fallingdotseq 0.294$$

ですから，「東京電力 504」の利回りは 0.294% ということになります。

　政府は国債発行により資金調達を行いますが，この国債市場と比べ，企業の社債発行による資金調達が少ないことが日本の金融市場の特徴であるといわれます。表 6.3 は『経済白書』（平成 12 年版）に掲載された「債券市場規模の国際比較」(1998 年末) ですが日本の社債市場の数字は現れていません。

　日本の社債市場はどれほどの大きさでしょうか。『日本統計年鑑』（平成 15 年）によれば 1999 年度，日本における普通社債の年度末現存高は 49 兆 8,920 億円，転換社債の年度末現存高は 12 兆 1,790 億円でした。転換社債とはその社債を発行している企業の株価が有利になれば株式への転換が可能な社債です。もちろん，償還日まで社債として保有することも可能です。こ

表 6.3 債券市場規模の国際比較

債券市場名	市場規模（10億 US ドル）
アメリカ連邦債市場	3,355.5
日本国債市場	2,590.4
アメリカ社債市場	1,621.8
アメリカ連邦機関債市場	1,273.6
ドイツ国債市場	1,110.2
ドイツ社債市場	1,073.2
アメリカ資産担保証券（ABS）市場	1,012.8
イタリア国債市場	959.6
フランス国債市場	654.4

（出所）『経済白書』（平成12年版）。

の2つを日本社債市場と定義すれば合計で62兆円となり、この年のドルの対円レートは118円でしたから5,260億ドルとなります。もし普通社債のみを日本社債市場と定義すれば4,228億ドルになってしまいます。いずれにせよ、アメリカやドイツの社債市場に比べその市場規模の小ささが顕著です。

社債や株式などのように市場を通して赤字主体と黒字主体との間で直接資産の融通が行われる場合のことを直接金融といいます。一方、銀行など金融機関を介して資産の融通が行われる場合を間接金融といいます。日本は間接金融が支配的であるという特色を持ちます。日本の企業が必要な資金を調達するルートとして主流なのは現在でも銀行融資です。表6.4は1998年から2001年までの日本における国内銀行の貸出総額および内訳の推移を示していますが個人・企業向け貸出は現在でも440兆円以上です。ただこのデータで気になるのは、貸出総額が減少しているのみならず、さらに企業向貸出が含まれる「その他」の割合も減少している傾向です。

『日本統計年鑑』に附属する資料によればこの「個人向け貸出」のうち、「住宅資金貸出」が56兆9,851億円から74兆8,301億円へと着実に増加し

表6.4 国内銀行貸出

	貸出合計（億円）	個人向貸出（億円）	その他（億円）
1998年	4,840,926	891,559（18.42%）	3,949,367（81.58%）
1999年	4,666,872	906,191（19.42%）	3,760,681（80.58%）
2000年	4,583,688	927,167（20.23%）	3,656,521（79.77%）
2001年	4,419,362	952,409（21.55%）	3,466,953（78.45%）

（データ出所）貯蓄経済統計月報，平成15年1月，郵政研究所，日銀ホームページより作成．

ています。また「個人向け貸出」のうち「カードローン等への貸出」は6兆204億円から4兆3,566億円まで低下しています。この安全性志向の貸出傾向は企業貸出面における不良債権化した企業からの銀行による「貸しはがし」を反映しているのかもしれません。

なお，上で参照した2003年5月1日の日本経済新聞をみると「公社債店頭売買参考統計値」欄に「ハンガリー国立銀　23」，「トルコ　14」，「ギリシャ　14」，あるいは「メキシコ　6」などといった債券の表面利率が他の債券と比べ高いのに気付かれるでしょう。それぞれ6%，3.25%，4.3%，6.75%といった高さです。これらの証券はそれぞれの国の政府が日本で債券を円建てで発行して資金を集めているのです。

これは「円建て外債」，別名「サムライ債」といいます。これらの国の経済的パフォーマンスに対する信頼が低く，格付けが低くなってしまうので高い表面利率をつけないと購入者が現れません。これをハイ・イールド債（またはジャンク債）といい，1996年までは適債基準に満たないとして認められていませんでした。しかしこの年，規制緩和の立場から適債基準が廃止され，発行が認められるようになったのです。

6.6 株式市場

　日本経済は 1980 年代後半にバブル経済に沸き立ち，好景気を満喫しましたが，1990 年にそのバブル（泡）がはじけると一転して不況に陥り，21 世紀に入っても不況脱出の出口がまだ見えません。株価はその国の経済状態を的確に反映するといわれますが，図 6.4 の株価の変遷より明らかなように 1989 年の暮れに 40,000 円に達しようとした株価もその後は急落し，低迷を続けています。2003 年 3 月 11 日の株価は 7,862 円でバブル崩壊後の最安値となりました。このような株価の変遷は予測不可能なのでしょうか？ この株価の問題を考察します。

　ノーベル経済学賞は 1971 年から授与されだしましたが，初期においてはヒックス（J. R. Hicks），サミュエルソン（P. A. Samuelson），などのミクロ経済理論の大家達，あるいはソロー（R. Solow），トービン（J. Tobin）とい

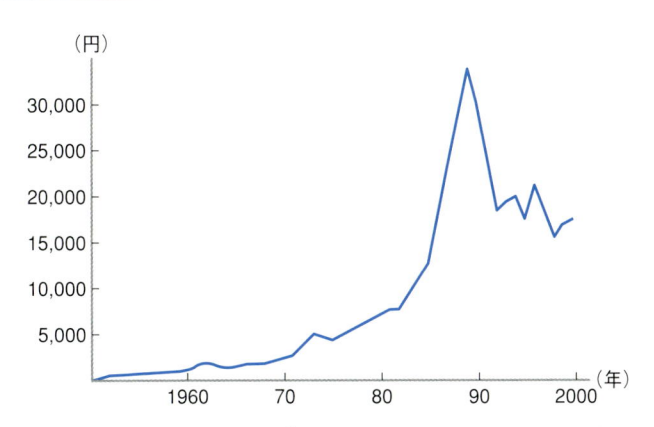

（データ出所）　矢野恒太記念会編『日本国勢図会 CD–ROM2001/02』より作成。

図 6.4　日経平均株価（1949–2000 年）

ったマクロ経済理論の大家に授与されていました。しかし，1990年代に入るとマーコヴィッツ（H. M. Markowiz）やシャープ（W. Sharp）といった最適ポートフォリオの理論を研究するファイナンス理論の大家へ授与されるようになりました。

　ポートフォリオ（portfolio）とはもともと「紙挟み」あるいは「折鞄」を意味します。「その中にどれほどのNTT株と国債を持つべきか」を分析するのが最適ポートフォリオの理論です。現代は「金融ビッグバン」の時代といわれ，ファイナンスの理論は多くの金融実務家の必須手段となっています。この理論の基本は「卵をすべて1つの籠に入れてはならない」という「危険分散」原理です。このファイナンスの理論では確率・統計などの数学が用いられるので経済学を学ぶ者もある程度，数理的手法に慣れておく必要があります。

　確率・統計の理論はある現象，たとえば天候，に関するデータを集め，それをもとに将来の天候を予測します。ファイナンスの理論ではこの「予測」は株価についても行われます。たとえばNTTの株価（日次）を1988年1月4日から1998年12月28日まで（2742個）集めてみます（[4]）。最高値は251万円，最安値は45.8万円です。この最安値と最高値の間を3万円刻みに分けていってそれぞれの領域に何個の株価が落ちるかを調べて度数分布（ヒストグラム）を作成したのが図6.5です。

　これに対し株価の収益率（日次）を計算して2741個のデータを作り，その度数分布を作成したのが図6.6です。たとえば1988年1月4日から株価（日次）は208万円，212万円，230万円，226万円と変化しています。1月4日にNTT株を買って次の日に売ったら212－208＝4万円の儲けとなります。このキャピタル・ゲインを208万円で割ったものが1月4日のNTT株価の収益率です。

　もし1月5日にNTT株を買って次の日に売ったら230－212万円の儲けとなります。このキャピタル・ゲインを212万円で割ったものが1月5日のNTT株価の収益率です。もし1月6日にNTT株を買って次の日に売ったら

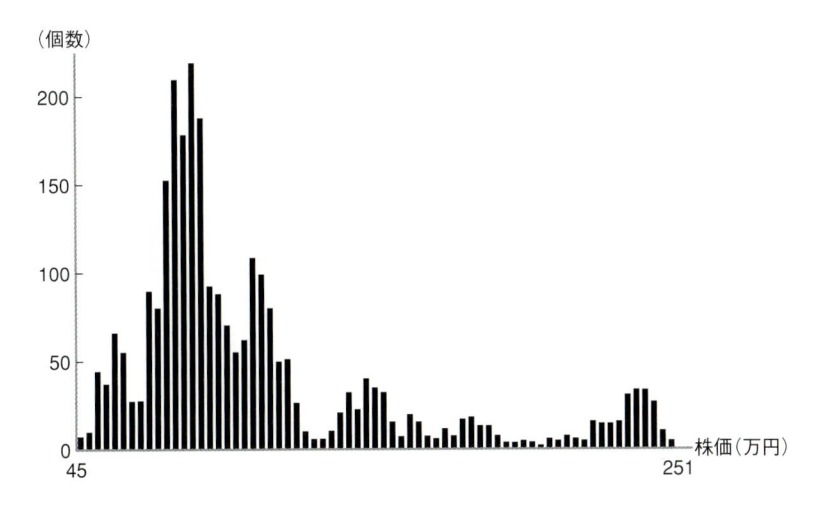

図 6.5　NTT 株価の度数分布（1988 年 1 月 4 日〜1998 年 12 月 28 日）

226−230 万円の（負の）儲けです。これを 230 万円で割ったものが 1 月 6 日の NTT 株価の収益率となります。このように計算した 2741 個の NTT 株価の収益率（日次）；−10.42％（最低）〜12.57％（最高）の度数分布をグラフにしたのが図 6.6 です。高校で学んだように，図 6.6 は正規分布の形をしています。

　ここでは NTT の株価についてグラフを作成しましたが，任意に選んだ他の株式について収益率の度数分布を作成してみると，それらはほぼ例外なく図 6.6 のように「正規分布」の形をしています。ファイナンスの理論では，株式の収益率は正規分布をしているとの仮定から，確率の理論を用いて将来株価の予想を行うのです。株式オプションなど，金融派生商品（デリバティブ）などの価格はこの株価予想理論をもとに決定されます。

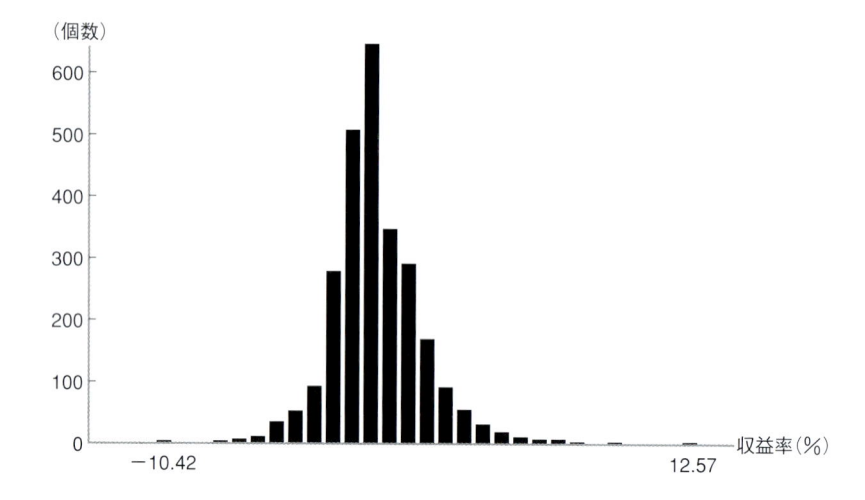

図6.6　NTT株価収益率の度数分布（1988年1月4日〜1998年12月28日）

[Case Study 6-2]
株価の推定

　たとえばある株価の日次収益率が平均 0.0004，分散 0.00025 の正規分布をしていたと仮定しましょう。その株価がある日 500 円のとき，次の日の株価を 95％ の確率で推定するには以下のような手順に従います。次の日の株価を S と表記すると仮定より次の日の収益率；$(S-500)/500$，が平均 0.0004，分散 0.00025 の正規分布をしているのです。

　このとき $(S-500)$ は平均 500×0.0004，分散 $500^2\times0.00025$ の正規分布となりますから，まず $(S-500)$ が 95％ の確率で発生する領域を計算します。正規分布表より $(S-500)$ は $-15.295=m^*$ と $15.695=M^*$ の領域に属します（図参照）。したがって S は 95％ の確率で $\{484.705, 515.695\}$ の領域に属するといえるのです。（m^* と M^* の導出にはパソコン・ソフト Excel の関数 NORMSINV を用いてください。たとえば NORMSINV (0.025) と置くと，-1.95996 ですか

m^* M^*

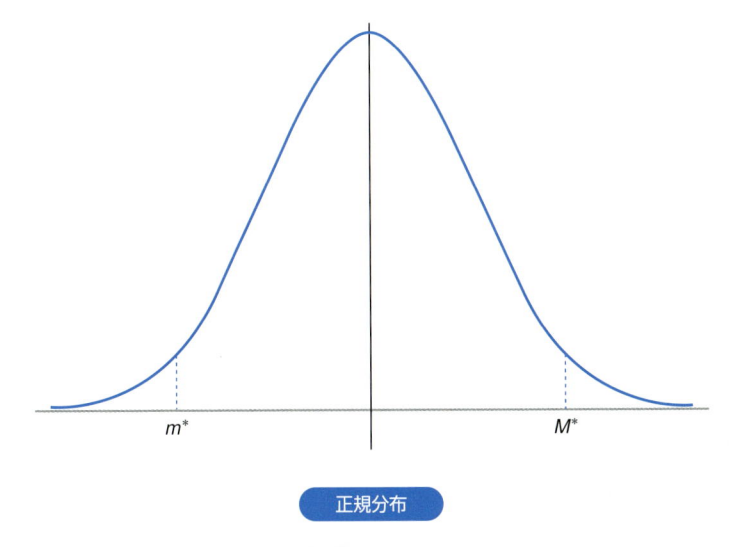

正規分布

ら $(m^*-500\times0.0004)/\sqrt{500^2\times0.00025}=-1.95996$ を解くと $-15.295=m^*$ となります。)

さて,厳密にいえば,株価から生ずる収益としてはインカム・ゲインもあります。企業は業績に応じて「配当」を支払うからです。したがって年次株価収益率はその年の最初の日に購入したときの「購入価格」とその年の最後の日に売却したときの「売却価格」を用いて

$$100\times\frac{(\text{配当}+(\text{売却価格}-\text{購入価格}))}{\text{購入価格}} \quad (6.8)$$

によって定義されます。すでに述べたように国債では2年で償還されるもの,10年で償還されるものなどいくつかの種類がありますが,国債の所有者は途中で資金が必要になって手放す人もいるのでどの種類の国債も流通市場があり,色々な残存期間を持つ国債がそこで売買され,値段が付いています。国債はこの値段を用いて株式と同様に (6.7) で収益率を計算することが可能ですが,(6.7) 式は (6.8) における「配当」と「売却価格」をそれぞれ「表面利率」,100 と置いた特殊型になっていることに注意してください。

家計や企業,さらに金融機関は様々な株式や国債についての収益率を予想

6.6 株式市場

して証券投資を計画することができますが，企業は設備投資を行うのに株式の収益率と同様にその（実物）投資から「期待収益率」を計算し計画を立てることができます。

　たとえばある地区に新工場を作る構想が生じたと仮定しましょう。多くの場合，企業は銀行から借り入れを行い新工場を建設します。機械の導入も含め新工場建設に10億円のコストがかかると仮定しましょう。その新工場は10年の操業が可能であり，その期間に最終年度の処理費用も含めてたとえば最終的に10億3,000万円の収入（売上から労働や原料コストなど生産に要した費用を差し引いた額）が期待できると仮定します。この投資計画から期待できる収益率は（10億3,000万−10億）/10億＝0.03であり，3％となります。

　もし銀行からの借り入れに10年間で2％の利子を支払わねばならないとすればこの投資計画は実行されるでしょう。ここで注意すべきはこの「期待収益率」はあくまで「期待」（予想）に過ぎないということです。もし企業が将来の景気について悲観的（楽観的）になれば期待される収入，および期待収益率は低下（上昇）するでしょう。

本章のまとめ

　日本では日本銀行が貨幣供給を調節しながら金融政策を行います。本章では貨幣とは何かという問題を金融資産という観点から説明しました。

1　日本では個人が全体で約1400兆円の金融資産を保有しています。紙幣や硬貨などの現金通貨も保有されていますが，ごくわずかです。銀行預金や株式，国債などの保有額が圧倒的なシェアを占めます。これらの資産は銀行による融資，政府による財政投融資，個人による投資などの形で資金を必要としている企業，個人，特殊法人へ渡ります。

2　貨幣にはいくつかの定義があります。$M1$ が貨幣に関するもっとも狭義の定義です。個人や企業の保有する現金通貨と要求払い預金の合計が $M1$ です。$M1$ に定期性預金を合わせると $M2$ という貨幣概念になります。

3 日銀はこの貨幣（供給）を増減させて，(1)物価の安定，(2)完全雇用の実現，(3)国際収支の均衡という目標の実現に向けて活動しています。しかし日銀が直接に変化させることができるのは現金通貨と（法定準備を含む）日銀当座預金です。この合計をマネタリー・ベースといい，貨幣供給をマネタリー・ベースで割った値を貨幣乗数といいます。

4 預金，国債，社債，株式には現金通貨にない利息がつきます。この利息を預金は利子で，国債や社債は利回りで，株式は株価収益率で測ります。本章ではこれらの測り方を説明しました。

練習問題

6.1 日本の郵政3事業とは郵便・郵便貯金・簡易保険ですが，『郵便局民営化計画』（原田淳著，東洋経済新報社）などを参考にヨーロッパの郵政3事業との違いを調べなさい。

6.2 145頁のコラム中の図は国債依存度の変遷を示していますが，2つの山があります。最初の山を説明しなさい。

6.3 下図は1970年より2002年までの貨幣乗数を示しています。ここから読みとれることを述べなさい。

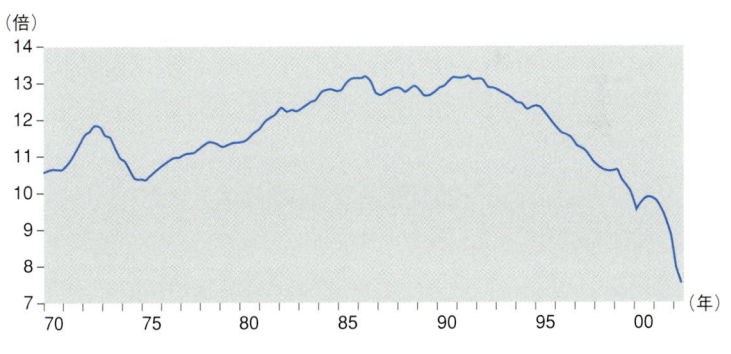

（データ出所）『日銀調査月報』(2002年8月)

6.4 現金通貨の要求払い預金に占めるシェアが10%，日銀当座預金の要求払い預金に占めるシェアが5%であるとき貨幣乗数を計算しなさい。

6.5 日本経済新聞2003年9月23日「公社債店頭売買参考統計量」によると

212回中期国債（2年もの）について

銘柄	償還年月	利率(%)	平均値	平均値利回り(%)
中国212(2)	05/9	0.2	100.15	

（出所）日本証券業協会資料より，日本経済新聞2003年9月23日

となっています。平均値利回りを計算しなさい。

//
第 7 章

デフレーションとケインズ

　1990年代から2000年代初めにかけて続く日本の不況は一般物価水準が下落を続けるデフレーションという特徴を持っています。デフレーションとは物価水準の下落のみならず一国における毎年の生産高；国内総生産（Gross Domestic Product, GDP）が下落し続ける，あるいは同じことですが，経済成長率が負の値になる，さらに失業率は増加するという特徴を持っています。過去には1930年代の世界的デフレーションがよく知られ，その克服のための経済政策を提案したケインズによりマクロ経済学が打ち建てられました。

　本章ではまず生産された財・サービスの流れからGDPの計算法を説明します。続いてケインズによるGDP決定理論を紹介します。最初は45度線モデル，ついで IS-LM モデルへと進みます。

○ KEY WORDS ○
GDP, 産業連関表, ケインズ, デフレーション,
有効需要, IS-LM 分析

7.1 財・サービスの生産・流通と GDP

日本では 5 年ごとに産業部門間の財・サービスの生産・流通を一覧表にした産業連関表が構築されます。その 1995 年版が『日本統計年鑑（平成 15 年）』に掲載されていますので，それを利用して説明を加えましょう。掲載されているものは日本経済を 32 の産業に分け，それぞれの産業で生産された財・サービスが各産業へどのように流れているのかを描写しています。表 7.1 はそれを加工して 32 の産業を第 1 次産業，第 2 次産業，第 3 次産業にまとめたものです。

第 1 次産業は農業，林業，および水産業という自然に直接働きかける産業からなります。第 2 次産業は地下資源をとりだす鉱業と，その鉱産物や第 1 次産業の産物である農林水産物などをさらに二次的に加工する工業からなります。ここで工業には製造業（狭義の工業）と建設業とが含まれます。最後に第 3 次産業とは商業・運輸通信業・サービス業など，第 1 次および第 2 次産業以外のすべての産業からなります。

各産業部門の国内生産額は第 6 列に示されています。合計すると総額 937 兆 1,006 億円となります。第 1 次産業はその部門で 1995 年度，15 兆 8,178 億円の財・サービスを生産しました（Z_1）。その財・サービスの流れは第 2 行に示されています。そのうち 1 兆 9,221 億円分は第 1 次産業へ（X_{11}），10 兆 1,035 億円分は第 2 次産業へ（X_{12}），1 兆 2,634 億円分は第 3 次産業へ（X_{13}）流れました。第 2 次産業はその部門で 1995 年度，402 兆 3,303 億円の財・サービスを生産しました（Z_2）。その財・サービスの流れは第 3 行に示されています。第 3 次産業はその部門で 1995 年度，518 兆 9,526 億円の財・サービスを生産しました（Z_3）。その財・サービスの流れは第 4 行に示されています。また，各産業部門の国内生産額（＝販売額）は第 12 行に再録されています。

表 7.1　日本の産業連関表：1995 年度

(単位 10 億円)

	第1次産業	第2次産業	第3次産業	最終需要計	国内生産
第1次産業	1,922 (X_{11})	10,104 (X_{12})	1,263 (X_{13})	2,529 (F_1)	15,818 (Z_1)
第2次産業	2,579 (X_{21})	156,523 (X_{22})	50,223 (X_{23})	193,005 (F_2)	402,330 (Z_2)
第3次産業	2,341 (X_{31})	82,774 (X_{32})	124,126 (X_{33})	309,712 (F_3)	518,953 (Z_3)
内生部門計	6,842	249,401	175,612		
家計外消費支出	123	8,128	11,168		
雇用者所得	1,497	83,867	187,797		
営業余剰	5,197	23,397	71,112		
資本減耗引当	1,753	21,524	57,523		
純間接税	407	16,013	15,739		
粗付加価値	8,976	152,930	343,340		
国内生産	15,818	402,330	518,953		

（注）　この表では1億円単位の数値を四捨五入しています。
（データ出所）　総務省ホームページ（http://www.stat.go.jp）より作成。

　各産業への財・サービスの流入は列で表示されています。第1次産業へは1兆9,221億円分が第1次産業から，2兆5,790億円分が第2次産業から，2兆3,405億万円分が第3次産業から流入しました。すなわち合計6兆8,416億円分の財・サービスが第1次産業で原材料（中間投入）として用いられたのです。第1次産業の生産額は15兆8,178億万円ですから，その差額8兆9,762億円が実際に第1次産業の生み出した価値ということになります。これは「粗付加価値」となります。各産業の粗付加価値額は第11行に計算されています。各産業でその付加価値がどのような形態をとったかの内訳が具体的に「家計外消費支出」，「雇用者所得」，「営業余剰」，「資本減耗引当」，「純間接税」として第2列，第3列，および第4列に表示されます。

これらの項目を説明しておきましょう。<u>家計外消費支出</u>とは企業の行う接待に用いられた接待費や交際費です。これは生産され販売された部分から出費されているので付加価値の一部を形成します。<u>雇用者所得</u>とは付加価値のうち労働サービスに支払われた部分です。<u>営業余剰</u>とは付加価値のうち企業の利潤として保有される部分です。<u>資本減耗引当</u>とは用いられた機械・設備などが磨耗する部分に対応します。

機械や設備は永久に使い続けることはできません。たとえば10億円の機械が10年間利用可能であると仮定すればその機械は10年後には新しい機械へと買い換えしなければなりません。この場合，機械・設備はその使用により毎年，$\frac{1}{10}$ずつ磨耗していくと考えます。そこで企業は毎年1億円ずつ資金をプールしておいて10年後に機械が使えなくなったときに貯まった10億円で新しい機械を購入して生産を継続するのが可能となるのです。この毎年プールされる資金を「資本減耗引当」といいます。これには生み出された付加価値の一部が用いられます。

最後に<u>純間接税</u>を説明しましょう。税には個人の支払う「所得税」や企業の支払う「法人税」といった政府に直接支払う「<u>直接税</u>」と「一般消費税」などのようにまずスーパーなどに税を支払い，後にそのお金が政府に渡るような「<u>間接税</u>」に分けられます。直接税の方は「雇用者所得」や「営業余剰」から支払われますから，支払われる「間接税」が生み出された付加価値の一部となるのです。

ところで，各産業は政府から<u>補助金</u>を受け取ることがあります。「純間接税」とは各産業が支払う「間接税」から受け取った「補助金」を差し引いたものです。「補助金」は政府が受け取った税（これは付加価値の一部を形成します）から各産業へ支払われるからです。

第1次産業の付加価値の内訳は「家計外消費支出」が1,228億円，「雇用者所得」が1兆4,966億円，「営業余剰」が5兆1,968億円，「資本減耗引当」が1兆7,532億円，「純間接税」が4,068億円です。合わせて8兆9,762億円となります。第2次産業の付加価値は合わせて152兆9,297億円となり

ます。第3次産業の付加価値は合わせて343兆3,402億円となります。

基本的に国内総生産（GDP）とはこれらの産業の粗付加価値を合計したものです。この合計は505兆2,460億円となりますが厳密にはこの値はGDPではありません。GDPは産業の粗付加価値を合計したものから「家計外消費支出」の合計，19兆4,194億円，を減らしたものとして定義されます。すると1995年度のGDPは485兆8,266億円となります。

かつてGDPよりGNP（国民総生産，Gross National Product）が用いられました。GDPは財・サービスの付加価値を形成する主体の国籍を問題にしません。これに対し，GNPはその国籍を問題にします。すなわち，GDPに日本人が外国で得た所得を加え，外国人が日本で得た所得を削減すればGNPとなります。

7.2　3面等価，名目GDPと実質GDP

表7.1で第5列は国民の最終需要を表示しています。日本で作られたもののうち，最終的に第1次産業の（完成）財・サービスが2兆5,287億円（F_1），第2次産業の（完成）財・サービスが193兆48億円（F_2），第3次産業の（完成）財・サービスが309兆7,124億円（F_3）だけ消費されました。これらを合わせると505兆2,460億円になります。前述のように，この値から「家計外消費支出」の合計，19兆4,194億円を減らしたものを国内総支出（GDE，Gross Domestic Expenditure）といいますが，これはGDPと同じ額になっています。

すでに説明したように作られた財・サービスの販売額から中間投入を引いたものが「付加価値」ですが，これは労働サービスへの支払いや株式所有への配当といった所得の源泉となります。したがって「生産＝所得」が成り立ちます。ところで獲得された所得はいずれは財・サービスの消費や投資に支

表 7.2　日本の産業連関表：1985 年度

(単位 10 億円)

	第1次産業	第2次産業	第3次産業	最終需要計	国内生産
第1次産業	2,033	13,668	1,197	4,631	17,721
第2次産業	3,620	157,258	43,324	173,472	349,085
第3次産業	2,163	58,537	66,728	189,927	311,476
内生部門計	7,816	229,464	111,248		
家計外消費支出	181	6,804	6,949		
雇用者所得	1,483	60,727	109,192		
営業余剰	6,216	25,844	48,850		
資本減耗引当	1,849	14,039	27,590		
純間接税	177	12,207	7,646		
粗付加価値計	9,905	119,622	200,227		
国内生産	17,721	349,085	311,476		

(データ出所)　斉藤・永谷・平山・吹春 (1994)『現代経済学』有斐閣，p.47 より作成。

出されるのですから「所得＝支出」の関係が成り立ち，結局「生産＝所得＝支出」の関係が成り立つのです。これは「(国民所得の) 3 面等価」といいます。この 3 面等価の反映として GDP＝GDE が成り立ちます。

しばしば日本の農林水産業は縮小を続けているといわれますが，それを分析するのに産業連関表を用いることができます。表 7.2 は 1985 年度産業連関表をもとに作成された 3 部門産業連関表です ([1] p.47)。ここでも GDP＝GDE の関係が成り立っています。

この 1985 年度と表 7.1 の 1995 年度国内生産を比べると第 1 次産業の生産額が微減，第 2 次産業の生産額が微増，第 3 次産業の生産額は激増しています。粗付加価値や産業間の財・サービスの流れもこの傾向を反映しています。特徴的なのは第 2 次産業の国内生産額も粗付加価値も増加しているのに営業余剰は減少している事実です。これは「平成不況」の影響と考えられます。とくに建設業は第 2 次産業に属することに注意してください。

表 7.3　GDE デフレーター（1980–2000 年）

年度	値	年度	値	年度	値	年度	値
1980 年度	78.3	1986 年度	90.6	1992 年度	99.7	1998 年度	99.5
81	81.7	87	90.6	93	100.3	99	98.1
82	83.1	88	91.2	94	100.4	2000	96.1
83	84.7	89	93.0	95	100.0		
84	87.1	90	95.2	96	99.2		
85	89.2	91	98.0	97	99.6		

（データ出所）『日本統計年鑑（平成 15 年）』より作成。

　さてここで 10 年間に渡る変化を分析しましたが，このような 2 時点間の比較は意味があるといえるでしょうか。1985 年の 100 円の価値と 1995 年の 100 円の価値が同じであるとは思えません。この 10 年間にもし物価水準が上昇していれば 1995 年の 100 円では 1985 年と比べより少ない財・サービスしか購入できません。この場合は 1995 年の 100 円は 1985 年の 100 円より価値が低いので 1995 年と 1985 年の比較を行う場合，1995 年の数字を減少させるべきです。しかしこの 10 年間にもし物価水準が下落していれば 1995 年の 100 円は 1985 年と比べより多い財・サービスを購入できます。この場合は 1995 年の 100 円は 1985 年の 100 円より価値が高いので 1995 年と 1985 年の比較を行う場合，1995 年の数字を増加させるべきです。

　この調整を行うのがデフレーターです。1995 年度の数字をデフレーターで割ってその数字の 100 円が 1985 年度の 100 円と同じ価値を示すように調整します。このようにして得られた数字を 1985 年度基準「実質 GDP」といいます。『日本統計年鑑（平成 15 年）』は 1995 年度基準「実質 GDP」を計算するための各年度のデフレーターを掲載していますのでそれを表 7.3 に再録しておきます。各年度の名目 GDP を対応する年度のデフレーターで割り 100 を掛ければ 1995 年度基準「実質 GDP」が得られます。

　各年度のデフレーターは物価水準を示すと考えてよいでしょう。物価水準

表7.4 一般物価水準と各項目の変化

	1995年	1996年	1997年	1998年	1999年	2000年	2001年
一般消費者物価	97.5	97.6	99.4	100	99.7	99.0	98.3
食料	97.0	96.9	98.6	100	99.5	97.6	97.0
住居	96.5	97.9	99.4	100	99.9	100.1	100.3
光熱水道	97.2	97.0	101.6	100	98.4	100	100.6
家具・家事用品	104.6	102.5	101.5	100	98.8	95.9	92.4
被服・履物	95.4	96.4	98.6	100	99.8	98.7	96.5
保健・医療	88.7	89.3	93.4	100	99.3	98.5	99.2
交通・通信	102.3	101.6	101.6	100	99.8	100.1	99.2
教育	93.8	96.1	98.2	100	101.4	102.6	103.7
教養・娯楽	99.5	98.4	99.9	100	99.2	98.3	95.4
諸雑費	97.4	97.8	99.3	100	101.0	100.6	100.4

（データ出所）『日本統計年鑑』（平成15年）より作成。

を示すにはGDEデフレーターの他に一般消費者物価水準があります。一般消費者物価とデフレーターは同じではありません。産業連関表では日本の全ての産業を対象としていますから，全ての産業の価格水準を調査してデフレーターを計算します。これに対し，一般消費者物価の算定にあたっては，産業機械などは消費者の生活とはあまり関係がありませんから省かれます。

表7.4は『日本統計年鑑（平成15年）』に記載されている一般消費者物価水準および各（総合）項目の変化を1995年からたどったものです。たばこや理容・美容サービスなどは諸雑費の項目に含まれます。一般物価水準はデフレーターとは異なり，1998年まで上昇し，それ以降，下落しています。個別的に見ると，住居，水道・光熱，教育，医療など，外国との貿易がほとんどない財・サービス（非貿易財）のほうが貿易のウエートの高い財（貿易財）に比べ物価水準が高いことが分かります。

表7.4をみると1998年より一般消費者物価水準は下落を続けていますが，これをデフレーションといいます。物価水準が下落すると，一定の所得を得

表 7.5 日本の手取り（可処分）所得と失業率

年　度	収　入	失業率
1991	46.39 万円	2.1%
92	47.37 万円	2.3%
93	47.81 万円	2.8%
94	48.12 万円	2.9%
95	48.22 万円	3.4%
96	48.85 万円	3.4%
97	49.70 万円	3.5%
98	49.59 万円	4.4%
99	48.39 万円	4.7%
2000	47.28 万円	4.8%
01	46.40 万円	5.5%

（注）　所得は 1 か月平均。
（出所）　総務省統計局「家計調査報告」。

ていれば多くの財・サービスを購入できるので望ましいといえるでしょう。しかし一定の所得が維持される保証はありません。実際には表 7.5 より明らかなように日本の平均的所得も 1997 年以降下落を続けています。さらに失業率も上昇傾向を続けており，デフレーションは決して望ましくありません。ケインズによるマクロ経済学の理論は,1930 年代に顕著だったこのようなデフレーションの克服をめざして構築されました。

7.3　ドイツのハイパー・インフレーション

　本節はケインズによるマクロ経済学の理論への橋渡しとしてケインズの名が世界的に知られるようになるドイツ賠償問題とドイツのハイパー・インフ

レーションを説明します。インフレーションの議論において必ずといってよいほど登場するのが第1次世界大戦後のハイパー・インフレーション（急激な物価上昇）です。

第1次世界大戦が終了するとき，アメリカ大統領ウィルソンの無賠償の原則をもとに講和会議がフランスのヴェルサイユ宮殿で開かれましたが，実際は1,320億金マルクという巨額の戦争賠償金がドイツに課されます。イギリスのロイド・ジョージ首相に伴って，大蔵省代表としてこの会議に臨んだケインズはこの決定に反対して大蔵省の代表を辞任しました。彼は『平和の経済的帰結』(*Economic Consequences of Peace*) を著して，ドイツはこの賠償負担に耐えることができないであろうと予言しました。

実際，1919年にヴェルサイユ条約が締結されますが，この賠償金支払いのため，1922年と23年にドイツ政府の財政赤字は政府支出の2/3以上におよびました。このようなドイツの負担にもかかわらず，フランスはドイツの賠償支払いが遅延しているとして1923年フランス・ベルギー軍はドイツ鉱工業の中心地，ルール地方を占領しました。

ケイガン（P. Cagan）によると，ドイツのハイパー・インフレーションは1922年8月に始まり，1923年11月に終息しますが，その間，月平均のインフレ率（物価上昇率）は322％となり，この16か月の間に物価は $(1+3.22)^{16}=1.01158 \times 10^{10}$ 倍になりました。約1兆倍です。

このときの物価上昇は貨幣的現象でした。当時，流通していた金貨もありましたが，多くは紙幣でした。貨幣とはこのように中央銀行の発行する中央銀行貨幣（マネタリー・ベース）のみからなるのではないことはすでに前章で学んでいます。すなわち，その金貨や紙幣の保有者が民間銀行へ預金し，さらにそれらが貸し出されてその保有者が当該および別の銀行へ再び預金するプロセスから貨幣は創造されるので，貨幣として定義される量はマネタリー・ベースの何倍にもなります。

その他，ケイガンによれば1940年代にもハイパー・インフレーションはギリシャやハンガリーで発生しています（表7.6参照）。ギリシャのハイパ

表7.6 ハイパーインフレーションの例

	開始年(期首)	終了年(期末)	期首・期末 物価比率	月平均 インフレ率	月平均 貨幣成長率
オーストリア	1921 年 10 月	1922 年 8 月	70	47%	31%
ドイツ	1922 年 8 月	1923 年 11 月	10^{10}	322%	314%
ギリシャ	1943 年 11 月	1944 年 11 月	4.7×10^6	365%	220%
ハンガリー	1923 年 5 月	1924 年 2 月	44	46%	33%
ハンガリー	1945 年 8 月	1946 年 7 月	3.8×10^{27}	19800%	12200%
ポーランド	1923 年 1 月	1924 年 1 月	699	82%	72%
ロシア	1921 年 12 月	1924 年 1 月	1.2×10^5	57%	49%

(出所) Phillip Cagan, "The Monetary Dynamics of Hyperinflation", in Milton Friedman, ed., *Studies in the Quantity Theory of Money*, University of Chicago Press, 1956, Table 1.

ー・インフレーションはヒットラーによるギリシャ攻撃によるものです。このときのイギリスによるギリシャ飢餓救済キャンペーンが開発NGOであるOXFAM創設のきっかけとなっています。

　さて，ドイツ政府は赤字財政を国債の発行によってまかないました。中央銀行もその国債引受を通じて貨幣を大量に発行しました。ケイガンによると，この期間における貨幣成長率は月平均で314%です。すなわち，物価上昇の裏で貨幣も1兆倍ほどに増加しているのです。当時，このハイパー・インフレーションによる俸給生活者の困窮が政治問題化し，ヒットラーは1923年11月にミュンヘン一揆を起こして政権打倒をはかりました。この一揆は即日鎮圧されますが，1933年のヒットラーによるナチス政権への道を開いたと考えられています。こうした経緯から，第2次大戦後のドイツはインフレーションに対し極めて敏感であるといわれます。

　それではドイツのハイパー・インフレーションはどのようにして収まったのでしょうか？　根本原因である財政赤字の解消がまず第一に行われました。すなわち，1923年以来，アメリカを中心とする国際会議において賠償金支

払額が削減され，財政赤字および貨幣の発行量が減少したことが大きな理由でした。このドイツ賠償問題を調整するために 1930 年，国際決済銀行（BIS；Bank for International Settlements）は創設されたのです。

7.4 大不況とデフレーション

　ドイツの賠償金はイギリスやフランスへ支払われ，後者はそれを第 1 次世界大戦時アメリカから負った債務の返済にあてました。アメリカはその資金をドイツに投資したので資金はスムーズに循環し，世界経済は第 1 次世界大戦後，徐々に回復に向かいます。戦場とならず豊かな資源にも恵まれたアメリカは好景気となり，経済成長ブームというよりはむしろバブルが発生しました。

　当時の休暇の増加現象はフロリダの土地開発を活発にし，それは地価の値上がりをあてこんだ投機へと変貌します。それはさらにニューヨークの株式投機ブームへと移ります。しかしそのニューヨーク株式投機バブルは 1929 年 10 月に崩壊し，1930 年代の大不況へとつながるのです。表 7.7 より明らかなように経済成長はマイナスになり，失業率も最悪期には 24.9% となりました。

　この時期に，物価水準が下落を続けたことに注意が必要です。すなわち，1930 年代はデフレーションの時代でした。貨幣量は減少傾向にあることに注意が必要です。と同時にマネタリー・ベースにほとんど変化が見られないことにも注意が必要です。中央銀行の発行する紙幣などは減少していないのに，貨幣量はなぜ下落したのでしょうか。その理由は，多くの銀行が倒産し，アメリカ国民は取引銀行がつぶれないうちに預金を引き出し，手元に保持しようとしたからです。1929 年にはアメリカでは約 2 万行の銀行が営業していましたが，1933 年までの間に 4000 件の倒産を記録しています。こ

表 7.7　1930 年前後の経済指標（アメリカ）

	失業率	GNP の成長率	物価水準	名目貨幣残高 (10 億ドル)	マネタリー・ベース (10 億ドル)
1929 年	3.2%	−9.8%	100.0	26.4	7.1
1930	8.7%	−7.6%	97.4	25.4	6.9
1931	15.9%	−14.7%	88.8	23.6	7.3
1932	23.6%	−1.8%	79.7	19.4	7.8
1933	24.9%	9.1%	75.6	21.5	8.2

（データ出所）　O. ブランシャール，鴇田忠彦他訳（2000）『マクロ経済学（下）』（東洋経済新報社），p.170, 173 より作成。

のような金融不安の中，市中に出回っている貨幣の量は減少して取引は不活発になり，物価水準は下落していったのです。銀行健全化のための金融政策の一つとして，アメリカ政府は金融機関の優先株を購入して銀行の自己資本の増加をはかっていますが，銀行貸出は回復しなかったといわれます。

統計によれば 1932 年の 194 億ドルを底に，貨幣量は着実に増加を続け，1942 年には 553 億ドルまで増加したのですが物価水準は 1929 年の水準まで戻ることはありませんでした。失業率も 1934 年から低下していきますが 1940 年まで 14% を切ることはなく，戦時体制に入る 1941 年になってようやく 9.9% に低下しました（[2] p.170）。ケインズが 1936 年に『一般理論（*The General Theory of Employment, Interst and Money*）』を発表し，アメリカは 1934 年以来ルーズヴェルト大統領のニューディール政策のもとでケインズの主張した財政拡大政策を採っていたのですが。このようにバブルの後遺症としてのデフレーションは癒えるのに長い時間を要するのです。

7.5 セイの法則と有効需要の理論

　ケインズは資本主義経済には本質的にこのようなデフレーションへ向かう傾向があると考えました。ここでもキーワードは「貨幣」です。

　ケインズによれば，大不況の理由は有効需要（購買力）の不足です。ケインズ以前の経済学（古典派経済学）によれば，不況はすぐに回復します。というのは経済には「セイの法則：供給はそれ自体需要を生み出す」が成り立ち，需要不足で商品が売れないというのは一時的な不具合に過ぎないと考えたからです。しかしケインズは，「セイの法則」は古代の「物々交換」経済においてのみ成り立ち，現代の貨幣経済では成り立たないと批判しました。

　古代の「物々交換」で取引されるのはミルクや肉など保存が困難な非耐久財（perishable goods）が主です。たとえば狩猟という生産行為により企業（村のリーダー）が労働者（村の若者）を用いてマンモスの肉を100単位生産したとしましょう。その肉は労働者達へ一部は賃金としてたとえば80単位が支払われ，残りの20単位はリーダーの手元に利潤として残ります。しかし獲得された所得はすぐに腐ってしまうので，村の若者もリーダーも得た肉を他の人の持つミルクや野菜と交換するでしょう。この場合，賃金や利潤などの所得はすべて他の非耐久財への需要に変わっています。すなわち供給はそれ自体需要を生み出すのです。

　それでは現代の「貨幣経済」はどうなるでしょうか。「貨幣経済」では貯蓄の可能性が発生します。現代において，労働者を用いて企業による生産が100単位行われたとすると，貨幣による賃金と配当の支払いが行われ，所得も100単位です。しかし貨幣で支払われた所得は腐ることはないのですぐに使ってしまう必要はありません。「貯蓄」の可能性が発生するのです。

　たとえばこの所得100単位のうち他の商品購入にあてられる部分（需要）は90単位かもしれません。すると残りの10単位は貯蓄されていて，100単

位の供給は 90 単位の（有効）需要を生み出したのみです。ケインズはこのような経済では（有効）需要の不足のゆえに生産過剰となり，物価も下落するというデフレ傾向があると主張しました。

　ケインズは「セイの法則」を否定して，貨幣経済では「需要が供給を生み出す」と主張しました。企業は売れるものしか作ろうとしないと考えたのです。家計の消費行動は「消費関数」により表されると仮定されます。所得が Y で与えられるとその全てを使ってしまうわけではなく，その一定割合が消費されます。所得の一部は貯蓄されます。ただ，所得がまったくない場合，消費しないと死んでしまいますから過去に行われた貯蓄を取り崩して一定額を消費に回します。したがって C を消費額とおいて消費関数は

$$C = C_0 + cY, \qquad 0 < c < 1, \qquad c, C_0：定数 \qquad (7.1)$$

と仮定されます。ここで c は限界消費性向，C_0 は所得に無関係に必要となる消費水準とします。

[Case Study 7-1]
消費関数の検討

　家計がこのような消費関数上で行動しているかどうかチェックしてみましょう。2002 年度，ハンバーガー・チェーンの日本マクドナルドは国内に 3598 店舗を構えています。たとえば広島県には 51 店舗を構えています。その広島県の県民総所得は 8 兆 9,000 億円でした。一方，東京には 488 店舗を構えていますが，東京都都民の総所得は 51 兆 2,000 億円でした。47 都道府県の全てについてこのような対を作り，グラフにプロットしたのが次頁の図です。実線は小さい所得の県から順に点を結んだものです。第 1 章で紹介した最小 2 乗法によりもっともフィットのよい直線（回帰式）を計算して破線で表示しています。この破線（回帰式）は

$$マクドナルド店舗数 = -7.76169 + 1.01292 \times 10^{-8} \times 所得$$

となります。所得の係数の p 値はほぼゼロですから係数の正値であることは確かですし，この回帰式の決定係数は 0.97 と所得がマクドナルド店舗数の説明要

因として重要であることが確認できます。

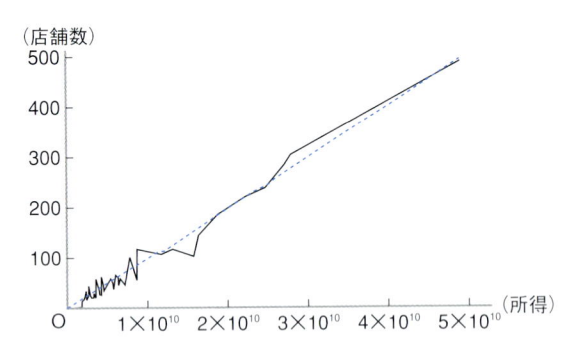

県民総所得とマクドナルド店舗数の関係

同様にコンビニエンス・ストアと県所得の関係を次の図に表示しました。1997年度，日本には36,631軒のコンビニエンス・ストアが店舗を構えています。上と同様に店舗数と県所得をプロットして最小2乗法により回帰式を計算すると所得がコンビニ店舗数の説明要因として重要であることが確認できます。したがって家計が（7.1）のような消費関数上で行動していると仮定してもよいと思われます。

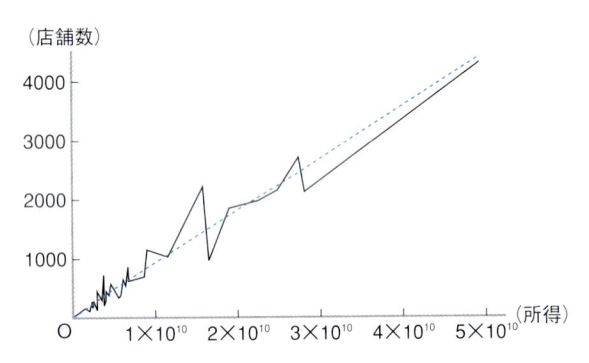

県民総所得とコンビニエンス・ストア店舗数の関係

さて企業の財・サービスへの需要は，（7.1）で示される家計からの最終需要のみならず，企業の将来を見据えた投資需要もあります。この投資需要を

とりあえず I_0 で定数とおいておきます。

仮設例として限界消費性向 $c=0.9$, $C_0=100$ 億円, $I_0=20$ 億円とおいて GDP はいかなる値となるかを吟味しましょう。たとえば企業の生み出す GDP が 1,000 億円だったとします。付加価値は賃金や配当として家計へ配分されますから，(7.1) より家計の消費需要は，$(0.9 \times 1000)+100=1,000$ 億円となります。投資需要 I_0 を加えると需要は 1,020 億円となります。

企業の生産（供給）額は 1,000 億円（GDP）+中間需要ですが，この中間需要は 1,020 億円分に加わって企業から購入されますから 20 億円分だけの財・サービスが供給不足です。この 20 億円分は在庫吐き出しによってまかなわれます。これを「意図せざる在庫減」といいます。したがって GDP は 1,000 億円ですが，供給不足ですから次期には生産増加という調整が行われます。

次に企業の生み出す GDP が 1,500 億円だったとします。付加価値は賃金や配当として家計へ配分されますから，(7.1) より家計の消費需要は $(0.9 \times 1500)+100=1,450$ 億円となります。投資需要 I_0 を加えると需要は 1,470 億円となります。企業の生産（供給）額は 1,500 億円（GDP）+中間需要ですが，この中間需要は 1,470 億円分に加わって企業から購入されますから 30 億円分だけの財・サービスが供給過剰です。この 30 億円分は在庫の積み増しとなります。これを「意図せざる在庫増」といいます。したがって GDP は 1,500 億円ですが，供給過剰ですから次期には生産減少という調整が行われます。

1,200 億円の GDP が生み出されるときに「意図せざる在庫減」も「意図せざる在庫増」も発生せず生産調整は行われません。結局，

$$Y^* = cY^* + C_0 + I_0 \tag{7.2}$$

なるように GDP 額，Y^*，が決定されます。これがケインズによる IS 型 GDP 決定理論です。ここで I は投資（Investment）を S は貯蓄（Saving）を意味します。(7.2) を変形すると

$$Y^* - (cY^* + C_0) = I_0 \tag{7.3}$$

図7.1　45度線モデル

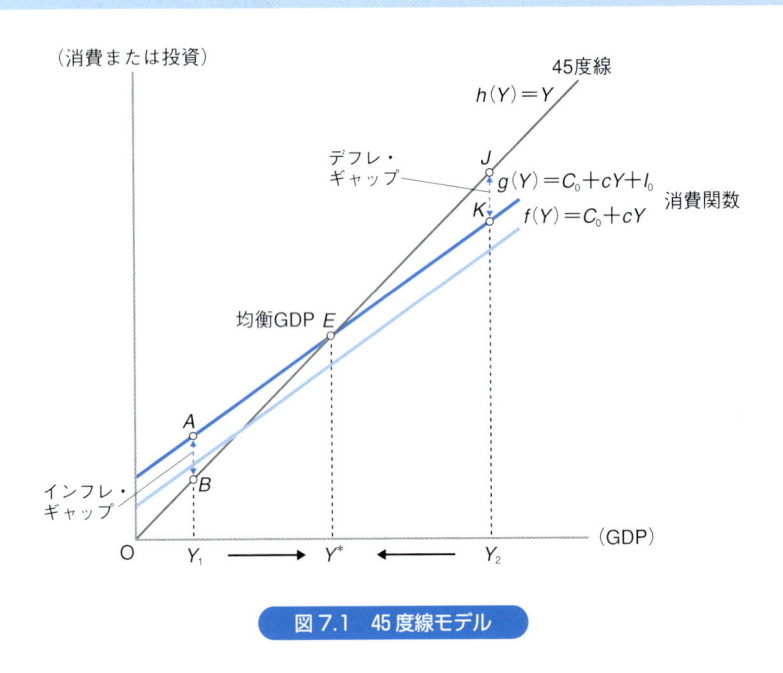

となりますが，(7.3)の左辺は所得から消費を引いたものですから貯蓄となります。すなわち，貯蓄が投資に等しくなるようにGDPが調節されるといいかえても良いのでIS型GDP決定理論というのです。ただし，これは7.7で述べるモデルの特殊型なので45度線モデルといわれます。

　ケインズによるGDP決定理論（45度線モデル）を図7.1を用いて説明しましょう。図7.1で実線は $h(Y)=Y$ なる45度線を示します。消費関数は $f(Y)=C_0+cY$ なる青の太い実線で，その消費関数を投資需要 I_0 だけシフトさせた関数が $g(Y)=C_0+cY+I_0$ なる黒の太い実線で描かれています。ケインズによれば均衡GDP，Y^*，は $g(Y)$ と45度線の交点，E，で決定されます。もしGDPが Y^* より大きく Y_2 のような値であれば JK なるデフレ・ギャップ（需要が供給を下回る部分）が生じ，GDPは Y^* の方へ向かって減少していきます。デフレ・ギャップの分だけ意図せざる在庫増加が生ずる

ので生産が縮小されていくのです。

　生産の縮小段階では，原材料や労働サービス購入面で企業の必要とする資金需要は減少し，銀行の貸出は減少するでしょう。企業の倒産が増加し，銀行の不良債権は拡大し銀行の貸出は一層減少するでしょう。銀行の中にも倒産する場合が増加します。家計は銀行預金の払い戻しが不可能になる前に預金を引き出し手元に保持しようとしますから，このような企業，民間銀行や家計の行動は先の表7.7 に示されているようにマネタリー・ベースに変化はなくても貨幣量を減少させます。貨幣による取引の低下は物価水準を下落させます。

　逆にもし GDP が Y^* より小さく Y_1 のような値であれば AB なるインフレ・ギャップ（需要が供給を上回る部分）が生じ GDP は Y^* の方へ向かって増加していきます。インフレ・ギャップ分だけ意図せざる在庫減少が生ずるので生産が拡大されていくのです。

　生産が拡大していく局面では企業の資金需要は拡大し，銀行の貸出は増加するでしょう。企業の資金需要拡大は，貸出金利の上昇を通じて預金金利を引き上げるでしょう。家計は現金通貨を手元に保持するよりはできるだけ銀行に預金することを選び，マネタリー・ベースに変化はなくても貨幣量を増加させます。貨幣による取引の増加は，物価水準を上昇させます。

7.6　拡張的財政政策

　ケインズは 1930 年代の不況克服策の一つとして公共事業など拡張的財政政策を提案しました。その場合，1 兆円の公共事業は何倍もの GDP 増加につながると巧みな議論を展開しました。

　これまで企業は売れるものだけを生産するという行動様式のもとで均衡 GDP が決まると考えてきましたから，その均衡 GDP はこの社会に存在する

労働者を全て雇うに十分なほど大きいとは限りません。ケインズによれば1930年代の不況の原因は投資需要 I_0 の不足にあります。彼は消費関数は安定していてそれほど変化しないと考えます。(7.2) より均衡 GDP, Y^*, は次のように決まります。

$$Y^* = \frac{C_0 + I_0}{1-c} \quad (7.4)$$

ここで限界消費性向 c は 1 より小さい定数ですから，投資需要 I_0 が 1 億円減少すれば $1/(1-c)$ 億円だけ減少します。本章における $c=0.9$ という仮定によれば I_0 が 1 億円減少すれば 10 億円の GDP が減少します。この $1/(1-c)$ を投資乗数といいます。逆に I_0 が 1 億円増加すれば投資乗数をかけた分だけ GDP は増加します。

ケインズは，このように民間投資が不足して高い失業率が続く時代には，政府が積極的に公共投資を行うべきであると主張しました。もし国債により資金を集めて政府が公共事業への投資を行えば，その額を G_0 と置くと新しい均衡 GDP, Y^{**}, は

$$Y^{**} = cY^{**} + C_0 + I_0 + G_0 \quad (7.5)$$

により決まりますから

$$Y^{**} - Y^* = \frac{G_0}{1-c} \quad (7.6)$$

より民間投資の投資乗数をかけた分の GDP が増加するのです。これは拡張的財政政策といわれます。

このような公共投資の意義を説くケインズの理論は，アメリカではテネシー峡谷開発局（TVA）によるダム建設として適用されましたが，ドイツではケインズの理論を知らずに軍需絡みの巨額の公共投資が行われ，GDP の拡大は1930年代に完全雇用を実現していたといわれています。

図 7.2 は日本とドイツのそれぞれの年度の政府による道路への公共投資額をそれぞれの国の自動車産業の売上額で割った数字の変遷を示していますが，戦前のドイツ政府による道路への公共投資がいかに巨額であったかが分

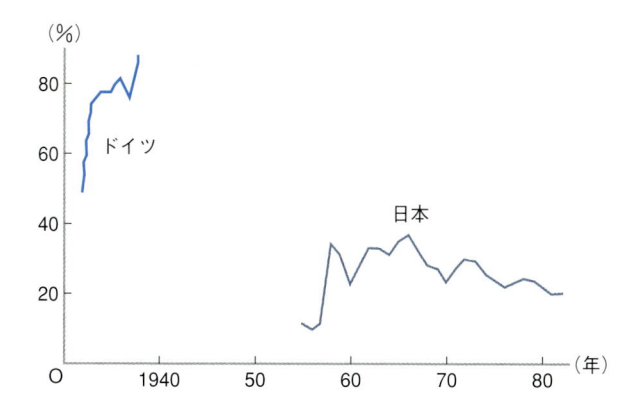

(注) 縦軸は，道路公共投資の自動車産業の売上に対する割合を示す。
(出所) 吹春俊隆「日米欧経済摩擦：自動車産業」，神戸大学経済学研究年報 37, 1990年。

図7.2　日本とドイツにおける道路に対する公共投資

かります。

　ただし，ヒットラーにとって道路は軍事道路を意味していたことには注意が必要です。このような道路への支出をはじめ巨額の軍事絡みの公共投資により，戦前のドイツは1930年代の半ばには失業者のいない「完全雇用」を実現していたといわれています。日本でも1960年代には日本の自動車産業の売上の40％近くに達する額の道路公共投資が政府により行われ，これは日本の自動車産業を育成し，1960年代の高度経済成長を支えたのです。

7.7　*IS-LM* 分析

　すでに *IS* 分析を説明しましたが，それは企業の投資需要を一定であると仮定した特殊な場合です。ケインズによれば投資需要は証券利子率の関数と

なりますから，このことを考慮した一般的な *IS* 分析を紹介しましょう。

また，このように一般的な *IS* 分析では一国の GDP がいかなる水準に決まるかを説明できません。GDP の水準を知るにはさらに *LM* 分析を必要とします。

○ *IS* 曲線

まず投資関数より話を始めましょう。政府は道路建設など公共投資の資金を税金によってまかなうか，あるいは国債を発行して調達します。企業は新規工場計画の投資資金を内部留保（自己資金）によってまかなうか，銀行からの借り入れによって調達するか，あるいは社債の発行によって投資資金を調達します。

第 6 章で説明したように国債発行時の政府にとってのコストは国債の市場利子率で測られます。同様に企業が銀行よりの借り入れにより資金を調達すればそのコストは貸し出し金利によって，もし社債によって資金を調達すればそのコストは社債の市場利子率によって測られます。実はこれらの市場利子率や貸出金利は同じ大きさではないものの，ほぼ同じ動きをします。

『2001 米国経済白書』（毎日新聞社）はアメリカの社債に関する債券利回りと優良地方債に関する債券利回りのデータも提供しています。図 7.3 には民間銀行のプライムレートを青い実線で，社債の債券利回りを黒い実線で，優良地方債の債券利回りを青い破線で描いていますが，それらの水準には差があるものの，同じ動きを示しています。そこでこれらの平均を市場利子率と仮定します。この値は企業が資金を調達するときのコストです。

(7.2) は企業の投資が I_0 が一定のときの GDP 決定方程式でしたが，その企業投資は市場利子率，r，の関数となります。これを $I(r)$ とおいて投資関数と呼びます。投資関数は通常は市場利子率 r の減少関数となり，r が上昇すると $I(r)$ は減少，と考えられます。その理由は以下の通りです。

多くの企業はいろいろな地域に新規事業を計画しているでしょう。第 6 章

図7.3 アメリカの市場利子率（1930-97年）

で述べたように，その新規事業から「期待収益率」が計算されます。もしこの期待収益率が市場利子率よりも高ければその新規事業は実行されるでしょう。毎期，ある経済に存在する多くの企業の持つ計画プロジェクトの構成に変化がなければ，市場利子率が一定である限り，毎期一定額の投資プロジェクトが実行されます。しかしもしその市場利子率が何らかの理由で上昇すればそれまで採算が合うとして実行されてきたプロジェクトは採算が取れないとして実行されず，投資額は減少するでしょう。すなわち投資関数の傾き $I'(r)$ は負という条件を満たすと仮定されます。

$$I'(r) < 0 \tag{7.7}$$

さて（7.2）は

$$Y = cY + C_0 + I(r) \tag{7.8}$$

となります。(7.8) は GDP 決定方程式とはいえません。もし r が一定の値 r_0 に決まっているなら (7.8) を満たすように Y が決定されます。しかし，

図7.4　IS 曲線

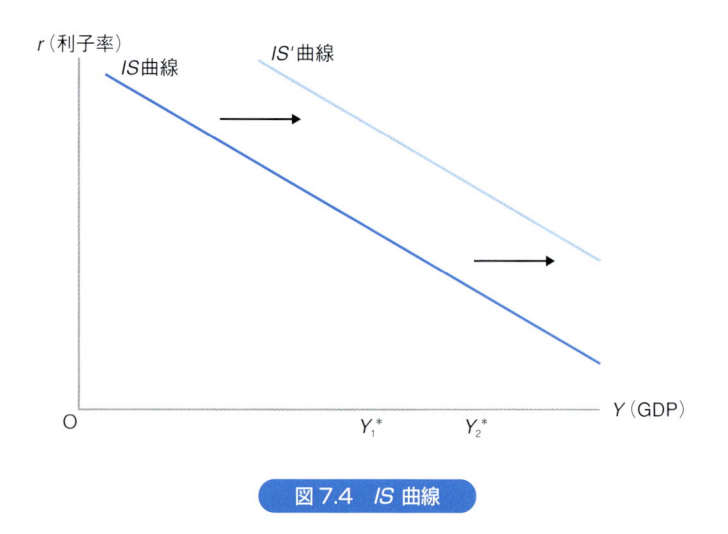

なぜ r_0 に決まっているのかが明らかにされていません。(7.8) はむしろ投資と貯蓄を等しくする Y と r の組合せ, $Y-(cY+C_0)=I(r)$, を意味します。したがって (7.8) は *IS* 曲線といわれます。

Y（GDP）を横軸, r（利子率）を縦軸にとって描くと，この曲線は図7.4 の IS 曲線のように，r が上昇すると一般的には Y は減少するという関係になります。というのは r が上昇すれば投資は減少し，乗数効果を通じて Y は低下すると考えられるからです。もし政府が国債の発行により資金をまかなって拡張的財政政策がとられるとそれぞれの r に対し (7.6) で示される GDP の拡大が生じます。したがって IS 曲線は図7.4における *IS'* 曲線のように右方向へシフトします。

○ *LM* 曲線

ケインズが現れるまで，一国経済における貨幣量を変化させても,それは物価水準を変化させるのみで実質 GDP に影響を与えることはできないと考

えられていました。この考え方は貨幣数量説といわれます。(その詳しい説明は第8章で行います。) ケインズはこの「古典派」の考え方を批判しました。そして貨幣量を増加させて実質GDPを拡大し, 失業率を低下させることができる場合があると主張しました。

そこで彼が用いた論理は貨幣を増やすと証券の市場利子率が下落し投資が増えるというメカニズムです。このメカニズムにおいて彼は流動性選好という概念を巧妙に用いました。この概念は貨幣は財・サービスの流通を滑らかにするだけでなく, 資産でもあるという貨幣の特質に注目したものです。

まず, 現代は「貨幣経済」ですから家計・企業が財・サービスを購入するのに貨幣を必要とします。その貨幣は所得が多ければそれだけ必要になります。これを貨幣の取引需要といい, GDPの増加関数であると仮定されます。すなわち貨幣の取引需要関数を $L_1(Y)$ とおくと, その傾き $L_1'(Y)$ の傾きは正となります。

$$L_1'(Y) > 0 \tag{7.9}$$

次に資産としての貨幣という側面を分析します。もちろん貨幣は将来までも所有可能であり, 財・サービスを購入できるという意味では資産ですが, 証券という正の利回りを持つ資産があるのですから, 積極的に資産として貨幣を所有する理由はないように思われます。資産としての貨幣は持たず, 全て証券を保有すればよいように思われます。

しかしケインズは証券ではなく, 貨幣を資産として持つ積極的な理由があると主張します。第6章で説明したように国債であれ社債であれ, 将来, 何らかの財・サービスを購入するときにまだ償還期間が残っていれば流通市場でその証券を売って現金化しなければなりません。その場合, 現金化をするときの流通価格が低ければキャピタル・ロスが発生するかもしれません。ケインズはこの状況を流動性が低いと定義します。

これに対し貨幣として所有していればこのような心配はありません。貨幣はもっとも流動性が高いと考えられます。このように流動性の高い貨幣を証券に代わる (あるいは補完する) 資産として所有する積極的な理由があると

図7.5　*LM* 曲線

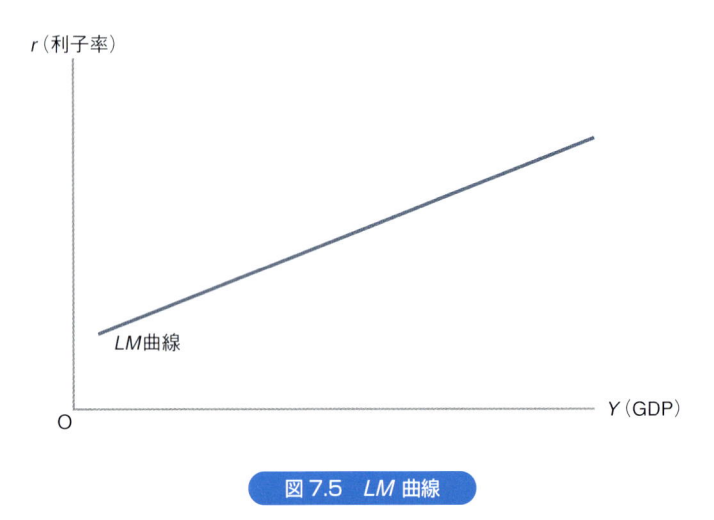

ケインズは主張します。

　それではどのようなときに資産としての貨幣を多く所有するのでしょうか。ケインズによれば，それは証券の市場利子率が低いときです。すなわち市場利子率が低いときとは，その証券価格が高いときですから証券価格は将来下落する可能性が高く，証券として所有するよりは売却して貨幣として所有しておいた方が安全なのです。現在のファイナンス理論の考え方からいえば，ポートフォリオの構成を考えると危険分散をしておくということになります。

　このように市場利子率が低くなれば，その証券の流動性は低いので資産としての貨幣保有需要は高いとケインズは考えました。したがって，高い流動性を持つ貨幣を需要するという流動性選好需要，$L_2(r)$，は市場利子率 r の減少関数であると仮定されます。したがって傾き $L_2'(r)$ は負となります。

$$L_2'(r)<0 \tag{7.10}$$

ケインズは，貨幣量を M とおけば

$$M = L_1(Y)+L_2(r) \tag{7.11}$$

なるように Y (GDP) と r (利子率) が決まると仮定しました。たとえば Y

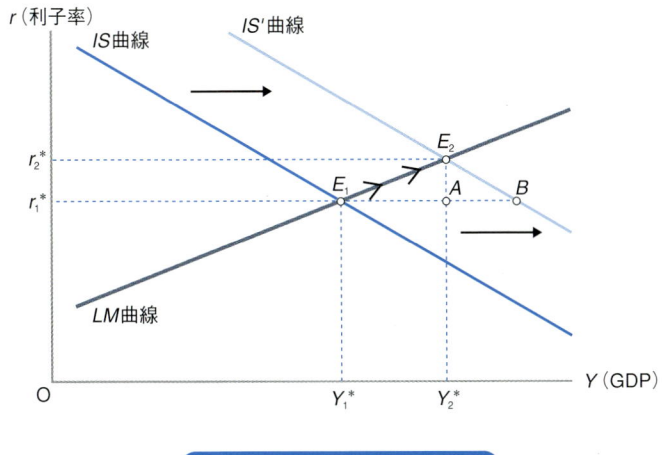

図 7.6　*IS* 曲線と *LM* 曲線

を一定として，(7.11) の左辺が大きければ人々の流動性選好以上の貨幣を保有しているので証券を購入する人が出てきます。証券価格は上昇するので市場利子率 r は下落します。すると (7.10) より流動性選好需要は増加していき，等式が成り立ちます。

(7.11) を満たす，Y と r の組合せを示したものを *LM 曲線*といいます。*LM* 曲線は Y を横軸，r を縦軸にとって描くと図7.5における *LM* のように右上がりの曲線となります。それは (7.9) と (7.10) より明らかです。たとえばGDPが上昇すると (7.9) より貨幣の取引需要は増加します。市場利子率 r が変化しないと一定の貨幣量 M という仮定のもとでは (7.11) 式で右辺の値が左辺より大きくなります。このとき，人々の流動性選好以下の貨幣しか保有していないので証券を売却する人がでてきます。証券価格は下落するので証券利子率は上昇します（(6.7) や (6.8) 参照）。すなわち *LM* 曲線上では Y の上昇は r の上昇を引き起こすのです。

図7.6のように *IS* 曲線と *LM* 曲線の交点によって，この国のGDPと証券利子率がそれぞれ Y_1^* と r_1^* に決まります。

もし政府が国債の発行により資金をまかなって拡張的財政政策をとると，IS 曲線は図 7.6 の IS′ 曲線のように E_1B だけ右方向へシフトします。すると新しい均衡は Y_2^* と r_2^* へと変化します。GDP は増加し，証券利子率は上昇します。

　ここで注意すべきはクラウディング・アウトが生じていることです。すなわち，もし利子率が変化しなければ E_1B なる GDP の増加が可能です。しかし国債の発行により資金をまかなうので，債券価格が下がり市場利子率は上昇します。これにより投資が減少するのです。つまり公共投資が民間投資に割り込む形で混雑により民間投資がはじき出される部分が発生します。これを「クラウディング・アウト」といいます。したがって (7.6) で求められた投資乗数の効果 E_1B から AB の部分が落ちてしまいます。

7.8　流動性のわな

　ケインズは一国経済における貨幣量を変化させて実質 GDP を拡大し，失業率を低下させることができる場合があると主張しました。

　たとえば貨幣量 M が中央銀行による流通市場の国債購入によって増加すれば LM 曲線は右方へシフトします。このような政策を「金融緩和（拡張的金融政策）」といいます。もし Y と r が変化しなければ，(7.11) で左辺が右辺より大きくなります。

　Y を一定とすれば，人々の保有する貨幣は貨幣需要より大きいので彼らは証券を購入するでしょう。これにより証券価格は上昇し，市場利子率は下落します。これが全ての Y について起こるので LM 曲線は右方（下方）シフトします。図 7.6 で IS 曲線は変化せず，LM 曲線が右方（下方）シフトすれば新しい均衡では Y は上昇し r は下落します。この金融緩和（拡張的金融政策）の場合，GDP の増加が期待できます。

7.8 流動性のわな

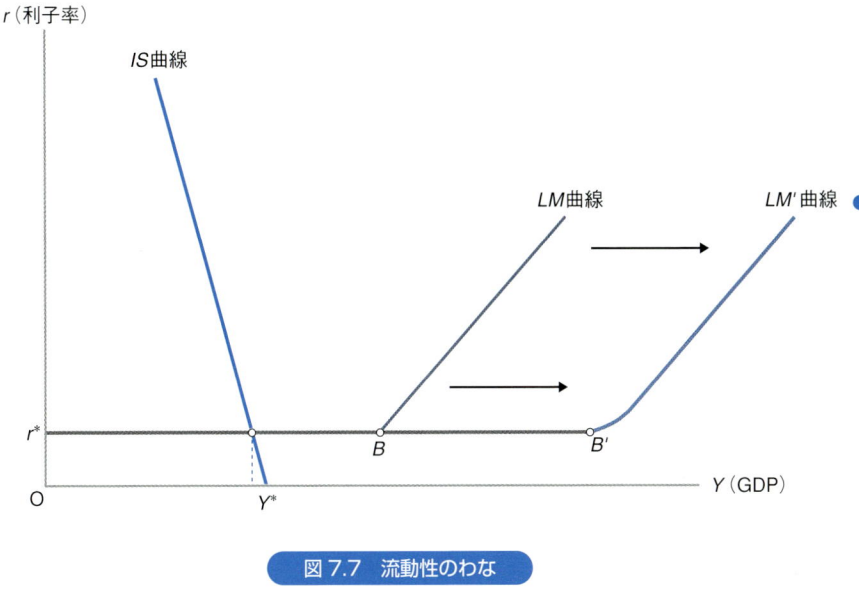

図 7.7 流動性のわな

しかしケインズは金融緩和政策が無効な場合もあることを指摘しました。それが「流動性のわな」が存在する場合です。図 7.7 で IS 曲線と LM 曲線の交点で均衡証券利子率，r^*，と均衡 GDP，Y^*，が定まっています。しかしこの LM 曲線は r^*B の部分が水平になっています。この状況で金融緩和政策がとられると LM 曲線は右方シフトして LM' となりますが水平部分は BB' だけ水平に延びているだけです。IS 曲線が変化していないので均衡 GDP は変化しません。

貨幣は増えているのですから証券購入に回って，証券価格の上昇→市場利率の低下，が期待されるのですが人々はそのような行動をしません。ケインズによれば，あまりに低い市場利子率＝あまりに高い証券価格であれば近い将来証券価格の下落が始まると考えて資産を貨幣で保持すると見ていました。「イギリス人は大抵のことを我慢するが 2 ％（の市場利子率）には我慢がな

らない」という諺を引用しています（[3] p.309）。これを流動性のわなといいます。

　国内証券の利子率が低くなると発行された貨幣が国内で保有されるだけでなく，植民地を中心とした海外投資に用いられた場合も多かったと思われます。日本でもバブル崩壊後の不況で「流動性のわな」に陥っているとの指摘を目にすることがあります。

本章のまとめ

デフレーションは物価が持続的に低下することを意味しますがGDPの低下が伴います。本章ではGDPの計算法よりスタートしました。

1　産業連関表は1973年のノーベル経済学賞を受賞したレオンチェフ（W. Leontief）により一国の経済を描写するために開発されました。GDP（国内総生産）はそこで計算される各部門の付加価値を合計したものです。GDPには生産＝所得＝支出の3面等価が成り立ちます。

2　2時点のGDPを比較するには物価水準を考慮せねばなりません。GDPの比較にはGDPデフレーターを用います。物価が持続的に低下するデフレーションの定義にはこれとは異なる，一般消費者物価水準が用いられます。

3　ケインズは1930年代のデフレーションをいかに克服するかという問題を考察し，マクロ経済学を構築しました。彼は貨幣の特質に注目して「供給は需要を生み出す」というセイの法則を逆転させて「需要が供給を生み出す」と主張し，有効需要の理論を打ち立てたのです。

4　本章ではまず45度線の図によるGDP決定理論を説明し，さらに投資乗数の理論を説明しました。ケインズが，政府公共投資はその何倍ものGDPを生み出す，として拡張的政府公共投資を主張したときに用いた理論です。

5　最後に，45度線分析では捨象されていた貨幣市場をも考慮したIS–LM分析を説明しました。IS–LM分析によれば政府公共投資は証券利子率の上昇を通じてクラウディング・アウトを引き起こし，45度線分析ほどのGDP拡大効果を持ち得ないことが示されます。IS–LM分析では拡張的金融政策もGDPを拡大させるが流動性のわなにより拡張的金融政策が無効な場合もあることを示しました。

練習問題

7.1 ある国は2つの産業からなり，その産業連関表は下の表で与えられています。A, B, C, D, E に数字を入れ，この国の GDP を計算しなさい。

	産業 I	産業 II	最終需要計	国内生産
産業 I	200	300	(A)	1000
産業 II	(B)	(C)	(D)	2000
内生部門計	500	1100		
家計外消費支出	10	20		
...	...	...		
国内生産	1000	(E)		

7.2 「よいデフレーション」はあるか意見を述べなさい。

7.3 2001年9月11日の「同時多発テロ」以来，景気低迷に陥ったアメリカは 2003年8月に失業率が6.2%へと上昇し，その対策としてブッシュ大統領は減税を行うと発表しました。そのブッシュ減税の内容は子供一人当たり最大400ドルの税還付です（日本経済新聞 2003 年 8 月 5 日）。その効果を吟味しなさい。

7.4 10年もの国債の利回りが2000年来の高水準になったとき，日本経済新聞は2003年9月4日の社説で「悪い長期金利上昇に警戒を怠るな」と主張しました。その理由を述べなさい。

7.5 消費関数が $C(Y)=200+0.9Y$，投資関数が $I(r)=100-500r$，貨幣取引需要関数が $L_1(Y)=0.1Y$，流動性選好関数が $L_2(r)=200-2000r$，貨幣供給が200で与えられると仮定します。

① 均衡 GDP，Y^*，と均衡市場利子率，r^* を求めなさい。

② 政府の赤字財政公共投資 G が10だけ行われるとき，均衡 GDP，Y^*，と均衡市場利子率，r^* を求めなさい。

③ $G=0$ で拡張的金融政策が採られ貨幣供給が210へと増加したとき，均衡 GDP，Y^*，と均衡市場利子率，r^* を求めなさい。

第 8 章

経済のグローバル化とマクロ経済学

　多くの国は，現在，外国との関係を離れて存在することはできません。モンロー主義的傾向を持つといわれるアメリカですが，その輸出依存度（輸出額/GNP，1998年度）は8.6%で日本の9.5%とそれほど変わりません。輸入依存度（輸入額/GNP，1998年度）に関していえば，アメリカは11.9%と，日本の6.9%をはるかに凌駕しています。約45年前の1959年度には，アメリカの輸出依存度は4.1%，輸入依存度は4.4%ですから，アメリカでもグローバリズムが進行中です。各国経済は財・サービス貿易を通じて他国とつながるだけでなく証券の売買（海外投資）を通じて他国とつながっています。2国間の証券利子率の差が海外投資を引き起こし，その結果2国間の為替レートが変動します。これは輸出・輸入の流れに大きな影響を与えます。通貨体制も金本位制から変動相場制へと変わりました。本章ではこのような経済のグローバル化をマクロ経済学の視点から分析します。

○ KEY WORDS ○
経常収支，資本収支，為替レート，購買力平価，
金本位制，インフレーション，貨幣数量説

8.1　輸出と輸入を含む IS 分析

前章では産業連関表の「付加価値」部分に注目して 1995 年度，日本の GDP を導出しましたが，説明の便宜上，あえて触れなかった点がありました。それは外国との接点です。

たとえば第 1 次産業から第 2 次産業へ財・サービスが流れるという場合，日本で生産された財・サービスのみが流れるのではなく，実際は外国で生産された財・サービスの流れる部分があります。この外国との接点を明確にするには「最終需要」の部分に注目する必要があります。

前章の表 7.1 において第 i 次産業の行において第 1 次産業への投入，第 2 次産業への投入，第 3 次産業への投入を X_{i1}, X_{i2}, X_{i3}, と表記し，第 i 次産業の最終需要を F_i，第 i 次産業の国内生産を Z_i と表記すれば

$$X_{i1}+X_{i2}+X_{i3}+F_i=Z_i \quad (i=1,2,3) \tag{8.1}$$

という関係が成り立ちます。すなわち，それぞれの産業の生産物は中間投入として各産業で用いられ，残りは誰かの最終需要として用いられたことを意味します。1995 年度における最終需要の内訳を表 8.1 に青字で示しています。表 8.1 で第 i 次産業の中間投入計は $X_{i1}+X_{i2}+X_{i3}$ に対応します。1995 年度，日本の農林水産業（第 1 次産業）は大幅な入超（貿易収支赤字）です。国内で消費された農林水産物の 50% 近く（Im_1/DF_1）が外国よりの輸入でまかなわれています。

そこで第 i 次産業の輸出を Ex_i，輸入を Im_i，国内最終需要を DF_i とおくと最終需要 F_i は

$$F_i=DF_i+Ex_i-Im_i \quad (i=1,2,3) \tag{8.2}$$

という関係になります。ここで DF_i は基本的には日本にいる家計（日本人とは限りません）の消費，企業の投資，日本政府の消費（公共事業など政府投資も含む）に用いられた金額の合計を意味します。ただ第 i 次産業の在庫

表 8.1　日本の産業連関表：最終需要

(1995 年度，単位：10 億円)

	中間投入計	輸　出	輸　入	(関税等)	国内最終需要	国内生産
第 1 次産業	13,289	41 (Ex_1)	2,376 (Im_1)	117	4,863 (DF_1)	15,818 (Z_1)
第 2 次産業	209,325	37,906 (Ex_2)	32,570 (Im_2)	2,760	187,669 (DF_2)	402,330 (Z_2)
第 3 次産業	209,240	8,862 (Ex_3)	8,778 (Im_3)	2	309,628 (DF_3)	518,953 (Z_3)
合　計	431,855 (X)	46,809 (Ex)	43,724 (Im)	2,879	502,161 (DF)	937,101 (Z)

(データ出所)『日本統計年鑑』(平成 15 年) より作成。

純増とこの産業の製品が家計外消費として用いられた部分の金額も合わせて計算されていることに注意してください。また輸入には関税と商品税が含まれます。(8.1) と (8.2) より

$$X_{i1}+X_{i2}+X_{i3}+DF_i+Ex_i = Z_i+Im_i \qquad (i=1,2,3) \qquad (8.3)$$

が成り立ちます。(8.3) の右辺は国内企業の生産物と外国からの輸入の和ですから，日本で利用可能な第 i 次産業の量（額）です。その財・サービスが各産業の中間投入，家計の国内消費，外国にいる家計や企業の消費（日本の輸出）として誰かに利用されている内訳を示します。すなわち X_{ij} の一部は外国製であることに注意が必要です。また DF_i には在庫純増が含まれていますから，実際には売れなかった部分は（意図せざる）在庫増，品不足のときは（意図せざる）在庫減となっていることにも注意が必要です。(8.3) 式は

$$DF_i+Ex_i-Im_i = Z_i-(X_{i1}+X_{i2}+X_{i3}) \qquad (i=1,2,3) \qquad (8.4)$$

となりますから，(8.4) の 3 つの式のそれぞれ右辺と左辺の総和をとると

$$DF+Ex-Im = Z-X, \quad X = \sum_{i=1}^{3} X_{1i} + \sum_{i=1}^{3} X_{2i} + \sum_{i=1}^{3} X_{3i} \qquad (8.5)$$

となります。ただし，添え字のないものは総和を意味します。ここで $Z-X$ は総生産額から中間投入を差し引いたものですから日本の粗付加価値総額となります。そこで両辺から家計外消費支出を差し引くと，(8.5) の右辺は GDP となります。実際，$Z-X=505$ 兆 2,640（億円）となることのチェックは容易です。

1995 年度，国内最終需要 DF は 502 兆 1,610（億円），輸出 Ex は 46 兆 8091（億円），輸入 Im は 43 兆 7,236（億円）でした。この産業連関表から計算すると，GDP 比で見て 1995 年度，日本の輸出依存度は約 9.3%，輸入依存度は約 8.7% となります。(8.5) をさらに変形すると

$$X+DF+Ex=Z+Im \tag{8.6}$$

となります。表8.1 より，(8.6) が成立することが確認できるでしょう。

1995 年度，日本国内には国内企業が生産した Z と外国より輸入された Im（ただし関税と商品税を含む）の和だけの財・サービスが存在しました。その一部は企業の中間投入（X）として，一部は国内消費（DF）として用いられ，残りは外国へ輸出（Ex）されました。需要と供給は一致しているように見えますが，DF には在庫調整分が含まれていることに注意が必要です。1995 年度は 2 兆 609 億円分の在庫純増がありますが，これは結果としての（「事後的な」）在庫純増であり，「意図された」（「事前的な」）在庫純増であるとは限らないのです。

ある年の在庫は意図せざる在庫増，別の年の在庫は意図せざる在庫減かもしれません。このように輸入と輸出を考慮したケインズモデルの均衡は，家計の消費需要を C，企業の投資需要を I，政府支出を G，GDP を Y とおいて

$$C+I+G+Ex-Im=Y \tag{8.7}$$

により定義されます。

8.2　貿易を含む投資乗数

　第7章第6節において，ある国の拡張的財政政策の（公共）投資乗数を説明しましたが，その国は暗黙の仮定として貿易に従事していませんでした。もし，この国が貿易に従事していたとすればその（公共）投資乗数はどうなるでしょうか。

　この問題で考察しなければならないのは輸入 Im はいかなる要因によって変動するかという点です。一国の GDP が増加すると景気が良くなり国民の所得が増加します。このとき，生産拡大のために以前より多くの原・材料が輸入され，所得の増えた国民は国内で生産された商品のみならず外国製の商品をより多く購入するでしょう。すなわち，ある国の輸入 Im はその国の GDP，Y，の増加関数であると考えられます。Im_0 と m を正の定数とおいて $Im = Im_0 + mY$ と仮定します。

　そこで，第7章と同様に消費は GDP の関数，(7.1) であり，政府支出 G，国内投資 I，と輸出 Ex，を一定の値，G_0，I_0，Ex_0 であったと仮定します。すると均衡 GDP，Y^*，は

$$Y^* = \frac{C_0 + I_0 + G_0 + Ex_0 - Im_0}{1 - c + m} \tag{8.8}$$

として決定されます。m は限界輸入性向といって所得が1単位増加したとき輸入がどのくらい増加するかを示すパラメーターです。すなわち拡張的財政政策により G_0 が1兆円増加すると，(8.8) より $1/(1-c+m)$ 兆円だけ Y は増加します。第7章では政府支出が1兆円増加すると Y は $1/(1-c)$ 兆円だけ増加しました。このように貿易に従事すると，m 分の外国への漏れが発生するので，その国の公共事業に関する投資乗数は低下します。

8.3 国際収支

国際収支は国が外国と行っている取引の現状を示す記録です。この国を日本と想定して話を進めましょう。前節で見たように，日本は外国へ多くの財・サービスを輸出し，また輸入します。またその住民は外国の証券を購入し，外国人は日本の証券を購入します。財・サービスの国際的な取引を記録するのに経常収支という収支尻（バランス）が用いられ，国際的な資産の売買や資金の貸借を記録するのに資本収支という収支尻（バランス）が用いられます。

まず経常収支より説明します。基本的に日本の財・サービス輸出と輸入を記録し，前者から後者を引いたものが経常収支です。すでに述べたように1995年，WTOが創設され益々重要になってきたサービス関連の自由貿易推進がはかられています。このような現代におけるサービスの重要性を考慮して1997年より，それまでの財に関する「貿易収支」に加え，サービスに関する「サービス収支」を別個に記録することになりました。これらを統合して「貿易・サービス収支」が発表されますが，これは「経常収支」を構成する主要な要素です。

(8.7) の $Ex - Im$ が「貿易・サービス収支」に対応します。「経常収支」はこれ以外に「所得収支」と「経常移転収支」を含みます。「所得収支」とは海外で稼得された労働サービス報酬や海外投資収益に関する収支です。「経常移転収支」としては政府の無償援助が主要素です。1991年に起きた「湾岸戦争」において憲法上の制約からアメリカをはじめとする連合軍へ自衛隊を派遣できなかった日本は連合軍へ資金を提供しました。これも「経常移転収支」に記録されます。

次に資本収支を説明しましょう。この収支は「経常収支」の裏側という側面を持っています。輸出や輸入といった財の流れを貨幣，多くはドルが仲介

しています。ただ，注意しなくてはならないのは，取引には手形や小切手が用いられ，1995 年に獲得した 46 兆 8,090 億円分の輸出代金（実際はドル）がドル紙幣の形で全て日本に持ち込まれるわけではないということです。

たとえばトヨタ自動車の輸出代金が 100 万ドルであったとしてトヨタは輸出代金の多くを外国の取引銀行に預金の形で保持するか，その手形が日本の銀行に持ち込まれたとしても，日本の銀行はその 100 万ドルの多くを外国の銀行への預金か外国の他の金融資産の購入に回します。このような外国資産の購入は「資本取引」に分類されます。すなわち，外国資産の購入という側面だけをみれば日本から資金が流出しているので「資本収支の赤字要因」として計上されます。他方，1995 年に支払った総額 43 兆 7,230 億円におよぶ日本の輸入額で示されたドル紙幣が外国に流出していったわけではありません。多くは外国銀行に保有していた預金の取り崩しか，外国の金融資産の売却という形がとられます。したがって輸入代金をまかなうための外国資産の減少は「資本収支の黒字要因」として計上されます。

外貨準備増減とはその国にドルなどの外貨がどれほど持ち込まれ，どれほど出ていったかを記録する収支です。これまでの説明から，本来は日本の経常収支が黒字（正）であればその分は資本収支が赤字（負）となるか外貨準備が増加（外貨準備増減収支が負）することに分解されるはずです。しかし統計をとってみると実際には厳密にそのようにはなりません。したがって

経常収支＋資本収支＋外貨準備増減 (8.9)

は，定義的にゼロになるのですが，実際には調整項目として「誤差脱漏」を加えています。なお，外貨準備増減は実際に外貨準備が増加（減少）するときには負（正）で表記されることに注意が必要です。

さて，表 8.2 は 1995 年以来の日本に関する国際収支の内訳を示しています。前節 (8.7) 式の $Ex - Im$ が「貿易・サービス収支」に対応すると説明しましたが，1995 年度，輸出 Ex は 46 兆 8,090 億円，輸入 Im は 43 兆 7,236 億円でその差は 3 兆ほどであるにすぎません。一方，表 8.2 では 6 兆 9,550 億円が貿易・サービス収支となっています。ここで Im には関税や商

表 8.2　国際収支表（単位：10 億円）

	1995 年	1996 年	1997 年	1998 年	1999 年	2000 年
経常収支	10,386	7,158	11,436	15,785	12,174	12,576
貿易・サービス収支	6,955	2,317	5,768	9,530	7,865	7,430
所得収支	4,157	5,818	6,740	7,401	5,696	6,206
経常移転収支	−725	−978	−1,071	−1,146	−1,387	1,060
資本収支	−6,275	−3,347	−14,835	−17,339	−5,396	−9,124
投　資	−6,061	−2,993	−14,347	−15,408	−3,487	−8,130
外貨準備増減	−5,424	−3,942	−766	999	−8,796	−5,261
誤差脱漏	1,313	132	4,165	556	2,018	1,809

（データ出所）『日本統計年鑑』（平成 15 年）総務省より作成。

品税が含まれていたことに注意が必要です。関税や商品税は日本政府の収入ですから，これを除くと 40 兆 8,450 億円が輸入代金として外国へ支払われています。そうすると $Ex - Im$ は貿易・サービス収支の金額に近づきます。

　1995 年度，日本の経常収支は 10 兆 3,860 億円の黒字で，それは資本収支赤字と外貨準備増減赤字の和にほぼ等しくなっています。表 8.2 から，日本は概ね毎年 10 兆円ほど財・サービスを売り越してドルを稼ぎ，その多くを海外資産増加に用いているのがわかります。この間，ほとんどの年で外貨準備増減は負ですから，外貨準備増加が見られます。『日本統計年鑑』（平成 15 年）によると 1995 年度，日本の外貨準備高は 1,724 億ドルでしたが 1999 年には 2,777 億ドルまで増加しています。

8.4 為替レートと購買力平価

為替レートとは 2 つの通貨，たとえばドルと円の交換比率を意味します。図 8.1 は 1949 年以来のドルの対円レートの変遷を示しています。

1972 年まで 1 ドル＝360 円というレートでしたが，それ以来長期的にはドルのレートは下落を続け，約 1/3 の水準になっています。この為替レートはどのような要因によって変動するのでしょうか。

○ 短期為替レートの決定

国際収支は基本的に経常収支と資本収支に分かれましたが，短期的には 2 国間の為替レートは経常収支と利子率という 2 つの要因によって変動すると

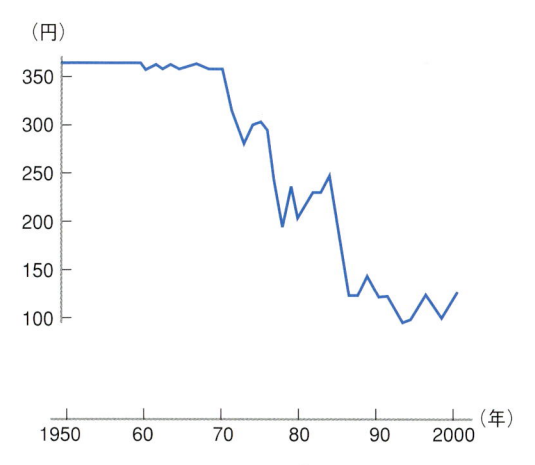

(データ出所) IMFデータ（矢野恒太記念会編『日本国勢図会2001/02』所収）より作成。

図 8.1　ドルの対円レートの変遷（1949–2001 年）

(1ドル＝ e 円)

図 8.2　短期為替レートの決定

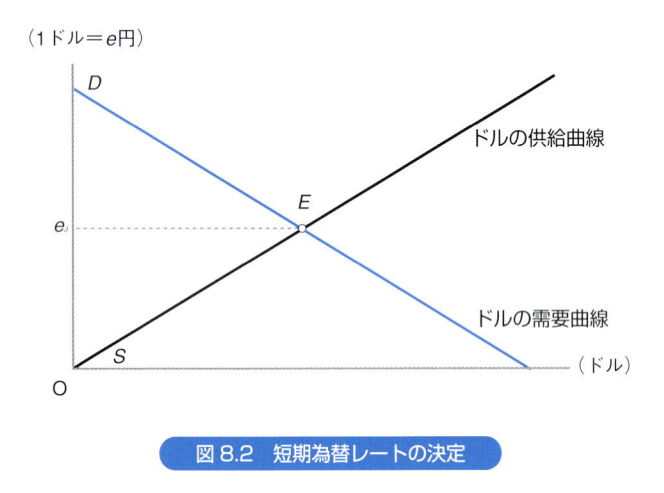

考えられます。

　いま仮に、2国を日本とアメリカ、国際通貨をドルと仮定し、さらに2国間で資本の国際的取引がないと仮定しましょう。円レート（＝1/ドルレート）は貿易・サービスが均衡するように決まると考えられます。東京の為替市場で円とドルが交換されて円レート（＝1/ドルレート）が変動します。すなわち、ドルに対する需要と供給により為替レートは決まります。ドル需要（円によりドルを買う）は、たとえば日本企業が原油などを輸入するのにドル資金を必要とする場合に生じます。すぐにでもドル代金を払わなくてはならない企業は、ドルレートが高くてもドルを必要とします。一方、ドル支払いが切迫していない企業は、ドルレートが低いときにドル購入に向かいます。したがってドルに対する需要曲線は縦軸にドルレートをとり、横軸にドルの数量をとれば図 8.2 における D のように右下がりになります。

　一方、ドル供給（ドルを売って円を手にする）は、たとえば輸出企業によりもたらされます。輸出代金をすぐにでも企業経営に使わねばならない企業はドルレートが低くても円に換えたいと考えるでしょう。一方、円のキャッ

シュ・フローに余裕のある企業は，ドルレートが高いときにのみ円に換えたいと考えるでしょう．したがってドル供給曲線は図 8.2 における S のように右上がりになります．ガソリン価格の決定理論で述べたのと同じメカニズムでドル・レートは D と S の交点 E におけるドルレート，e_J，へと動いていくでしょう．

もしオイルショック時のように原油価格が急騰すれば輸入に必要とされるドル資金は増加するので図 8.2 の需要曲線 D は右方へシフトし，ドルレートは上昇します．しかし同時にアメリカで起きたようにガソリン価格上昇が燃費に優れる日本の小型車へ需要シフトが生じれば日本の自動車メーカーの対米自動車輸出は拡大し，そのドル代金増加は図 8.2 の供給曲線を右方シフトさせます．もし需要曲線が不変であればドルレートは低下したでしょう．しかしオイルショック時には需要曲線も右方シフトしていたと考えられますから，最終的なドルレートの変化の方向は明らかではありません．

さて，これまで国際的な資本取引は捨象されていました．これより，この要因を分析に加えましょう．日本の企業，銀行，あるいは個人投資家は外国の証券を購入するのにドルを必要とします．この要因は図 8.2 のドル需要曲線 D を右方シフトさせます．逆に外国の投資家が日本の証券を購入するにはドルを円に換えねばなりません．この要因は図 8.2 のドル供給曲線を右方シフトさせます．

単純化をして，図 8.2 の需要曲線 D や供給曲線 S はこのような国際的な資本取引の要因を加味したものだと仮定しましょう．このとき D や S は日米 2 国の証券利子率の変動により変化すると考えられます．たとえば日本の証券利子率が高くなって魅力的になれば，外国人投資家は日本の証券をより多く購入するのでドル供給曲線 S が右方シフトし，ドルレートは低下する（ドル安，円高）でしょう．逆にアメリカの証券利子率が高くなって魅力的になれば，日本人投資家はアメリカの証券をより多く購入するので，ドル需要曲線 D が右方シフトし，ドルレートは上昇する（ドル高，円安）でしょう．

◯ 長期為替レートの決定：購買力平価説

これまで，日々の為替レートがどのように変化するかを吟味しました。このような短期的レートの変化を離れ，長期的変動に目を移すと為替レートは購買力平価（purchasing power parity；PPP）に近づくといわれます。

内閣府は1988年以来，購買力平価を公表しています。図8.3で実線は購買力平価，破線は市場為替レートの変遷を示しています。購買力平価は次のようにして計算されています。ニューヨークで食料品，耐久財，被服・履物，エネルギー・水道，運輸・通信，保健・医療，教育，家賃など410品目の1単位当たりの価格を調査します。

たとえばこれらの価格の総和が1000ドルであると仮定しましょう。もしその410品目の価格を東京で調査したとき13万円かかるとすれば購買力平価は130円となります。すなわち，購買力平価とはニューヨークで1ドルで購入できるものを日本で購入するといくらかかるかを示し，生活面から見たドルの価値を意味しますが，図8.3からわかるように実際の市場で決まる為替レートと等しくはありません。

さて東京の物価がニューヨークと比べてどれほど高いかを示すのが（東京とニューヨークの）内外価格差ですが，これは購買力平価を市場の為替レートで割って定義されます。厳密にはニューヨークで消費されている医療と日本で消費する医療は同じとはいえませんが，同じであったと仮定しましょう。ニューヨークで1000ドルの費用で上の410品目を消費して生活していた人がその1000ドルを持って日本へ転勤してきたとすると，この人は空港で¥1000×為替レートの日本通貨を手にします。しかしこの人は日本で410品目を1単位ずつ消費するには13万円を必要とします。したがってこの13万円を，手にした日本通貨の金額で割ればニューヨークと比べた日本の物価の比率が求まります。つまり

$$\text{内外価格差} = \frac{\text{購買力平価}}{\text{為替レート}} \qquad (8.10)$$

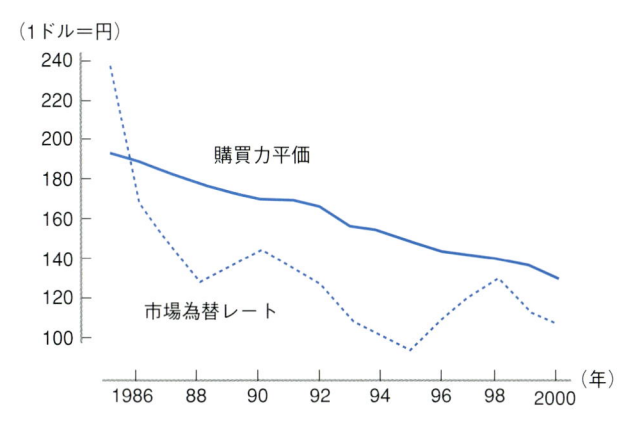

(データ出所) 内閣府ホームページ (http://www5.cao.go.jp/seikatsu/2001/0612naigai/seikeihi.html) より作成。

図 8.3　購買力平価と為替レート（1985-2000 年）

となるのです。2000 年度の推定によれば購買力平価は 131 円，為替レートは年度平均をとると 107.77 円でしたから，内外価格差は 1.22 となり，東京の物価はニューヨークと比べ 22% ほど高いという結果になります。（内閣府はその他の都市との内外価格差を推定していますが，対ロンドンで 1.21 倍，対パリで 1.60 倍，対ベルリンで 1.71 倍，対ジュネーブで 1.23 倍となっています。）

品目グループ別に見た内外価格差を表 8.3 に掲示しています。上下水道料金，家賃，食料品，エネルギーなどがニューヨークより 50% 以上高く，逆に教育，保健・医療，一般サービス，通信などが低くなっています。

この購買力平価という観点から，日本経済を他国の経済と比較すると新しい眺望が開けてきます。現在の日本には GDP の成長という点では劣るものの，世界でも生産性の高い経済を持っているとのイメージが定着しているようですが，いささか異なる眺望が見えてきます。1998 年度，労働生産性（GDP を就業労働者数で割ったもの）を購買力平価で表すと，日本は意外

表8.3 内外価格差

	内外価格差
総　合	1.22
食料品	1.49
耐久品	1.45
被服・履物	1.49
その他商品	1.25
エネルギー	1.49
上下水道	1.82
運　輸	1.25
通　信	0.94
保健・医療	0.83
教　育	0.56
家　賃	1.57
一般サービス	0.90

(出所)　内閣府ホームページ
(http://www5.cao.go.jp/seikatsu/2001/0612naigai/seikeihi.html)

もOECD29か国のほぼ平均に位置しています。生産性の伸び率にいたっては平均より低い位置にあります。

労働賃金そのもので見ると1997年度，日本の労働者は1人1時間当たり2,276円，アメリカの労働者は17.33ドル，ドイツの労働者は43.48マルクの賃金を稼得しました。市場為替レートで換算するとアメリカは2,097円，ドイツは3,034円となり，ドイツの労働力が高いというのが実感できます。これを購買力平価で換算するとアメリカは3,206円，ドイツは3,891円となり，日本の労働力の安さが目立ちます ([1])。

8.5 国際金融体制：金本位制の成立

　現在では資本の取引が拡大しているので資本収支は重要な位置を占めますが，かつては外貨準備増減が大きな位置を占めていました．すなわち，輸出や輸入といった国際的な財の流れと反対方向に国際通貨が流れました．また，以前は国際通貨として金や銀が用いられていました．しかし1970年代に国際通貨としての金の役割は終止符を打ち，現在のように紙切れにすぎないドル紙幣が用いられるようになったのです．本節よりこのような国際通貨の問題を説明します．

　第6章の表6.1では，千円札や一万円札といった日本銀行券は「負債」項目になっています．その理由を考えてみましょう．かつて世界的に金本位制（や「金銀複本位制」）がとられ，国民は自国の中央銀行発行になる紙幣を中央銀行へ持っていけば一定の金（や銀）と交換してもらえました．すなわち，単なる紙切れにすぎない紙幣の発行は，たとえば国王が軍隊を維持する費用をまかなうための手段でしたが，その紙幣はある意味で借金証書です．いつでも政府の所有する金（や銀）との交換が保証されていたので，紙切れにすぎない紙幣でも国内で通用していました．日銀券が「負債」項目になっているのはこのような歴史の名残なのです．そこで本節では金本位制の成立を説明します．

○ 価格革命と近代資本主義の発展

　スペインは1521年にインカ帝国を滅ぼしてラテンアメリカを支配しました．1545年にはスペイン人により現在のボリビアにポトシ銀山が発見されて，その銀はヨーロッパ大陸へ持ち込まれました．貨幣としての銀がヨーロッパ経済全体の取引を盛んにし，貨幣量が増加するにつれ結局その物価水準

を 2〜3 倍に引き上げました。財の生産者にとって物価の上昇は好都合でしたが，当時，固定地代の収入で生活していた領主は財の消費者として大きな打撃を受け，この現象は「価格革命」と呼ばれたほどです ([2] p. 157)。

　ここで改めて「インフレーション」を吟味してみましょう。経済が（多くの）労働者と（多くの）企業のみから成り立つとします。たとえば，毎年，物価水準が 2% の率で上昇していると仮定しましょう。もし賃金も諸価格も全て 2% で上昇しているのであれば，誰も損害を被りません。これを「純粋インフレーション」といいます。

　先ほどの例で，新大陸からの銀の流入が旧大陸の物価水準を持続的に上昇させていたとしても，「純粋インフレーション」であれば誰も損害を被らなかったでしょう。しかし実際には全ての価格と賃金が同率で変化することはありえません。労働者階層にとって，もし名目賃金の上昇が 2% 以下であり他のすべての価格が 2% 以上で上昇しているのであれば，稼得した賃金で彼らが購入できる財・サービスの量は低下します。すなわち「実質」賃金は下落しているのです。このような場合，労働者階層はインフレーションの被害者です。逆に企業はこのインフレーションにより利益を受けます。実質的に安価な労働力を雇うことができるからです。

　この価格革命期，実質賃金は下落し，企業に有利でした。ケインズによれば「近代の世界の記録において，ビジネスマン，投機者および利潤取得者のために有利な機会がこれほど長期間にわたり，またこれほど豊富であった時代はかつてなかった。このような黄金時代に近代資本主義は生まれた」のです ([3] p. 141)。現在のデータをもとに，このことを確かめてみましょう。『2003 米国経済白書』(毎日新聞社) により，1959 年から 2001 年までの間のアメリカの名目 GDP を横軸に，名目賃金を縦軸にとってグラフで表したのが図 8.4 に示されています。このとき，双方の数字を物価水準で割って実質 GDP，実質賃金に置きかえてグラフを書きかえると図 8.5 のようになります。このグラフに最小 2 乗法を適用した傾向線が破線で描かれていますが，1959 年から 2001 年にかけて，アメリカでは実質 GDP が上昇するとき

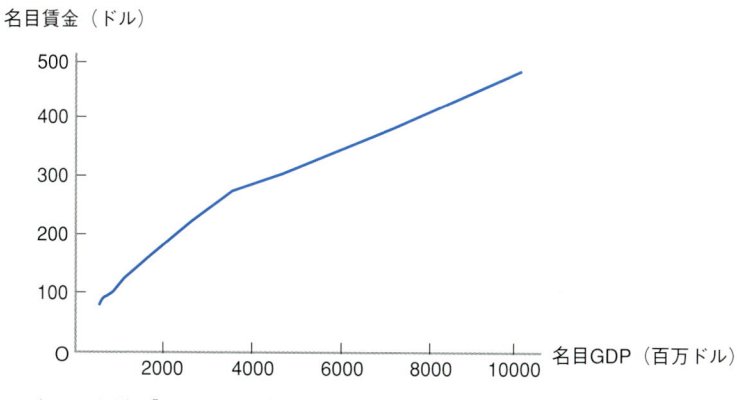

名目賃金（ドル）

図8.4 アメリカの名目GDPと名目賃金（1959–2001年）

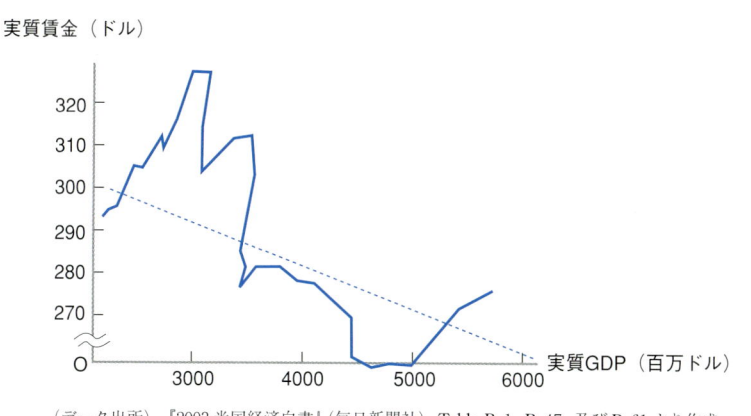

（データ出所）『2003米国経済白書』（毎日新聞社），Table B-1 及び Table B-47 より作成。

実質賃金（ドル）

図8.5 アメリカの実質GDPと実質賃金（1959–2001年）

（データ出所）『2003米国経済白書』（毎日新聞社），Table B-1, B-47, 及び B-61 より作成。

（生産が拡大したとき），実質賃金は下落していたと考えてよいことが統計理論的に保証されます。

さらに実際は名目賃金が変動するような労働者階層のみならず，その所得

の源泉が貨幣の名目値でほぼ固定されている階層もいます。先の「価格革命」当時の領主がそういった階層ですが、現代でも多くの国で退職者の得る年金は物価調整されない場合が多いと指摘されます。1990年代にロシアで体制転換の影響で高いインフレーションが発生したとき、退職者の「実質」年金は下落し続け、困窮した者が多かったといわれます（[4] p.47）。

○ 物価統制令と金本位制の成立

「価格革命」を通じて近代資本主義が発達し、没落していった封建領主に代わってヨーロッパでは中央集権化が進み、強力な絶対王政となったフランスのブルボン王朝はこの貨幣としての銀や金を国内に蓄積するために重商主義を推し進めました。重商主義においては輸出を促進し輸入を抑制しましたが、その理由は、財の輸出は金・銀を国内にもたらし、財の輸入は金・銀の国内からの流出を引き起こしたからです。

各国は国内に蓄積された金・銀を鋳造して金貨・銀貨として国内で商取引に使用させる一方、これらの金・銀を裏打ちとする兌換紙幣を発行するようになりました。この兌換紙幣は一定量の金・銀との交換が約束されているので金・銀と同じものとみなすことができる一方で、保有が容易です。これを金本位制（銀本位制、金銀複本位制）といいます。

ただ、兌換紙幣と約束していても紙幣であれば印刷機で印刷すればわずかな費用で紙幣を「創造」できるので、しばしばこれらの紙幣が濫発されました。このときインフレーションが発生します。多くは軍備拡張のため、あるいは新しい道路を建設するなど政府の財政上、従来の税金でまかなえない部分の資金を調達するために紙幣は発行されました。いったん発行された紙幣は国民の間を購買手段として流通していくのですから、以前より大きな購買力が発生しています。もし一国の生産力に変化がなければ物価は上昇していくのです。

> **コラム** 最高価格令

　1789年のフランス革命によってその絶対王政は倒れました。このとき，ジャコバン政権は「最高価格令」という，インフレーションに苦しむ「無産者」の窮状を救う目的で必需品などに関する物価統制令を出したことで知られます（[5] p.213）。革命政府は自らの財政的必要を満たすため1789年アッシニア（assignat）国債を発行しました。革命政府による税の徴収がはかばかしくなかったのです。assignatとはassignationから派生したものですが，「支払いに充当すること」を意味し，5％の利付き国債でしたが後に利子は支払われなくなり，むしろ，不換紙幣と変更されて大量に発行されました。1791年9月より1792年4月まで25億リーブルが発行され，金貨との比較で25％から35％価値の低下が見られたとの統計が残っています。上述の理由から当時，インフレーションが発生したのです（[6]第8章）。とくに，生活必需品の価格高騰は国民の間に大きな不満を生み出し，暴動さえ引き起こしました。このように，フランスの「最高価格令」とはインフレーションを沈静化させるための政府の直接介入策でした。

　1971年，アメリカ，ニクソン政権の行った「90日間賃金・物価凍結」政策もよく知られています（[7] pp.93-100）。最近では，この賃金や物価の統制政策は「所得政策」といわれます。通常は，インフレーションの根本原因である無理な公共投資政策や通貨発行政策を改める政策を「正統的安定化プログラム」といい，「所得政策」をも含むものを「非正統的（ヘテロドクス）安定化プログラム」といいます。最近の例では1980年代から1990年代にかけて発生したラテン・アメリカ諸国のインフレーション対策として「非正統的安定化プログラム」が採られましたが，これらの政策の評価については否定的な意見が多く見られます（[8] p.228）。

◯ 国際金本位制

　イギリスの中央銀行であるイングランド銀行は，1694年に成立されました。イングランド銀行は政府への貸付を行い，その代償として銀行券発行の特許を与えられていました。イングランド銀行は1821年にイングランド銀行券の無条件正貨兌換を保証しました。（その裏には先のコラムで述べたフランスのインフレーションという経験があったのです。）そして紙幣の価値

低下を防ぐため，1844年のピール条例により紙幣の発行上限を1400万ポンドとし，この上限を超えて紙幣を発行するには金を準備することを義務付け，これにより金本位制が確立しました。当時，産業革命を完成させたイギリスは世界の中心となっていきます。強大な経済力を背景に自由貿易を推し進め，政治的にもパクス・ブリタニカと呼ばれる時代を築きました。

多くの国はこれ以降，金本位制を採用し，国際金本位制が確立していきますが，原資としての金（きん）ストックに関しては戦争の賠償金をあてています。たとえばドイツは普仏戦争（[9] p.231）に勝利して1873年，フランスより50億フランの金を賠償金として獲得しましたが，この金（きん）を原資として金本位制へと入っていきました。日本も日清戦争（[10] p.260）に勝利して1897年，3億6,000万円の金（きん）を中国より獲得し，この金（きん）を原資として金本位制へと移行していったのです。

このような国際金本位制のもとでは，ある国が外国から財・サービスを輸入すると，その国は金（きん）で支払いました。逆にその国が財・サービスを輸出するとその国へ金（きん）が支払われました。このとき，ある一定期間にその国の行った輸出の方が輸入より大きければその差，貿易収支（貿易差額）＝輸出－輸入＞0だけ金（きん）がその国へ流入します。貿易収支が正のとき，その国は貿易黒字となります。もし，貿易収支（貿易差額）＝輸出－輸入＜0であればその差額だけ金（きん）がその国から流出します。貿易収支が負のとき，その国は貿易赤字となります。

8.6　正貨流通メカニズム：貨幣数量説

金本位制を各国が採用したとき各国で問題になる点があります。金本位制のもとでは輸入が輸出を上まわる貿易赤字の国からは金が流出し，逆に輸出が輸入を上まわる貿易黒字の国へは金が流入しますが，永久に貿易赤字が続

いてある国の金がなくなってしまうことはないのでしょうか。イギリスの経験論哲学者ヒューム（David Hume, 1711-76）はその著において（*Political Discourse*, 1752）「正貨流通メカニズム」といわれる議論を展開し，そのようなことはないと主張しました。（ここで「正貨」とは金を意味します。）彼は次のように物価の変動が貿易赤字を解消すると主張しています。

たとえば金本位制を採用している2国A, Bが貿易に従事していたとしましょう。A国が貿易赤字になったとするとA国からB国へ金が流れていきます。金は金貨となるか，あるいは紙幣発行の源泉となるのでB国では貨幣の量が増加し，逆にA国では貨幣の量が減少します。ヒュームはここでB国の物価は上昇し，A国の物価は下落すると主張します。このことからA国は輸出が拡大し，輸入は縮小するでしょう。逆にB国は輸出が縮小し，輸入が拡大していきます。すなわちA国の貿易赤字とB国の貿易黒字は消滅していくのです。

ここで用いられた議論が貨幣数量説の原型といえます。貨幣数量説は取引の決済に貨幣が必要であるという事実を強調します。ある一定期間の取引金額は T を取引数量，p を平均価格とすると pT となります。貨幣量を M とし，その単位量（たとえば1000円）が人々の間を渡っていく平均回数（「回転速度」）を V とおくと $V = pT/M$ となります。このとき

$$MV = pT \tag{8.11}$$

が恒等式で成り立ちます。ここで速度 V は一定であると仮定されるので貨幣量 M の変化は平均価格 p か取引数量 T に影響を与えます。取引の決済に用いられる貨幣が増えたからといって取引数量 T は変化しません。したがって「貨幣数量説」によれば M の変化は全て平均価格 p への変化となって現れるのです。これはスミスやリカードの著作にも流れる考えです。

マーシャル（Alfred Marshall, 1842-1924）はケインズの保護者ともいうべき経済学者ですが，彼は (8.11) を次のように変形しました。

$$M = kpy \tag{8.12}$$

彼は「貨幣数量説」にならって V を一定と仮定し，$k = 1/V$ とおきます。

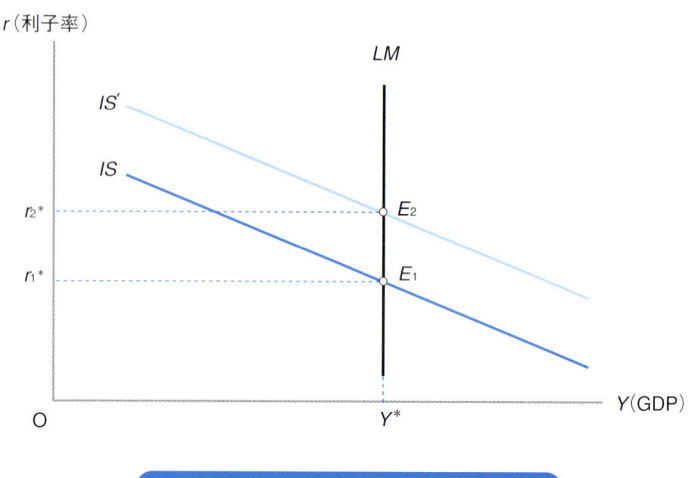

図 8.6 *IS–LM* 分析の「古典派の場合」

ただし p はデフレーター，y は実質 GDP です。名目 GDP（名目所得）を Y とすると，$py = Y$ という関係が成り立ちますから，(8.12) は

$$M = kY, \qquad k > 0 \text{ は定数} \qquad (8.13)$$

となります。実は (8.13) の右辺が前章で述べた (7.9) の貨幣の取引需要関数 $L_1(Y)$ に対応します。古典派経済学は貨幣市場均衡を (8.13) と仮定しますから，k は定数で M が与えられると *LM* 曲線は図 8.6 のように垂直になります。*IS* が図 8.6 のように右下がりの線で描かれて均衡は E_1 となります。均衡 GDP は Y^*，均衡利子率は r_1^* となります。

この GDP を増やそうと拡大的財政政策が採られると *IS* 曲線は *IS'* のようにシフトしますが，均衡利子率が r_2^* へと変化するのみです。利子率が上昇して政府の公共投資額だけ民間投資が減少して完全なクラウディングアウトが生じるのです。これを *IS–LM* 分析の「古典派の場合」といいます。

8.7 ケインズと国際通貨問題

ケインズがマクロ経済学を打ち建てるに際し基本としたのは，貨幣経済というキーワードでした。彼は通貨をめぐる国際的問題についても歴史に残る業績をあげています。この節ではグローバル経済におけるケインズの業績を説明します。

○ ドイツ賠償問題と発展途上国の累積債務問題

前章第3節で述べたようにケインズは『平和の経済的帰結』を著して，ドイツはこの第1次大戦後の賠償負担に耐えることができないであろうと予言しました。彼は現代の発展途上国の抱える問題を最初に指摘した人でもあります。

イギリスの大蔵省代表としてベルサイユ講和会議に出席したケインズは1,320億金マルクという巨額の賠償金は，その金額の意味するものよりはるかに大きな経済的負担をドイツに課し，その負担に耐え切れずドイツは滅亡すると批判し，その職を辞して上述の書物を著しました。これは現代の発展途上国の抱える債務問題と同じ構造を持っています。

仮設例としてドイツはマルクの価値を金1オンス＝2マルク，アメリカは金1オンス＝1ドルとしていたと仮定しましょう。すると1ドル＝2マルクという為替レートが定まります。ドイツは金で外国へ支払うことを約束させられた借金を課されているのです。ケインズによればそれを支払うには貿易黒字を出して1,320億金マルク分の金を確保せねばなりません。金の量で測ると660億オンスの金となります。ケインズはそのための手段としてドイツには「マルクの切り下げ」しか残っていないと考えました。

ドイツがたとえば金1オンス＝3マルクと宣言すればこれは紙幣マルクの価値が下落したことになるので「マルクの切り下げ」といいます。実際，こ

表 8.4　ラテンアメリカ主要国の対外債務残高（1998 年）

国　名	対外債務（単位：100万ドル）			対外債務比率
	合　計	公的長期債務	IMF クレジット	対 GNP（%）
ブラジル	232,004	202,054	4,825	29
メキシコ	159,959	124,073	8,380	41
アルゼンチン	144,050	107,652	5,442	52
ベネズエラ	37,003	33,373	1,226	40
ペルー	32,397	24,094	905	55
コロンビア	33,263	27,031	0	32
チ　リ	36,302	28,547	0	48
エクアドル	15,140	12,799	70	78
パラグアイ	2,304	1,635	0	25
ウルグアイ	7,600	5,430	161	37
グアテマラ	4,565	3,171	0	23
パナマ	6,689	5,763	177	78

（データ出所）　World Bank, *World Development Indicators 2000*，（矢野恒太記念会編『世界国勢図会 2000/01』所収）

のとき，ドルに対しても「切り下げ」たことになります。1 ドル＝3 マルクという為替レートとなるからです。さて，これによりアメリカの国民にとってドイツの商品は安くなり，ドイツ国民にとってアメリカ商品は高くなるのですからアメリカはドイツに対し貿易赤字，ドイツはアメリカに対し貿易黒字となるでしょう。するとその貿易差額分だけ金がドイツへ流入してきます。

　計画通り 660 億オンスの金が確保され，イギリスやフランスへ支払われたとしましょう。この場合，ドイツ国民にとっての負担はどれほどと考えるべきでしょうか。金 1 オンス＝3 マルクとなったのですから，ドイツは結局 1,980 億金マルク分の財を無償で外国に支払ったことになるのです。

　表 8.4 から明らかなように，現代の発展途上国は外国政府からドルなどの外国通貨で規定された多額の債務を負っています。表中「IMF クレジッ

ト」とは IMF（国際通貨基金，International Monetary Fund）よりの融資額を示します。経済発展のために必要な資金を外国よりの借金（公的債務）によりまかなっているのです。

その債務返済のためにはここでのケインズによる分析で示されたように，自国通貨の価値を低めに抑える政策を採らざるを得ないでしょう。このとき，第1次大戦後ドイツの例から明らかなように，自国通貨の価値を低めに抑えた分，その債務の負担は大きくなるのです。しかし実際には必ずしも現代の発展途上国通貨の価値は低めに押さえられてはいません。むしろ高めに誘導される傾向が指摘されます。

その理由は外国人が短期に行う民間証券投資に対する対策です。現在の日本の株式市場は外国人投資家の短期投資行動により大きく変動することがあります。また国債や社債も外国人に保有されています。外国人による証券購入増加により証券価格が上昇すれば証券利子率が低下して国内投資が活発になり景気が良くなり失業率が低下していくことが期待できます。逆に外国人による証券購入が減少すれば状況は悪化します。したがって，発展途上国はできるだけ国内への外国人投資を増やしたいと考えています。

ところで，発展途上国の通貨価値が低下すると，すでにこの国へ投資している外国人にとって保有する証券投資収益がドル換算で低下します。このとき外国人投資家はそのように不利になった証券を売却するでしょう。したがって外国よりの短期民間証券投資対策として発展途上国の通貨価値は高めに誘導される傾向があるのです。エクアドルは2000年3月以来，米ドルを法貨と定める「ドル化」政策を採っていますが，その目的の一つは外国よりの民間証券投資対策です。

○ イギリスの金本位制復帰問題

金本位制において一国の金がなくなることはないというメカニズムが働くなら，なぜ金本位制は崩壊したのでしょうか。ケインズによればその理由は

各国の生産性の成長率の差にあります。

　全ての国は新製品の発明・改良や革新的な生産プロセスの開発・改良に努力を重ねていますが，それがどの程度各国の生産能力を改善するかには差があります。生産能力が拡大・改善されるとその国の商品の価格が低下していきます。

　「正貨流通メカニズム」の例で貿易黒字であるB国の生産性の成長率が貿易赤字であるA国のそれを上まわれば，B国の商品価格（物価水準）はA国の商品価格（物価水準）より低下を続けることが可能です。すなわち，B国が貿易黒字，A国が貿易赤字の場合，金がA国からB国へ流出することによる物価水準の変化を通じた金の流れの逆転現象は生産性上昇によるB国の著しい物価水準の低下によって阻まれることは十分に考えられるのです。このとき，A国の長期にわたる貿易赤字が続き，金が流出し続けることも可能となります。

　第1次世界大戦の始まった1914年に世界の金本位制は停止されていましたが，大戦終了後1923年にイギリスの金本位制復帰が問題になりました。チャーチル（Winston Churchill, 1874-1965）はイギリスの大蔵大臣として旧レートで金本位制に復帰する案を発表したとき，ケインズは『チャーチル氏の経済的帰結』（1925年）でこの政策に反対しました。

　「世界の工場」（[11] p.261）といわれたイギリスですが，ドイツやアメリカが産業革命を達成すると，その生産性は相対的に低下していきました。1870年にはイギリスが世界の工業生産に占める割合は32％でしたが，1913年には14％まで低下しています。これに対し，アメリカの場合，同時期，23％から36％へ増加しています（[12]）。ケインズは生産性低下効果により「正貨流通メカニズム」が阻害され，貿易収支は赤字傾向になり不況に陥ってしまうと警告しました。

　チャーチルはこの警告に耳を貸さず旧レートで復帰しました。これは旧レートで復帰することにより，この当時「世界の工場」から「世界の銀行」へと変換しているイギリスの金融界の地位保全を期すためであったと思われま

す。チャーチルのもくろみははずれ，景気後退に陥りました。割高なレートを維持するために，イギリスは金利を上げて外国から資金を確保せねばならず，この政策は民間投資を縮小させたからです。イギリスがこの負担に耐え切れず，結局 1931 年に金本位制を離脱したのはケインズの意見が正しかったからです。

[Case Study 8-1]
日本の金解禁問題

「金解禁」とは，金本位制を再開するにあたり，たとえば金 1 オンス＝2 円といった金本位制で定められた通貨価値を維持するために，本国と外国相互間の金の輸送を認める処置です。このような金の輸送・介入が認められないと，金と円のレート，さらにはドルと円のレートは金の需給によって上下運動を繰り広げます。日本の「金解禁」もこのような金本位制を再開して日本の金融業の世界的な地位を高めるのが目的でした（以下の記述のデータは高橋亀吉・森垣淑『昭和金融恐慌史』におけるそれを用いています（[13]））。

第 1 次世界大戦（1914-18）は，戦場がヨーロッパに限られていたので日本はヨーロッパへの輸出により大きな利潤を獲得しました。1914 年には企業利潤率は 14％ 台でしたが徐々に上昇し，1918 年には 50％ 台となります。日本は綿糸・布や生糸の輸出が拡大して貿易黒字が定着し，海運収支に代表される「貿易外収支」（現在の「サービス収支」）黒字も急拡大を遂げ，1914 年には 3 億 4,000 万円であった正貨（金貨）は 1918 年には 15 億 500 万円まで拡大しました。

第 1 次大戦が終了してヨーロッパからの需要が減少して一時は不景気になりかけますが，日本と同様に戦場となることを免れたアメリカでは，戦争中に抑圧されていた民需が解き放たれてアメリカの景気を維持し，日本へも好影響をもたらします。1919 年から 20 年にかけて日本では景気拡大と株式投機ブームが発生します。このブームが拡大したのは，アメリカの金解禁（1919 年）により正貨が日本へ自由に流入するようになり，国内通貨の発行を一層拡大したからです。1914 年には 3 億 8,500 万円であった日銀発券額は 1918 年には 11 億 4,400 万円へと急拡大していました。

この株式バブルの裏で行われた銀行側の前近代的な放漫経営が指摘されています。たとえば銀行の重役や支配人が一般製造企業の発起人となり「機関銀行」として放漫貸出を行い，あるいは自ら株式バブルの中で投機を行ったと批判されています。綿糸・生糸・砂糖・コメの「先物取引」において激しい投機が行われ，1918年から19年にかけてそれぞれの相場は約2倍となりました。しかしこのバブルは1920年に崩壊し，相場はもとの水準に戻りました。銀行取付にあったものは169件，休業した銀行数は21行との記録が残っています。これ以降，下図で示されたようにデフレーションに陥り，物価も下落を続けました。

　図の実線は1922年から1943年までの日本の物価水準の変化を示しています。他方，破線はその間，アメリカの物価水準がどのように変化したのかを示しています。1929年から1933年までの時期だけ見れば，日本の場合1931年にデフレーションの底打ちがあるので大不況からの悪影響は軽微であるように見えます。しかし期間を拡張した図から気付くのは，アメリカの1920年代の好景気が日本では生じていないという重大な事実です。『完結昭和国勢総覧』によれば1922年に1.540であった東京都（市）の物価水準は下落を続け，1930年には0.885と底を打ちますが，通算42.5％の下落率となります。

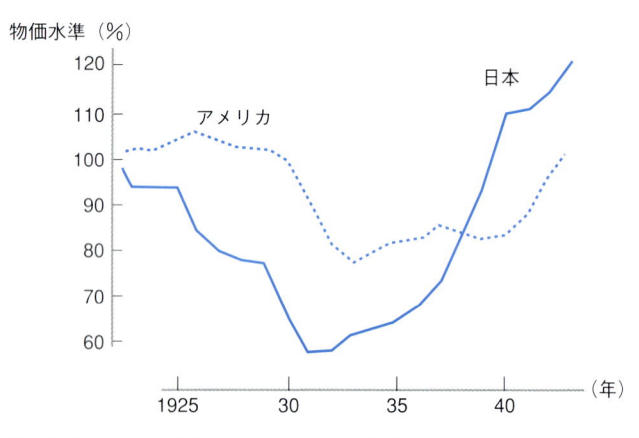

（データ出所）『完結昭和国勢総覧』第2巻（東洋経済新報社），1991年，p.467とU. S. Department of Commerce, Bureau of Census, *Historical Statistics of the United States, Colonial Times to 1970*, 1975, Part1, pp.210–211より作成。

物価水準の変化：日米比較（1922–43）

このデフレーションは以下のような展開でした。まず1920年不況に対し政府や日銀のとった救済措置は広範囲におよび，結果として不良企業や不良銀行を温存させてしまいます。その脆弱な日本経済の綻びが破れるのは関東大震災でした。1923年9月に発生したこの大震災の物的損失は約45億円と推定されています。日銀券発行額が約15億円，国家財政規模が20億円という当時の日本にとって，巨大な被害でした。政府は震災により決済不能となる手形が約21億円に達すると推定し，「日銀特融」を行いました。

震災により決済不能となった手形を日銀が再割引を行い，資金を提供することが「日銀特融」ですが，このとき，不良企業や不良銀行の保有する震災とは関係のない決済不能手形が日銀に持ち込まれたといわれます。

しかし，震災手形の処理がなかなか進まず，政府は震災手形の処理の進捗をはかります。その法案審議の過程で銀行の不良債権が明らかとなり，不安にかられた国民の銀行預金取り付け騒ぎが発生します。これが1927年に起きた「昭和恐慌」です。1926年に銀行数は1595行でしたが，1929年には1023行へ，1932年にはさらに663行へと減少しました。下の表より明らかなように中小の不良銀行が淘汰され，5大銀行（三井，三菱，住友，第一，安田）と郵便貯金へ資金が集中しました。このとき中小の銀行と取引していた中小企業は厳しい資金難に直面し淘汰されていきました。この表には貸出額の変遷も示されていますが，5大銀行への資金流入に比べ，貸出額の増加は見劣りがします。これは現在の日本経済と同様にデフレ経済で有力な貸出先が見出せなかったことを裏付けています。

5大銀行への預金の集中

	普通銀行預金(A)	5大銀行預金(B)	郵便貯金	$\frac{B}{A}$(%)	普通銀行貸出(C)	5大銀行貸出(D)	$\frac{D}{C}$(%)
1926年	9,179	2,233	n.a.	24.33%	8,801	1,800	20.46%
1927年	9,027	2,818	1,523	31.21%	8,182	1,955	23.89%
1928年	9,330	3,130	1,742	33.54%	7,777	1,935	24.87%
1929年	9,292	3,210	2,051	34.54%	7,448	2,013	27.03%
1930年	8,738	3,188	2,337	36.84%	6,748	2,011	29.80%
1931年	8,650	3,311	n.a.	38.28%	6,562	1,940	29.56%

（データ出所） 高橋亀吉・森垣淑『昭和金融恐慌史』（講談社学術文庫），1993年，第34表，第35表より作成。

5大銀行はこれらの過剰余資を多くは国債購入に向けましたが国内利子率は低く，相対的に有利な海外の証券利子率を求めて海外投資へ眼を向け始めます。しかし海外投資を行うためには為替レートの安定は不可欠の条件と考えられ，大銀行は金解禁=金本位制の再開を強く求めました。金本位制再開に際し，ケインズの『貨幣改革論』などを研究した民間エコノミストたちによる，円の価値を切り下げて再開すべきであるとの意見もありましたが，結局，1930年，日本もチャーチル蔵相と同じ割高な旧レートで金本位制を再開し，不況が悪化してしまったのです。

本章のまとめ

　日本は景気拡大のために内需拡大を図れといわれ続けてきましたが，輸出依存度が高いことで知られます。その日本経済をよく知るために本章ではマクロ経済学の国際的側面を説明しました。

1　まず45度線分析に国際的側面を導入します。産業連関表を用いて輸出・輸入を考慮したケインズ的マクロ均衡条件を導出したあと貿易を含む投資乗数を計算すると，外国への「漏れ」が生じるので貿易がない場合に比べ投資乗数は小さくなります。

2　国際的側面というとき，このような物的な側面と貨幣的側面を考えなければなりません。とくに物的な流れの裏に必ず貨幣の流れが対応し証券が国家間で売買されます。国際収支表というのはこのような物的な側面を記録した経常収支と貨幣的な側面を記録した資本収支からなります。

3　貿易において為替レートの変動は輸出・輸入に大きな変化をもたらすので為替レートの決定理論は重要です。為替レートは，短期的には輸出・輸入により動く外貨と資本取引で動く外貨の需要と供給により決まると考えられていますが，長期的には購買力平価により決まると考えられています。

4　外貨として初期においては金や銀などが使われていました。それが段々と金が用いられるようになり，金本位制という国際金融体制が成立していきます。本章では「インフレーション（物価の持続的上昇）」の制御という視点から金本位制の成立を説明しました。

5 ケインズの経済学への貢献を語る場合，国際金融体制の抱える諸問題を深く考察したことにあるといえるでしょう。本章では「ドイツ賠償問題」と「イギリスの金本位制復帰問題」を説明した後，後者の関連事項として日本の「金解禁問題」を説明しました。

練習問題

8.1　経常収支黒字額と資本収支赤字額にはどのような関係がありますか。表8.2の国際収支表により，年度間で経常収支黒字額が増加（減少）するとき＋（－）資本収支赤字額が増加（減少）しているとき＋（－）とおいて対応関係を調べなさい。

8.2　日本の複写機はアメリカのみならずヨーロッパへも輸出されています。これに対し日本の自動車は主にアメリカへ輸出されています。2003年4月から5月終わりにかけ，ユーロは1ユーロ＝128円から138円へと変化しました。一方，2003年4月から5月半ばにかけドルは1ドル＝120円から115円へと変化しました。両産業への影響を説明しなさい。このことから円安は日本経済にとって望ましいといえるか論じなさい。

8.3　イギリスのエコノミスト誌（*The Economist*）は購買力平価を算出するにあたり比較商品群としてマクドナルドの「ビッグマック」のみを採る「ビッグマック平価」を提案しています。2003年1月15日現在，ビッグマックは中国で9.95元，アメリカでは2.65ドル，日本では263円です。ビッグマック平価では1ドルは何元，何円ですか。また，市場では1ドル＝8.2元です。このビッグマック平価と比較して市場の人民元は過大，あるいは過小評価されているのか，述べなさい。

8.4　ノーベル経済学賞を受賞したスティグリッツ（Joseph E. Stiglitz）は日本のデフレ克服策として「政府紙幣」の発行を提案しています（日本経済新聞2003年9月11日参照）。これを評価しなさい。

8.5　アルゼンチンは2001年12月に対外債務支払い停止を宣言しました。この「サムライ債」のデフォルトにおいてどのような交渉が行われたかを調べなさい（日本経済新聞2003年8月13日，8月18日，9月23日参照）。

第 9 章

インフレーションとマクロ経済学

　本章ではインフレーションをキーワードとして戦後の世界的なインフレーションや 1970–80 年代のスタグフレーションを説明します。スタグフレーションは経済学の中ではマネタリストや合理的期待学派台頭の大きな要因となりました。インフレーションと失業率の関係を示す「フィリップス曲線」をめぐる論争も本章の大きなテーマとなります。

　次に第 2 次大戦後の国際通貨体制の変化について解説します。戦後の通貨体制は IMF 体制といわれ，アメリカのドルを基軸通貨とする固定相場制でした。日本やヨーロッパの戦後復興によりドルの絶対的優位が崩れて変動相場制へと移行します。1980 年代は日米経済摩擦の時代でもあります。このように本章では，第 2 次大戦後から 1980 年代までの世界に起きた経済変化を，国際通貨体制ともからめて説明します。

○ KEY WORDS ○

インフレーション，フィリップス曲線，マネタリスト，スタグフレーション，固定相場制，変動相場制，IMF

9.1 インフレーションとスタグフレーション

　第7章ではデフレーションの理論を説明しました。第2次世界大戦まで世界は物価水準の下落とそれにともなうGDPの下落，および高い失業率に苦しみました。最近では1990年代の後半から日本は再びデフレーションに苦しんでいます。しかし日本の物価上昇率の変遷（図9.1における実線）を見ると，第2次世界大戦以降，日本経済は基本的には物価の上昇が続きました。

　図9.1の破線はアメリカにおける物価上昇率の変遷を示していますが，この間，物価上昇率は正となっています。これは世界的な傾向です。図9.2にヨーロッパの主要国（青い実線：イギリス，青い破線：イタリア，黒い破線：フランス，黒い実線：ドイツ）の物価上昇率の変遷を示しています。ドイツは第7章で述べたように1920年代のハイパー・インフレーションを経験しインフレを極端に恐れるといわれますが，この面での経済運営はヨーロッパで優秀な成績です。

○ フィリップス曲線

　インフレーションはデフレーションとは逆の現象です。すなわち，物価が持続的に上昇している場合を，インフレーションと定義しました。

　第7章でインフレーションは貨幣的現象であると指摘しましたが，ハイパワード・マネー（マネタリー・ベース）の増加を原因としてのみ，インフレーションが発生すると主張しているわけではありません。たしかに日銀の行う拡張的金融政策は，流動性のわなが存在しなければGDPを増加させ，その段階で直接的な貨幣の増加はインフレーションを発生させるでしょう。

　しかしこのようなハイパワードマネーの増加のみでなく，45度線分析で

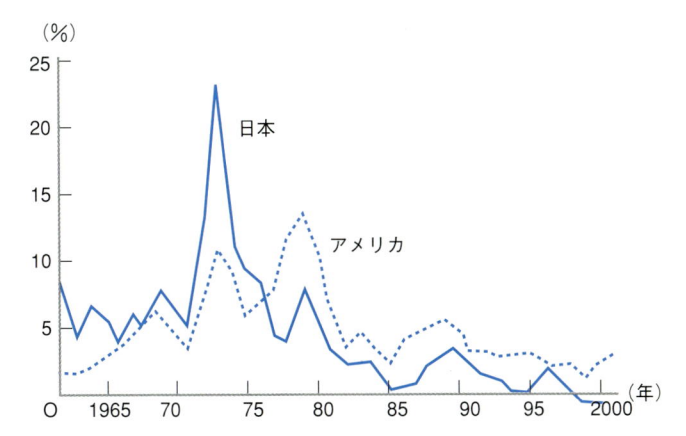

(データ出所)『米国経済白書 1991』（日本評論社），表 107・『2003 米国経済白書』（毎日新聞社），Table B-108 より作成。

図 9.1　日米物価上昇率（1962–2001 年）

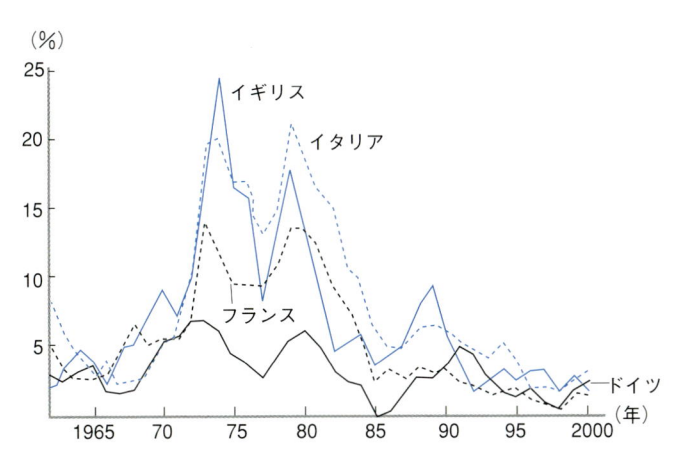

(データ出所)『米国経済白書 1991』（日本評論社），表 107・『2003 米国経済白書』（毎日新聞社），Table B-108 より作成。

図 9.2　ヨーロッパの物価上昇率（1962–2000 年）

指摘したように拡張的財政政策によってもインフレーションは発生します。この政策により発生したインフレ・ギャップは企業の意図せざる在庫減を意味し，生産が拡大していきます。この局面では企業の資金需要は拡大し，銀行の貸出は増加するでしょう。企業の資金需要拡大は貸出金利の上昇を通じて預金金利を引き上げるでしょう。家計は現金通貨を手元に保持するよりはできるだけ銀行に預金することを選び，ハイパワード・マネーに変化はなくても貨幣量を増加させます。このようにして発生した貨幣取引の増加はインフレーションを引き起こすのです。

　第2次大戦後，世界的にケインズ的経済政策が採用されデフレーションは回避されました。ケインズ理論をもとにハロッド（R. F. Harrod, 1900–78）は1939年にハロッド型経済成長モデルを構築していましたが，その結論は悲観的でした。すなわち資本主義経済は安定成長に留まるのは困難であり，わずかなショックで不況に陥るかハイパー・インフレーションに陥るというものでしたが，実際には安定成長が続きました。そこで経済理論においてもハロッドモデルにかわり，ソロー型新古典派経済成長モデルが「ケインズ的経済政策をとる資本主義経済は安定している」と主張し，多数の賛同者を獲得しました。景気に陰りが見えると拡張的ケインズ政策が採られたので戦後経済は穏やかなインフレ傾向が続いたのです。

　すでに述べたように需要の側を強調するケインズの仮定によれば，インフレーションは景気がよいときにのみ生じます。景気がよいときには失業率は低いはずです。1960年代には物価上昇率（インフレ率）と失業率の間に負の関係があると主張されました。この負の関係を初めて発見したのはフィリップス（A. W. Phillips, 1914–75）です。1958年にイギリスの約100年間の統計資料からインフレ率が高くなれば失業率は低くなるというフィリップス曲線が発見されると，この曲線，すなわちケインジアンにとって至極当然とも思われるインフレーションと失業のトレードオフがアメリカで成り立つかどうか吟味されました。

　1960年，後にノーベル経済学賞を獲得するサミュエルソンとソローによ

(インフレ率:%)

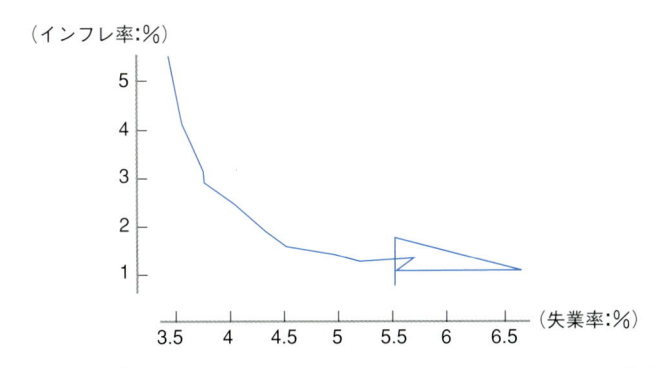

(データ出所) 『2003 米国経済白書』(毎日新聞社), Table B-42 と Table B-64 より作成。

図 9.3　1960 年代アメリカにおけるフィリップス曲線

って 1900 年から 1960 年までのアメリカのデータをもとにフィリップス曲線が導出されました。彼らは，ある時点 t におけるインフレ率，π_t，と失業率 u_t は次の式で表されると主張しました。

$$\pi_t = a - bu_t \quad (9.1)$$

ただし a と b は正の定数です。

その後，彼らによって 1961 年から 1969 年まで約 10 年間のアメリカのデータを用いてインフレ率と失業率の関係が，図 9.3 のようにきれいな直角双曲線として描かれました。このときがケインズ経済学の絶頂期であったといえるかもしれません。

○ スタグフレーション

オイルショックの時期，スタグフレーションというほとんど全ての国に共通の新しい経済現象が発生し，これはケインズ経済学の危機を引き起こしました。スタグフレーション stagflation というのは「経済停滞」を意味する *stag*nation とインフレーション in*fl*ation からの造語です。

すでに見たように1930年代の大不況期にはGDPのみならず物価水準も下落しているので，経済停滞を打破し失業率を下落させるために行う拡張的財政・金融政策から発生するある程度の物価上昇は問題となりません。しかし，1970年代のスタグフレーションにおいて，すでにインフレーションが発生しているのですから拡張的財政・金融政策を採ればその高いインフレーション率を一層上昇させる危険があります。この政策上のディレンマのみならず，そもそも「経済停滞」とインフレーションが共存するということ自体，ケインズ体系ではその説明が困難でした。ケインズ理論にとって「経済停滞」とは有効需要の不足が原因です。経済停滞時にはデフレーションがともない，インフレーションが発生するのは需要が供給を上まわる「経済活況」のときにしか発生しないはずです。

この点をマネタリストと呼ばれる経済学的立場のフリードマン（M. Friedman）や合理的期待形成学派のルーカス（R. E. Lucas, Jr.）は批判しました。マネタリズムはしばしば「新貨幣数量説」といわれ，拡張的金融政策は長期的にはインフレーションをもたらすのみでGDPに影響を与えることはできないと主張します。

第8章第6節でヒュームの貨幣数量説を説明しましたが，フリードマンも(8.12)の，$M = kpy$，を用います。彼によれば失業のない経済はありえません。どの時点をとっても失業者が次の職を得るのに時間を要するからです。長期的には労働市場の構造から決まる「自然失業率」以下に失業率を下げることはできないので，それに対応する「自然生産量」を超えて生産することはできません。また長期的には「自然失業率」以上に失業率が高くなることはありません。賃金下落などの調整が行われるからです。

彼は長期的にはある一定の割合の労働者が失業し，一部は職を得て失業状態から脱出しますが新たに別の労働者が失業者となり，その一定の失業率が維持される状態が続くと考えます。すると長期的にはそれに対応する「自然生産量」は変化しません。すなわち，(8.12)で実質GDP，y，は長期的には一定です。このとき，貨幣量が増加するとその割合だけ平均価格pが増加

するという効果のみ残ります。

○ 修正フィリップス曲線

 もしマネタリストの主張が正しいならフィリップス曲線と矛盾してしまいます。フィリップス曲線分析によれば，貨幣量が拡張的金融政策により増加すれば失業率は低下し物価水準が上昇するはずです。マネタリストはこの矛盾を次のように解決しました。すなわち彼らは短期のフィリップス曲線と長期のフィリップス曲線とを区別し，「短期のフィリップス曲線」は右下がりですが「長期のフィリップス曲線」は「自然失業率」上で垂直になると主張しました。厳密にいえば「短期のフィリップス曲線」は期待インフレーション率 π_t^e，に依存して

$$\pi_t = \pi_t^e + a - bu_t \tag{9.2}$$

と定義されます。(9.2)は修正フィリップス曲線といわれます。

 なぜ，(9.1)ではなく(9.2)が成り立つと主張されるのでしょうか。その理由として「複数年雇用契約」が挙げられます。とくにアメリカではプロ野球やプロバスケット選手の2年雇用契約や3年雇用契約が知られますが，この雇用慣行は野球選手以外に多くの労働者にあてはまるといわれます。すると労働賃金決定に際し，戦後のようにインフレーションが持続していれば，予想される物価上昇を織り込んで労働賃金が決定され，それは物価に反映されると考えられます。これが(9.1)ではなく(9.2)が仮定される理由です。この「短期のフィリップス曲線」を用いて，マネタリストは拡張的金融政策の効果を次のように説明します。

 図9.4において，ある「期待インフレーション率」が π_t^e のときのフィリップス曲線が P_1P_2 で描かれています。この経済は A 点にあります。失業率は自然失業率 u_0 です。拡張的金融政策が採られ，この経済は短期的には P_1P_2 上を B へ向かって移っていきます。このときインフレ率も上昇しますから「期待インフレーション率」も上昇を続けます。高い「期待インフレーシ

(インフレ率)

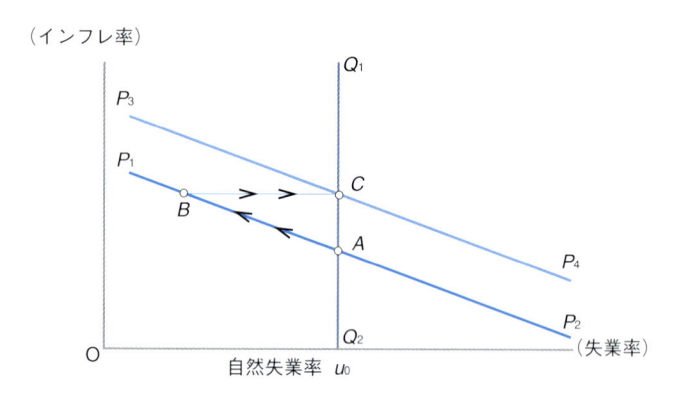

図 9.4　短期フィリップス曲線と長期フィリップス曲線

ョン率」に対応するフィリップス曲線が P_3P_4 で描かれています。最終的には B から C へ移ってプロセスは完了します。C 点の失業率は u_0 でこのときのインフレーション率と「期待インフレーション率」は同じ値です。

　すなわち，短期的なフィリップス曲線は P_1P_2 および P_3P_4，長期的なフィリップス曲線は Q_1Q_2 となります。このような説明から，拡張的な金融政策は短期的には失業率を低下させる（景気を良くする）ことは可能だが，長期的には無効であると主張されます。

　「期待インフレーション率」という概念を導入すれば，いかなる「短期の」経済現象をも説明するのが可能となります。さらにスタグフレーションさえ，簡単に説明できます。以下ではスタグフレーションの説明を行います。

　図 9.5 において，まず経済は A 点にあります。ここでは単純化のため，企業が労働と原油のみを生産要素として利潤最大化原理のもとで生産を行っていると仮定します。この企業は一定価格で好きな商品量が供給でき，生産要素を購入できると想定しています。このとき，多くの場合，原油価格が上昇すれば企業にとって原油投入を減らすのみならず，労働投入を減らすのが最適行動となります。結局，供給量を減らすのが最適行動となるのです。と

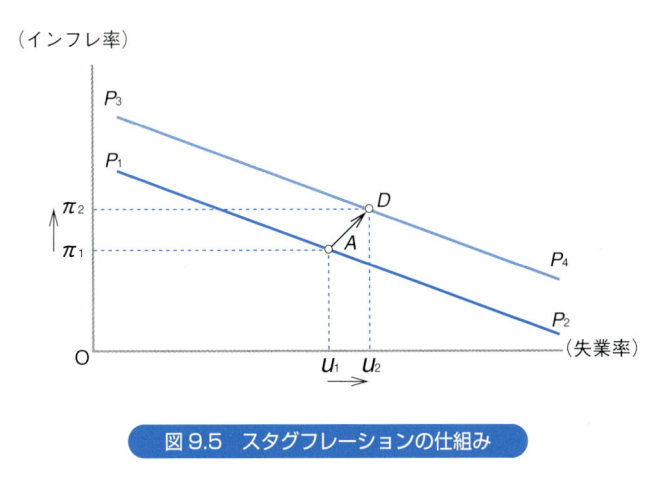

図9.5 スタグフレーションの仕組み

りあえず財・サービスに対する需要のレベルがそれほど変化せず，供給がこのようにすばやく変化したとすれば，ここで生じるのは財・サービス市場における超過需要です。物価が上昇し，期待インフレーション率も上昇し，この高い期待インフレーション率に対応するフィリップス曲線がP_3P_4として描かれています。経済は短期的にAからDへ移ります。

すなわち経済停滞（失業率悪化）とインフレーションは併存可能です。この説明からも明らかなように1970年代の不況は供給主導型の不況，1930年代の不況は需要主導型の不況であるといわれます。マネタリストの主張が1970年代以降，急速にアメリカで受け入れられたのはフィリップス曲線が右下がりの関係として描くことができなくなったことと大いに関係があるといえるでしょう。フリードマンは1968年に書いた論文の中で，図9.3のような右下がりのフィリップス曲線は消えてしまうであろうと予言しましたが，実際に図9.6のように1970年代に消滅したのです。1976年フリードマンはノーベル経済学賞を獲得しました。ルーカスも1995年にノーベル経済学賞を受賞しています。

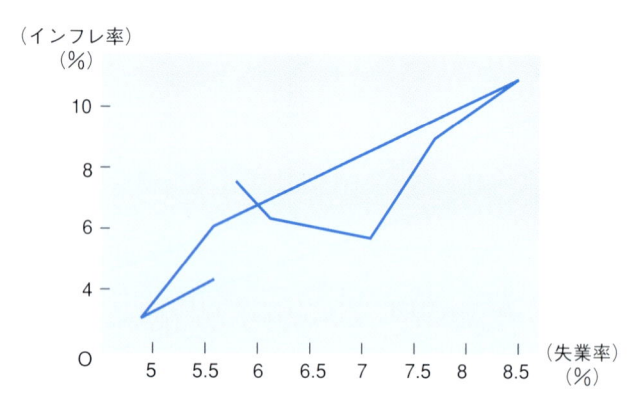

(データ出所)『2001 米国経済白書』(毎日新聞社),Table B-42 と Table B-64 より作成。

図 9.6　1970 年代のアメリカにおけるフィリップス曲線

[*Case Study 9-1*]
各国のフィリップス曲線の検証

『2001 米国経済白書』(毎日新聞社)には 1950 年から 2002 年までのアメリカの失業率が,また 1929 年から 1999 年までのアメリカのインフレ率が収められています([4])。そこで 1950 年から 1999 年までのアメリカの失業率 (u_t) とインフレ率 (π_t) のペアを作って表示したのが図①です。このグラフは失業率とインフレ率は正の関係を示しているように見えます。

実際,最小 2 乗法による傾向線は

$$\pi_t = -1.70843 + 1.00558 u_t$$

となります。このとき,u_t の係数に関する p 値は 0.0000813696 ですから,計量経済学的分析によればこの正の傾きは正しいと結論付けることができます。したがって失業率とインフレ率は正の関係にあるといってよいでしょう。その原因はこれまで修正フィリップス曲線の説明で指摘したものです。

次の図②は同じグラフを 1960 年代,1970 年代,1990 年代と区切って表示したものです。黒い実線は 1960 年から 1970 年までの失業率とインフレ率の変化を,

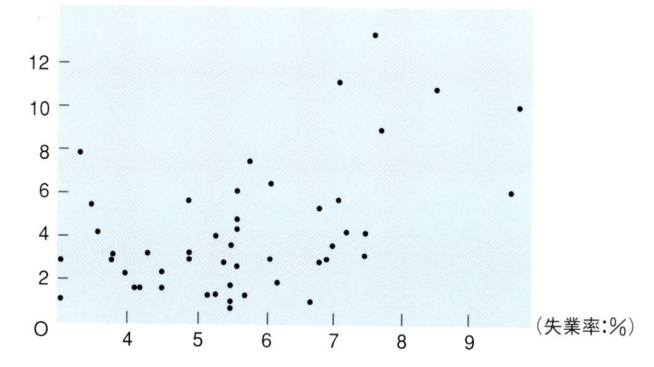

(インフレ率:%)

(失業率:%)

（データ出所）『2001 米国経済白書』（毎日新聞社），Table B-42 及び Table B-64 より作成。

❶アメリカの失業率とインフレ率のペア（1950–99 年）

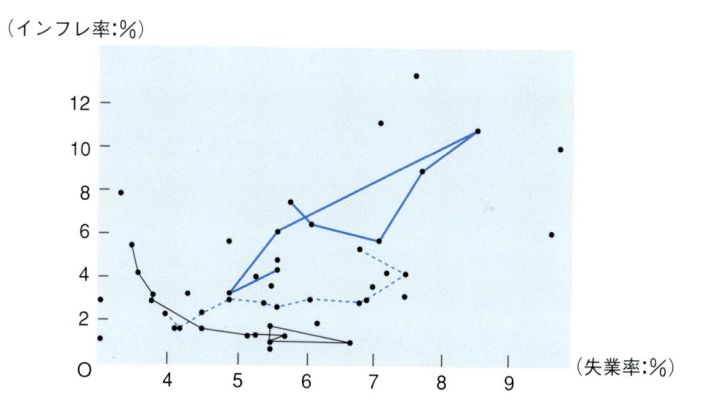

(インフレ率:%)

(失業率:%)

（データ出所）『2001 米国経済白書』（毎日新聞社），Table B-42 及び Table B-64 より作成。

❷アメリカの年代別のフィリップス曲線（1950–99 年）

青い実線は 1972 年から 1979 年までの失業率とインフレ率の変化を示しています。1950 年から 1999 年までのデータにおいて生じた正の関係には前述のスタグフレーションの時代のみならず，1990 年代のアメリカのニュー・エコノミーの時代（次章第 1 節参照）が貢献しています。図❷の破線は 1991 年から 2000 年までの変化を取り出したものです。失業率が 7% 台から 4% 台へと低下したのみならず，

9.1 インフレーションとスタグフレーション

(インフレ率の差:%)

❸アメリカの修正フィリップス曲線年（1953–2000年）

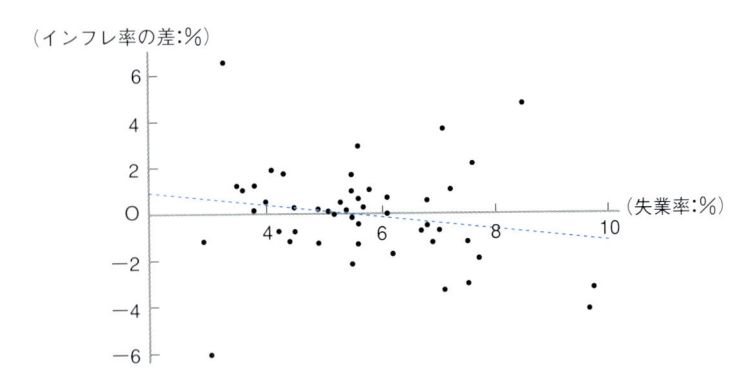

（データ出所）『2001 米国経済白書』（毎日新聞社），Table B–42 及び Table B–64 より作成。

インフレ率も4%台から2%台へと低下したのです。

そこで(9.1)ではなく，修正フィリップス曲線の(9.2)による定式化を試みてみましょう。ただし $\pi_t^e = \pi_{t-1}$ と仮定します。この経済では一期前($t-1$)の物価上昇率が今期(t)も実現すると期待されるのです。図❸は失業率とインフレ率の差をグラフにしたものです。最小2乗法で計算した傾向線が破線で描かれていますが負の傾きを持っています。

$$\pi_t - \pi_{t-1} = 1.51443 - 0.263694 u_t \tag{9.3}$$

上の式で u_t の係数に関する p 値は 0.17 と有意水準にありません。しかし1950年から1953年までは朝鮮戦争ですから，データを1953年から2000年までに限ってみると最小2乗法で計算した傾向線は負の傾きを持ち，p 値も 0.04 となり有意水準にあることが確認できます。(9.3) も修正フィリップス曲線といいます。

それでは，アメリカ以外の国ではどうでしょうか。『米国経済白書』には主要工業国の失業率，物価水準のデータが掲載されているので，1991年度と2003年度白書より1962年から2001年までの失業率とインフレーション率のデータが揃います。

図❹の実線はドイツの1962年から2001年までの失業率とインフレーション率の変遷をグラフにしたものですが，破線で示された最小2乗法による傾向線は負の傾きを持っています。したがってフィリップス曲線が成立しています。失業率の係数に関する p 値は 0.0002502 と有意です。逆に(9.3)のように，失業率とイ

(インフレ率:%)

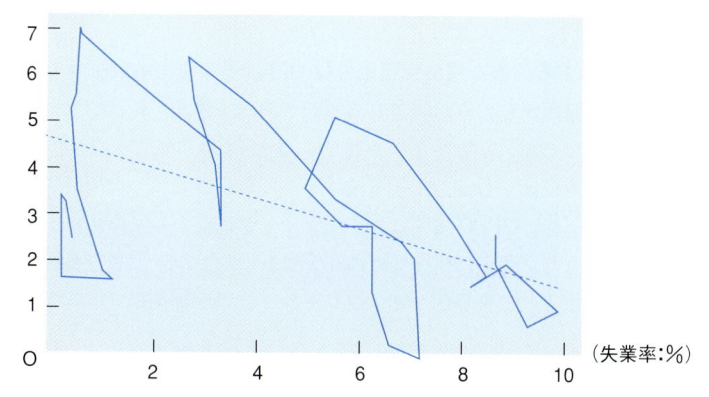

(失業率:%)

(データ出所)『米国経済白書』(毎日新聞社), 1991, 表107及び表108・2003, Table B-108 及び Table B-109 より作成。

❹ドイツのフィリップス曲線（1962–2001年）

ンフレ率の差に関して最小2乗法による傾向線を計算すると

$$\pi_t - \pi_{t-1} = 0.320703 - 0.0728286 u_t$$

と，負の傾きを持ちます。ただし u_t の係数の p 値は 0.21 となり，有意ではありません。これ以外に日本，イギリス，フランス，イタリアについても同様な分析が可能ですが，いずれもドイツと同じ結論となります。すなわち，アメリカ（とカナダ）以外では，フィリップス曲線 (9.1) による定式化がそれぞれの国の経済をうまく説明し，アメリカ（とカナダ）についてのみ，修正フィリップス曲線 (9.2) による定式化がその国の経済をうまく説明します。このことがアメリカ以外ではマネタリズムがそれほど信奉されてない理由でしょう。

> コラム　**オイルショック**

　石油は重要な戦略商品であり，第2次大戦前アメリカが日本の中国侵略に圧力をかけるために用いた手段は石油の日本への輸出制限でした。日本がアメリカとの戦争に入っていくのもまた，このためでした ([1] p.329, [2] p.315)。同じ第2次大戦中にナチス・ドイツが旧ソ連へ侵入したのもバクー油田確保が目的でした。また1956年10月にエジプト大統領ナセルがスエズ運河国有化宣言を行ったことから発生したスエズ動乱でイギリス，フランスは軍隊を送って油田確保に努めた

ほどです。この原油の価格が1970年代から80年代にかけて高騰し世界経済を撹乱しました。

1973年に始まる急激な原油価格上昇はOPECが第4次中東紛争を政治的に利用したという側面からのみ吟味される傾向がありますが，経済的要因も少なからぬ働きをしています。すなわち，直接的には1972年に始まった変動相場制のもとでドルの価値は低下しました。原油はドルで取引されていたので原油代金の実質的価値は低下し，OPEC諸国はオイルショック以前から原油価格上昇を要求し，実現していました。さらにアメリカのインフレーション，および各国の「インフレーションの輸入」で世界的なインフレーションは原油価格を上昇させる要因となりました（[3] pp. 133-6）。

このような状況で第4次中東戦争が1973年10月に発生し，OPEC諸国による原油の減産，親イスラエル国への原油輸出禁止措置は世界に原油供給不足の不安を発生させ，原油価格は急激に上昇しました。これを第1次オイルショックといいます。オイルショックは2度起きましたが第2次オイルショックはOPEC内部の問題を契機として発生しました。1978年イランで宗教革命が起きてパーレビ政権が倒れ，原油生産が落ちるとの予想から原油価格は上昇しました。また，イラン革命の余波を恐れたイラクは1980年，イランへ侵入しイラン・イラク戦争が起き，原油価格はさらに上昇しました。1980年代になるとOPECはほぼ石油生産の国有化を完了し，自国でガソリンを生産して直接に外国へ輸出するようになります。これがヨーロッパへ流れ，オイル・メジャーの生産計画とは独立した新たなガソリン供給増はヨーロッパのスーパーマーケットにより行われました。競争の激化によりヨーロッパのSSが激減しました。

図9.1および図9.2から分かるように全ての国で1970年代に2度の物価水準のピークが生じています。その後，世界のインフレ率は安定した動きを見せています。その理由は1985年以降，原油価格は値崩れを起こし，原油価格のインフレーションへの影響は消滅したからです。原油価格の値崩れの原因の一つはOPECのカルテルとしての結束が弱まったことです（第1章第5節参照）。しかし根本原因は価格上昇の影響で各国の省エネ努力が成功し，原油に対する需要が減少したという市場の力です。

9.2　固定相場制から変動相場制へ

○　固　定　相　場　制

　第2次世界大戦後，アメリカが世界のリーダーとなります。第2次世界大戦中，強大な軍事力を背景に連合国をまとめてヒットラーのナチスを中心とする枢軸国を破りました。そして政治の中心となったのみならず，経済の中心ともなったのです。現代をパクス・アメリカーナ（アメリカによる平和）ということがあります。

　第2次世界大戦後，金（きん）がアメリカに集中してイギリスを始め他国には外貨準備が不足したので，その金を担保にドル紙幣が（政府間）兌換紙幣として世界の外貨準備となりました。金1オンス＝35ドルでドル紙幣は金と交換されました。ドルは他国通貨のニュメレール（価値尺度財）となり，たとえば日本についていえば1949年より1972年まで1ドル＝360円の固定レートが維持されました。これを「固定（為替）相場制度」，あるいは「金・ドル本位制」といいます。

　前章ではケインズのチャーチル批判を紹介し，不況を招きたくなければ「ポンド切り下げ」により復帰すべきであったと主張しました。ここで注意しなくてはならない点があります。たとえばポンドを切り下げたとき，アメリカもドルを切り下げたらどうなるでしょうか。

　仮設例で第1次世界大戦前に1ポンド＝金2オンス，1ドル＝金2オンスであったとしましょう。このとき1ドル＝1ポンドの為替レートとなります。もしポンドを切り下げて1ポンド＝金1オンスと宣言したとすれば1ドル＝2ポンドの為替レートとなり，アメリカ商品は高価に，イギリス商品は安価になります。イギリスは輸出が盛んになり，（輸入に占める原材料のウエイトが大きくなければ）好調な輸出はイギリス経済のGDPを拡大させるでし

よう。

　しかし，もしアメリカも「ドル切り下げ」を行い，1ドル＝金1オンスと宣言すれば1ドル＝1ポンドの為替レートとなり第1次大戦前と変わりません。このようにイギリスによるポンド切り下げの目的がGDPの維持・拡大にあるとすれば一国の通貨切り下げは他国の対抗的通貨切り下げを引き起こす傾向を考慮に入れなければなりません。

　これを競争的切り下げ（切り下げ戦争）といい，実際に第1次大戦をはさんで1930年代の大不況期に起こりました。結局，このときの「競争的切り下げ」は「切り下げ行為同士がお互いに効果を打ち消しあい，いずれの国も失業問題の克服に役立てることはできなかった」と評価されています（[4] p.691）。この「競争的切り下げ」による為替レートの変動は当時の高関税と相まって世界の貿易量を縮小させたと批判され，第2次大戦後の国際通貨体制は固定相場制を採ることになったのです。固定（為替）相場制度（金・ドル本位制）はこの制度を規定するIMF協定になぞらえてIMF体制といわれることがあります（[5] p.320）。

　この制度のもとでは各国の中央銀行はそのレートを維持する義務があります。たとえばアメリカの証券の金利が上昇して，日本でアメリカ証券購入需要が増大すれば，円をドルに換えて証券を購入せねばならないのでドルの対円レートは上昇しようとします。図9.7でドル需要関数Dとドル供給関数Sのもとでe_I＝360円というレートが実現していたとしましょう。もしドル需要曲線Dが右方シフトしてD'となれば，新しい均衡はE'となってドルの対円レートは上昇します。

　このとき政府・日本銀行はこの市場で所有しているドルを売り，供給曲線Sを右方シフトさせてS'としなければなりません。この新しい均衡E^*でドルの対円レートはもとの360円に戻ります（①）。逆に，日本の輸出が拡大し，東京の市場でドル供給が増加すると，ドルの対円レートは下落しようとします。政府・日本銀行はこの東京市場でドルを買い続け，1ドル＝360円のレートを維持しなくてはなりません。すなわち，東京のドル市場で供給

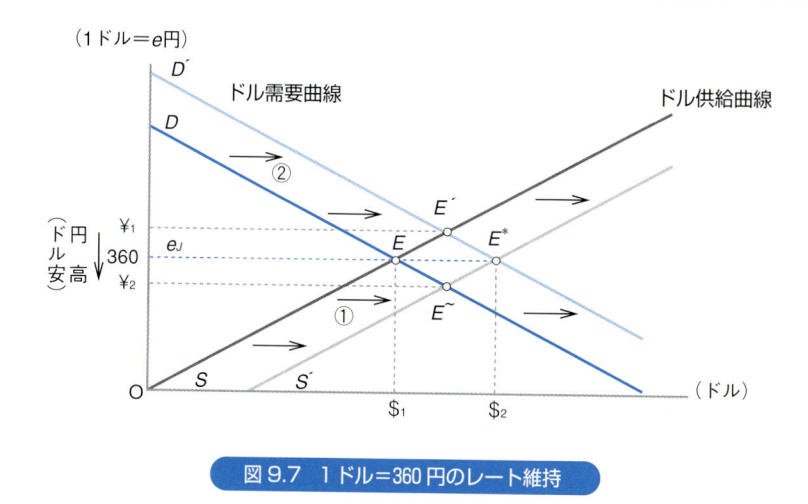

図9.7　1ドル＝360円のレート維持

曲線が右方シフトすれば市場介入して需要曲線を右方シフトさせねばならないのです（②）。

貿易や国際的証券取引が認められた経済を開放体系の経済といいますが，開放体系にある経済において固定相場制のもとでは政府の拡張的金融・財政政策は次の性質を持ちます。

　I　開放体系経済において，固定相場制のもとで拡張的金融政策は無効，あるいは小さな効果しか持たない。

　II　開放体系経済において，固定相場制のもとで拡張的な財政政策は有効である。

性質Iを吟味しましょう。拡張的金融政策のために，日銀が貨幣を増加させてGDPを増加させようと国債を購入したとしましょう。貨幣供給増加による LM 曲線の右方シフトはGDPを増加させますが一方で日本の証券利子率を下落させ，アメリカの証券保有が有利となります。アメリカ証券購入需要が増大すれば先ほどの説明のようにドル高になりますから，政府・日銀はドル市場に介入してドルを売らねばなりません。この介入政策は貨幣が日銀

に戻るのですから，貨幣量の減少を意味します。すなわち，為替レートの変動を通じて拡張的金融政策は無効になる傾向を持ちます。

性質 II を吟味しましょう。政府が赤字財政を通じた公共事業により GDP を増加させようとしたと仮定しましょう。この需要創出による IS 曲線の右方シフトは GDP を増加させますが，一方で日本の証券利子率を上昇させます。有利になった日本の証券を求めて外国からドルが入ってきます。ドル市場で供給曲線が右方シフトしますからドル安（円高）になります。政府・日銀はドル市場に介入して，元のレートに戻さねばなりませんが，この場合はドル買い介入です。円で買うのですから日本の貨幣は増加して，さらに GDP は拡大する効果を持ちます。

○ インフレーションの輸入

開放体系の固定相場制のもとでは一国でインフレーションが発生すると他国に輸出されるとして，1960 年代後半にベトナム戦争との関わりで問題となりました。

フランスの植民地であったベトナムは，第 2 次大戦後に独立しようとしましたが，フランスと戦争になりました。フランスは独立を認めましたがベトナムの指導者ホー・チ・ミンが共産主義者であったためアメリカが政治介入しました（[6] p.323）。ベトナムに共産主義政権が誕生すれば次々と共産主義政権がアジアに誕生し，アメリカに伝播するという「ドミノ理論」によるものです。

ケネディ政権のあとを継いだジョンソン政権は 1960 年代後半から本格的にアメリカ軍を南ベトナムに送って北ベトナムと闘いました（[7] p.338）。このアメリカの軍事費増大は増税を行わない拡張的財政政策でしたからアメリカ経済は経済成長が続きましたが，図 9.1 より明らかなように物価上昇率が増加しました。1969 年より物価上昇率が低下していますが，これは増税が行われ，景気が沈静化した影響です。物価上昇率をインフレ率というこ

表9.1 インレーションの悪化：日本とドイツ

（数値は増加率：%）

	1968年	1969年	1970年	1971年	1972年
ドイツの貨幣供給	6.4	6.3	8.9	12.3	14.7
ドイツの公的対外準備	37.8	−43.6	215.7	36.1	35.8
ドイツの物価	2.9	1.9	3.4	5.3	5.5
日本の貨幣供給	20.6	16.8	29.7	24.7	16.8
日本の公的対外準備	25.7	32.5	217.4	19.6	−33.3
日本の物価	5.2	6.3	6.5	4.7	11.7

（データ出所）OECD, *Main Economic Indicators: Historical Statistics*, 1964-1983.

とがあります。図9.2より，ヨーロッパの多くの国も1960年代後半にインフレ率が増加しています。ヨーロッパ諸国はこれを「インフレの輸入」と呼びました。

アメリカの景気がよくなりインフレも悪化すると外国からの輸入が増え，輸出が減少します。たとえばドイツにとって対米輸出が拡大して輸入は減少しますから，ドイツのドル供給曲線が右方へシフトしてドルの対マルクレートは低下していきます。固定相場制のもとではドイツの中央銀行はドルを購入してドルの対マルクレートをもとの水準に戻さねばなりません。この処置はマルクによるドル買いですから，ドイツ国内の貨幣は増加します。これはドイツの景気をよくすると同時にインフレーションを悪化させるのです。

表9.1は日本とドイツに関し対外準備増加が貨幣供給を増やし，インフレーションを悪化させている状況を示しています。ドイツの1969年度の対外準備の減少，および日本の1972年度の対外準備の減少は，それぞれの年に行われたマルクや円の「切り上げ」（ドルの対マルクレートと対円レートの低下）の影響です。一国の通貨が切り上げられると，その国の商品は外国に対し相対的に高価になるので，輸入が増加し，輸出が減少するのです。

現在（2003年）日本では，デフレーション克服策として貨幣量を増加さ

表 9.2　日本の貨幣数量の増加率と物価上昇（1991-2001 年，%）

	1991 年	1992 年	1993 年	1994 年	1995 年
貨　幣	4.6	3.0	5.4	8.2	13.7
物　価	1.68	1.34	0.61	−0.10	0.10
	1996 年	1997 年	1998 年	1999 年	2000 年	2001 年
貨　幣	8.8	8.5	10.6	8.2	8.5	27.6
物　価	1.82	0.59	−0.30	−0.69	−0.70	−0.91

（データ出所）『日本の統計2003』（総務庁統計局），総務省ホームページ，及び『日本統計年鑑』（平成16年）より作成。

せてインフレを一定のレベルまで引き上げようとする「インフレ・ターゲット」論が問題となっています（次章第4節参照）。表9.2 はバブル崩壊後における日本の貨幣増加率（第6章図6.2 で示した $M1$ の増加率）と物価上昇率の関係を示していますが，表9.1 と比べると2000年まで貨幣供給の増加率は半分以下にすぎず，物価上昇率はマイナスか2%を超えたことはありません。したがって「インフレ・ターゲット」論とはもっと貨幣量を増やしてインフレーションを発生させようと主張するのです。2001年より貨幣量が急激に増加しています。この政策は「インフレ・ターゲット」論に影響された結果といえるでしょう。

　しかしドイツのハイパー・インフレーションの例からわかるように，貨幣量を極端に増加させることにより物価上昇率を上昇させるのは可能であるとしても，たとえば目標とする物価上昇率を3%としそれを上限目標として維持できるかという点では必ずしも意見の一致をみていません。

◯　金・ドル本位制の廃止と変動相場制

　1952年に247.14億ドル分の対外準備（金）を所有していたアメリカです

(百万ドル)

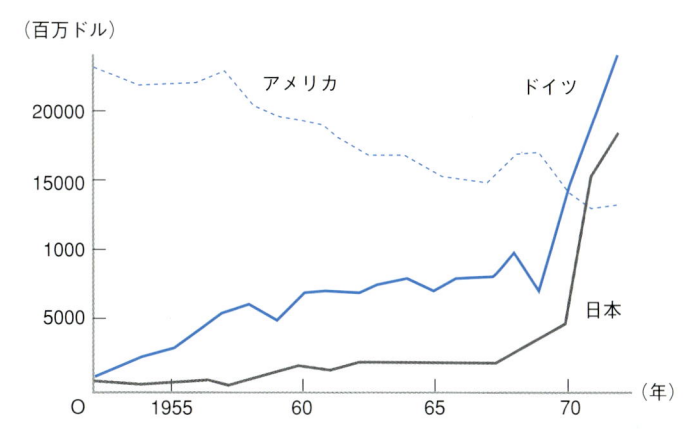

（データ出所）　IMF 統計月報,『世界経済白書』（経済企画庁編），1962，1967，1973 より作成。

図 9.8　各国の金および対外準備額の推移（1952–72 年）

が，1962 年には 172.2 億ドル，1972 年には 121.12 億ドルへと半減してしまいます（[8]）。その減少の理由は第 2 次大戦後のヨーロッパ復興援助であるマーシャル・プラン（[9] p.327）や朝鮮戦争（[10] p.329），さらにベトナム戦争（[11] p.323, p.337）といった外交政策への出費，および民間企業の海外投資でした。金・ドル本位制が大きく揺らぎ始めたのです。

さらにマーシャル・プランでヨーロッパ諸国が戦争から復興を遂げるにつれ，これらの国，とくにドイツ，はアメリカへの輸出を急上昇させます。図 9.8 はアメリカ（破線），ドイツ（青い実線），日本（灰色の実線）が所有する金および対外準備の推移を示していますが，1971 年にはドイツと日本の金および対外準備はアメリカのそれを上まわっています。（ただし，ドイツと日本はドルなど対外準備が多く，保有する金（きん）は少ないことに注意してください。1972 年度，アメリカの金保有は 104.9 億ドル，ドイツのそれは 44.6 億ドル，日本のそれは 8 億ドルにすぎません。）

日本人にとって貿易摩擦といえば，後述するような 1980 年代の日米貿易

摩擦が頭に浮かぶでしょうが，1960年代は米独貿易摩擦が大きなテーマでした。固定為替制度のもとでドイツ・マルクは実際の価値より意図的に低く抑えられていると世界から批判され，1961年，1969年とマルク切り上げが行われました。しかし，1971年にアメリカは第2次大戦後初めて貿易収支が赤字となってしまいます（[12] p.220）。

このような相対的な地盤沈下という認識のもと，アメリカのニクソン大統領は1971年8月15日にドルの切り下げと金とドルの交換を停止するとの発表を行い，金・ドル本位制は崩壊し，1972年からは世界の通貨制度はフリードマンらが主張していた変動相場制へと変化しました。これをニクソン・ショックといいます。

変動相場制で求められたのは金融政策の自律性を確保することです。先に開放体系にある固定相場制のもとで金融政策は無効であると説明しました。変動相場制のもとでは中央政府は「為替レートを変化させないために市場介入する」必要はありませんから金融政策は有効となります。ただし変動相場制のもとでは財政政策の効果が弱くなります。性質IIが成り立つ理由は日本の拡張的財政政策にはドル安（円高）を修正する金融政策がリンクされていることでした。変動相場制のもとではドル安（円高）はそのままに放置されます。これは（原材料のウェートが大きくないとの前提のもとで）日本の輸出商品の価格をアメリカと比べ相対的に高くしますから，輸出不振となりGDPの拡大を相殺します。また，前節の分析から「インフレーションの輸入」は発生しないことが期待できます。つまり次の性質が成り立ちます。

　III　開放体系経済において，変動相場制のもとで拡張的金融政策は有効である。

　IV　開放体系経済において，変動相場制のもとで拡張的財政政策は無効かあるいは小さな効果しか持たない。

　V　開放体系経済において，変動相場制のもとで「インフレーションの輸入」は発生しない。

しかし当時もっとも人々にアピールしたのは貿易収支の均衡です。変動相

場制のもとで貿易収支は均衡する傾向を持つと主張されます。図 9.7 を用いて説明しましょう。日本とアメリカからなる経済を考えます。ドル需要関数が D で，ドル供給関数が S で与えられるとドル対円レートはその交点 E で決まる e_J となります。

さて日本の輸出が輸入と比べて相対的に拡大したとしましょう。このとき，日本の貿易収支は黒字となり，日本へドルがもたらされドル供給関数を右方シフトさせます。たとえばドル供給関数が図 9.7 の S' へとシフトすると新しい均衡は $E~$ で与えられます。ドル対円レートは低下し（ドル安・円高），日本の商品は高価に，アメリカの商品は安価になって今度は日本の輸入は輸出と比べ相対的に拡大していくのです。すなわち，次の性質を持ちます。

  VI 開放体系経済において，変動相場制のもとで貿易収支は均衡に向かう傾向を持つ。

9.3 日米経済摩擦：双子の赤字

オイルショックは原油価格の高騰を意味します。アメリカでは 1970 年代ガソリン燃費に劣る大型車からガソリン燃費に優れる小型車への需要のシフトが起こりました。第 7 章の図 7.2 で示したようにドイツは第 2 次大戦前に行われた巨額のアウトバーン建設投資で戦前に自動車産業は成長を遂げていました。日本の自動車産業は 1950 年代後半からスタートした道路建設により自動車の性能が飛躍的に高まったといわれます。1970 年代よりマスキー法など車をめぐる環境規制も厳しくなりましたが，成長を遂げた日本車メーカーは世界に先駆けてその規制をクリアしたことも需要シフトに貢献しました。

図 9.1 より明らかなように日本は第 1 次オイルショック時の方がインフレ率は高く，逆にアメリカは第 2 次オイルショック時の方がインフレ率は高

くなっています。日本はエネルギー，とくに原油の海外依存度が高く，第1次オイルショック時より原油価格を高めに誘導して「省エネ・脱石油」戦略を探りました。したがって，第2次オイルショックの影響は比較的軽微だったのです。これに対し，アメリカは第1次オイルショックを一過性の事件であるとみなし，ガソリン価格を低めに誘導したといわれます。しかし第2次オイルショックが起きるとさすがにアメリカも原油価格を高めに誘導して「省エネ・脱石油」戦略を探りました。

　このように小型車への需要のシフトは第2次オイルショック以降に顕著になり「日米自動車摩擦」が1981年に生じました。アメリカの自動車労組UAW（United Auto Workers）が日本の自動車メーカーに対米自動車輸出の自主規制を求めたのが発端でした。この要求はアメリカ政府に支持され，レーガン政権は正式に日本政府に要請し，日本政府は通産省（現「経済産業省」）に1981年より1993年まで対米自動車輸出の自主規制を指導させました。（WTO体制となった現在ではこの「自主規制」は禁止されています。）この間，日本の自動車メーカーはアメリカ本土での自動車現地生産を行うことにより批判をかわしました。

　1980年代の後半には半導体摩擦が起きました。コンピュータの原材料である半導体は1947年にAT&Tベル研究所のショックレーにより発明されさまざまな商品に利用されましたが，とくにコンピュータの小型化に大きな貢献をしました。コンピュータは軍需製品の基本構成要素ですから，日本の半導体産業が急成長を遂げ，市場シェアを拡大していくと，アメリカの防衛問題として議論されるようになりました。しかしその問題の基本はアメリカの貿易収支赤字問題です。アメリカ半導体産業が日本政府の「産業政策」により日本市場から排除される不利益を受けたとアメリカ通商代表部（USTR）は主張しました。

　アメリカは1976年以降，恒常的な貿易赤字です。図9.9から明らかなように，レーガン政権が1980年に発足するとアメリカの貿易赤字は急拡大していきます。アメリカの自動車メーカーの例に表れているように外国企業と

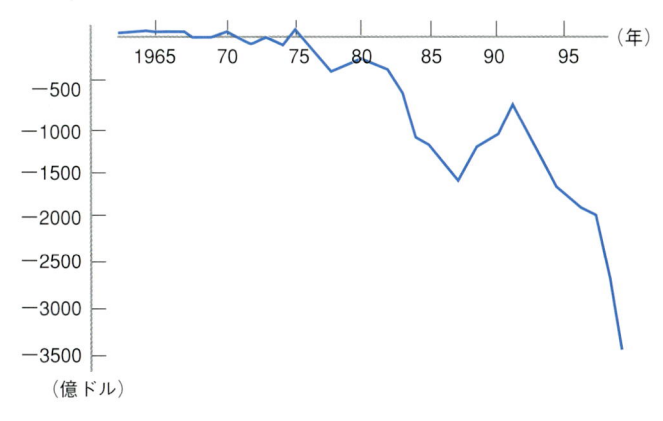

(データ出所) IMF, *International Financial Statistics*（矢野恒太記念会編『日本国勢図会 2001／02』所収）より作成。

図 9.9　アメリカの貿易赤字（1962-99 年）

の競争に直面する国内企業は産業保護を求めます。アメリカの貿易赤字は相対的にアメリカの商品が売れず，企業は困難に直面し，労働者は失業の危険に直面するという理論をかかげて産業保護を求めるのです。しかし世界経済は 1972 年より変動相場制に入っており，すでに吟味した性質 VI によりこのような貿易赤字はドルレートの下落を通じて解消するはずでした。

　なぜ，1980 年代，アメリカの貿易赤字は解消しなかったのでしょうか。その一つの理由はアメリカの財政赤字にあります。レーガン政権はアメリカの軍備が共産主義国家と比べ劣っているとして，軍備拡張路線をとりました。通常は増税により軍備支出をまかなうのですが，レーガン政権は「ラッファー曲線」の理論により，高い税率は総合的には税収減になり，むしろ税率を適当な水準まで下げることにより，税収は増加するとの立場をとりました。しかし現実には税収は減税により増加せず，レーガン政権は財務省証券（アメリカの国債）を発行して財政赤字をまかなわざるを得ませんでした。この

とき，証券利子率を上げて発行しなければなりません。当時はオイルショックの時代でもあり，連邦準備理事会議長であるボルカーは緊縮的金融政策をとりました。この政策はアメリカの証券利子率を高め，外国からアメリカ証券を求めて資金が流入しました。

　この状況を図 9.7 を用いて説明しましょう。日本に焦点を当てて吟味します。日本は貿易黒字ですからドルが日本に入ってくるのでドル供給曲線が S から S' へ右方シフトします。このとき均衡点は $E^{\sim}$ となりドルレートは下落（ドル安・円高）します。これだけであれば日本の貿易黒字は解消に向かう傾向があります。

　他方，アメリカの財政赤字および緊縮的金融政策によりアメリカの証券が相対的に有利となり日本のアメリカへの証券投資が上昇します。このことはドル需要を増加させ，図 9.7 において，ドル需要関数 D も D' へ右方シフトします。図 9.7 では均衡が $E^{\sim}$ から E^* へと変化していますがドルレートはもとの水準へ戻っています。ドル需要関数が D' からさらに右方シフトすればドルレートは以前より上昇してしまいます（ドル高・円安）。この場合，日本の貿易黒字は一層拡大するでしょう。このように日本の貿易黒字には貿易取引と資本取引から相反する力が加わったのです。資本取引が重要になるにつれドル高へ向かう力が支配したというべきでしょう。アメリカの財政赤字を原因とする貿易赤字を「双子の赤字」といいます。

　1991 年以降，クリントン政権となってからもアメリカは貿易赤字が続き，むしろその赤字は拡大傾向にあります。クリントン政権はレーガン政権時と比べ，軍備縮小路線をとりました。2000 年には財政赤字は均衡しました。にもかかわらずアメリカの貿易赤字が続いている理由は何でしょうか。今度は，日本はバブル崩壊後の不景気を低金利政策により乗り切ろうとしましたが成功せず，2003 年現在でも「超低金利」が続き，相対的に有利なアメリカへ資金が流れ，ドルへの需要が続いているからです。

　レーガン時代からクリントン時代のアメリカ貿易赤字問題においてもう一つ指摘しなければならないのは垂直的貿易構造です。しばしば，先進国と発

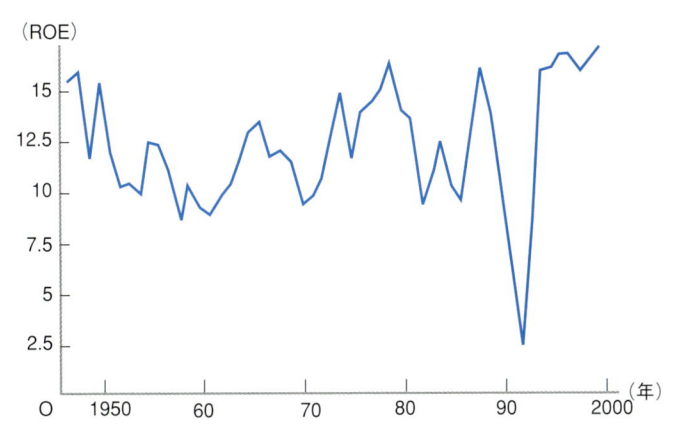

(データ出所)『2001 米国経済白書』(毎日新聞社),Table B-94 より作成。

図9.10　アメリカ企業の利潤（ROE）の推移（1947–2000 年）

展途上国間の貿易は垂直的貿易であり，発展途上国から先進国へ原材料が輸出され，先進国から発展途上国へ製品（完成品）が輸出されるといわれます。また，先進国同士では製品（完成品）がお互いに輸出されるといわれます。しかし，日米間では日本が半導体製品（とくに記憶素子）などの原材料を大量に輸出しています。したがって自動車産業やコンピュータ産業などアメリカの主要産業が拡大すれば貿易赤字となる傾向を抱えているのです。

　この貿易赤字に悩むアメリカ企業は1980年代，その業績は低下していたのでしょうか。

　図9.10は1947年から2000年までアメリカ企業の利潤率（ROE，株式評価額に対する利潤の割合）がどう変化したかを示していますが80年代に下落しているようには見えません。

　また図9.11は1970年から1999年までのアメリカの労働者の失業率（破線）を示していますが1983年の10%を超える失業率のピーク以降，アメリカの失業率は下落傾向にあります。日本は1990年にバブル経済が崩壊し，

(失業率:%)

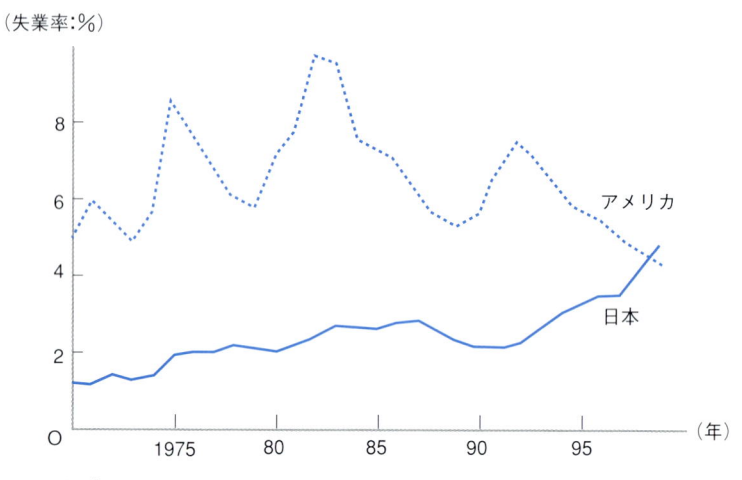

図9.11 日米の失業率の推移(1970-99年)

（データ出所）「国連統計月報」（矢野恒太記念会編『日本国勢図会 CD-ROM2001/02』所収）より作成。

自動車生産も減少していきました。図9.11で日本の労働者の失業率（実線）は上昇を続け，1999年には「日米逆転」現象が起きています。（2003年現在，再逆転現象が起きています。）

本章のまとめ

日本は21世紀に入り2003年になってもデフレーションの状態にありますが戦後期の多くは物価はゆるやかに上昇を続けました。このインフレーションがケインズ経済学の地位を脅かしたのです。

1 インフレーションの理論でフィリップス曲線は不可欠の分析手段です。この曲線が1960年代に描かれたとき，ケインズ経済学の主張が裏付けられたと考えられました。しかしフリードマンはこのフィリップス曲線の消滅を予言し，実際，曲線は消滅しました。

2 さらに1970年代にインフレーションと不況が同時に起こるスタグフレーショ

ンが発生してケインズ経済学の地位が大きく揺らぎ，フリードマンの主張するマネタリズムやルーカスの主張する合理的期待形成学派が台頭することになります。

3 ただし，この流れが著しいのはアメリカでした。実際，アメリカ以外の国でフィリップス曲線を描いてみるとその存在が統計的に保証されるのです。逆に，アメリカで統計的に保証される修正フィリップス曲線の存在は，アメリカ以外では統計的に保証されないことが本章で示されました。

4 本章では，このインフレーションを手がかりとして国際通貨体制の変化を説明しました。固定相場制のもとでは「インフレーションの輸入」が発生するので変動相場制への移行が主張されたのです。さらに貿易収支の均衡を自動的に実現すると主張されるこの変動相場制が1972年に実現しました。

5 本章では最後に1980年代の「日米経済摩擦」を説明しました。変動相場制のもとではアメリカの貿易赤字は消滅するはずですが，実際には赤字は拡大を続けました。その理由は財政赤字を原因とする日米の金利差を通じたアメリカへの証券投資であると説明されました。この現象を「双子の赤字」といいます。

練習問題

9.1 1930年代のケインズ的デフレ不況と1970年代のスタグフレーション的不況の違いを述べなさい。

9.2 自然失業率を計測する方法としてどのようなものが考えられるか吟味しなさい。

9.3 「よいインフレーション」はあるか，吟味しなさい。

9.4 日本経済新聞2003年9月9日によると，ようやく景気が上向いてきた日本経済ですが，為替相場が円高へ向かっているので政府・日銀は円売り・ドル買い介入を実施しました。円高へ向かうメカニズムを説明しなさい。

9.5 固定相場のもとにあり輸出が好調な中国では，潜在的なインフレ圧力が強く，インフレ是正のため変動相場制へ移る誘因があると指摘されます（日本経済新聞2003年9月11日参照）。このメカニズムを説明しなさい。

第 10 章

バブル崩壊を超えて

　1990年はさまざまな意味でエポック・メーキングな年でした。外国では前年暮れに米ソ対立の象徴であったドイツの「ベルリンの壁」が崩壊して共産主義体制が崩壊を始めた年にあたりますが，日本のバブル経済が崩壊した年でもあります。1990年代，アメリカは史上稀に見る好景気に沸きましたが，日本や旧共産主義国では低迷が続きました。すでに発展途上国といわれる国から香港や韓国のように先進国の仲間入りを目指す諸国が存在していたのですが，中国のように1990年代に急速に発展を遂げだした国も見受けられます。本章では1990年代のこれらの国々の状況の原因を探り，この「失われた10年」に苦しむ日本にとって2000年代における経済再生案を吟味します。

○ KEY WORDS ○
ニュー・エコノミー，IT，EU，ユーロ，バブル，プロダクト・テクノロジー，離陸，二重経済

10.1　ニュー・エコノミー：アメリカの1990年代

　2001年に大統領職を退任したクリントン大統領はもっとも幸運な大統領であったといわれることがあります。1992年の大統領選挙において大方の予想を裏切って現職のG.ブッシュ大統領（G.W.ブッシュ大統領の父）を破って当選を果たして以来，アメリカはその歴史上もっとも長い間繁栄が続いたからです。現在（2003年）翳りが見えているアメリカ経済ですが，その一つの原因とされる2001年9月11日の「同時多発テロ」も彼が大統領職を退いた後に発生しています。

　1990年代の初め，決して労働者を解雇したことがないと自負していた超優良企業であるIBMでさえ，大胆な人員削減策を余儀なくされたほどの不況に陥ったアメリカですがその原因は歴史的な大転換でした。資本主義と共産主義との間で繰り広げられ，第2次大戦後を特徴付けた経済・軍備競争を意味する「冷戦」が1980年代の終わりに共産圏諸国の自壊によって終了し，アメリカが軍事費を削減したのがその不況の原因でした。

　実際，図10.1の太い青線はアメリカの宇宙・軍需産業の生産指数ですが1960年代のベトナム戦争時の軍需生産の高まり，レーガン政権の対ソ強硬路線時の軍需生産の高まりの後，1990年より急減しています。軍需産業はアメリカ経済を支える柱です。その柱が揺らぐのですからアメリカ経済は不況に陥ったのです。しかし軍事費を削減したということは国債（財務省証券）を発行して国民から借金をする必要がなくなったことを意味します。

　その後，証券利子率は低下し，その国民の資金は有望な情報通信技術（IT, Infomation Technology）産業へ向かい，この産業は軍需産業の落ち込みを相殺する以上の発展を遂げたのです。図10.1の薄い青線はコンピュータなど企業設備産業の生産指数の変遷を示し，破線は全産業の生産指数の変遷を示していますが，これは，この間の状況をよく説明しています。企業の設備

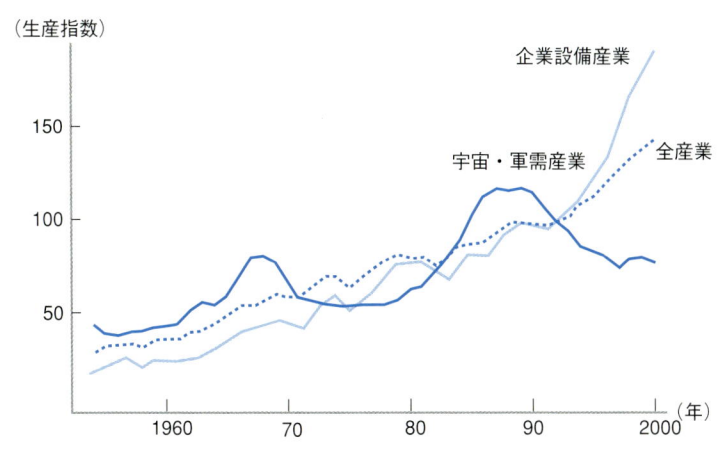

（生産指数）グラフ：企業設備産業、宇宙・軍需産業、全産業の推移（1960年〜2000年）

（データ出所）『2001 米国経済白書』（毎日新聞社），Table B-52 より作成。

図 10.1　アメリカの市場別鉱工業生産指数：1992 年を 100 とする

投資は 1990 年には 6000 億ドルでしたが，1999 年には 1 兆 2,000 億ドルと倍増しています。この中でも IT 時代を反映し，情報化投資は 1990 年の 1000 億ドルから 1999 年には 4000 億ドルと 4 倍増となっています（[1]）。

　クリントン大統領は就任以来ゴア副大統領とともに「情報スーパーハイウェー」構想のもとにインターネット普及に力を入れました。「全ての人が 8 歳で字が読め，12 歳でインターネットを使え，18 歳で大学に行ける」国にするための予算編成を目標としたのですが，軍事費の削減はこのような教育や研究への政府資金も潤沢に供給するのを可能としました。IT 産業の代表である IBM も復活を遂げ，多くの技術革新が生み出され，マイクロソフト社や，インテル，ヤフーなどマスコミを賑わす IT 産業の成長を通じた好景気は多くの産業を活気づけ，自動車産業の生産をも拡大させました。図 10.1 の破線で示される全産業の生産指数は軍需産業の落ち込みにもかかわらず，着実に上昇しています。アメリカ企業の利潤率が急上昇し（前章図

(10億ドル)

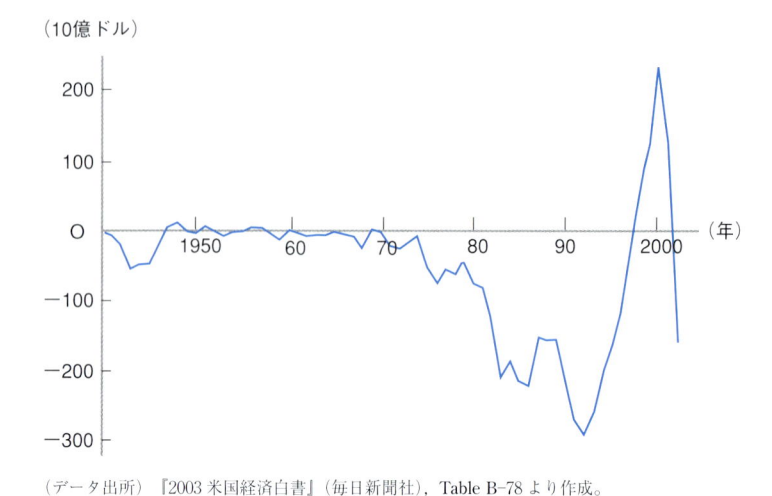

図 10.2　アメリカの財政収支（1939–2002 年）

（データ出所）『2003 米国経済白書』（毎日新聞社），Table B-78 より作成。

9.10），失業率は着実に低下し（前章図 9.11），好景気はアメリカの貿易赤字を拡大させています（前章図 9.9）。

アメリカの貿易赤字の元凶といわれた財政赤字（「双子の赤字」）ですが図 10.2 より明らかなように好景気のおかげで税収が増加し，1998 年に黒字に転換しました。前章の *Case Study9-1* において 1991 年から 2000 年までのインフレ率と失業率の変化を破線で示しました。失業率が 7% 台から 4% 台へと低下したのみならず，インフレ率も 4% 台から 2% 台へと低下し，スタグフレーションとまったく逆の動きをしています。この 10 年に渡って不況を経験せず，これまでのアメリカからは想像できないほどの変わりようですから，これをニュー・エコノミーといいます。

10.2　EU（European Union，欧州連合）の誕生

　2002年1月より，ヨーロッパ統合通貨「ユーロ」が発行され，通貨が統合されました。

　ヨーロッパを統合するための構想は1957年に西ドイツ，フランス，イタリア，ベルギー，オランダ，ルクセンブルクの6か国からなるEEC（European Economic Community，欧州経済共同体）として動き出していました。1987年にはEC（Economic Community，欧州共同体）へと発展しました。本格的に統合を実現するため，1991年のマーストリヒト会議で外交・安全保障政策の共通化，および単一通貨の導入に関しヨーロッパ各国の同意が実現しました。単一通貨の導入のために1978年に発足していたEMS（European Monetary System，欧州通貨制度）では通貨共同フロート制を採用していました。ドイツのマルク，フランスのフラン，イタリアのリラなど，各国の通貨の変動率を一定の幅に押さえ，実質的な域内固定相場制としておいて単一通貨を発行しようとする通貨制度です。1972年以来，世界は変動相場制へと移っていましたから，実質的には強い通貨であるマルクが変動すると，フランなど他の通貨はマルクと連動して変化すると考えればよいでしょう。

　すでに述べたように，原油価格は1973年より急上昇を始め，ほぼ10年間にわたり高価格を維持した後，1985年から急降下を開始し，以後は湾岸戦争時などに短期的に上昇することはあっても基本的には安定しています。このスタグフレーション期の後，アメリカの失業率は1990年代には4%へ低下し，1980年代の10%を超える失業を後でふれる「ビッグバン」で乗り切ろうとしたイギリスの失業率は5%台にまで下落しました。それ以外の先進諸国，ドイツ，フランス，およびイタリアは，失業率という側面からいえば悪化しました。スペインについては，1995年には23%の失業率を経験しま

した。

 1990年代のヨーロッパにおける不況を,すでに述べた1920年代に発生したドイツのハイパー・インフレーションからの後遺症と捉える見方が一般的です。ドイツの第2次大戦後の経済運営は過敏とも表現されるほど高金利政策に代表されるインフレーション対策に集中してきた感があります。実際,前章図9.2でみたように,ドイツのインフレーションは世界的に見て低水準に抑えられてきました。

 その政策が一国内で実施されるときはドイツだけの問題で済んだのですが,ヨーロッパ統合へ向けて1978年にEMSが設立され,次いで1991年には通貨統合のためのマーストリヒト条約が締結されると,これらの制度により各国は,金融・財政政策をドイツ型に近づけることを要求され,インフレーション退治のために高い失業率という代償を支払ったと主張されるのです。

 1990年代初期のヨーロッパの不況についてはドイツ再統一によるとの見方が一般的です。1989年にベルリンの壁が崩壊し,1990年に東西ドイツは再統一を実現しました。東ドイツは共産主義体制のもとで競争の欠如を通じた生産性の低下,生産設備の劣化が著しく,西から東への巨額の補助を必要としました。西ドイツ政府からは1990年から1997年まで7000億ドルもの資金が東ドイツへもたらされました([2] p.181)が,別の表現をすると1991年の補助金は東ドイツのGDP比で72%,1992年には90%に達しています([3] p.377)。また,東ドイツへの投資需要も高まり,強いインフレ圧力が生じました。これに対しインフレ抑制のため緊縮的な金融政策が採られました。

 EMS体制ではメンバー国間の固定相場制を意味するので,ドイツの高い金利によってメンバー国の資金がドイツへ集まり,リラやフランなどの為替レートは下落傾向となります。域内での固定相場制を維持するためにメンバー諸国も高い公定歩合政策を採らざるを得ず,景気停滞と高い失業率が生じたのです。1987年以来,EMS体制に参加していたイギリスはその負担に耐えかねて1992年,一時的にEMSを脱退しました。そこで規約が改定され,旧EMS体制のもとでは各国は自国通貨の上下2.5%の変動幅が認められて

いたのですが，これらの経験をもとに 1993 年以降，上下 15% の変動幅が認められるようになりました。

1990 年代後半もヨーロッパ諸国は不況が続き，高い失業率が下落しませんでした。この高い失業率の原因の一つを 1991 年にオランダのマーストリヒトで合意された通貨統合に求める意見があります（[4] p. 182）。というのも，通貨統合に参加する条件として

1．インフレ率が最低から 3 か国の平均を 1.5% 以上上まわらない
2．一般政府財政赤字が対 GDP 比で 3% 以下であること
3．政府債務残高が対 GDP 比で 60% 以下か 60% に向けて低下していること

というような条件が含まれていますが，これはインフレを引き起こさないためにはできるだけ金利を高めに誘導し，財政政策を縮小気味に行うことを要求するからです。この加盟条件をインフレーションに対し敏感なドイツが強く主張し，それが反映されているといわれます。

10.3　日本：バブル崩壊

日本に関するインフレ率と失業率の変遷を図 10.3 の実線で示していますが，先進資本主義諸国の中でもっとも「理想的な」フィリップス曲線の形をしているように思われます。もっとも，1990 年代は右下の部分ですが，金融緩和を実施しているにもかかわらず，まるで強力な金融引締めを実施しているような状況です。

○ プラザ合意

1980 年代後半に日本で生じたバブル経済は 1990 年代に入ると崩壊

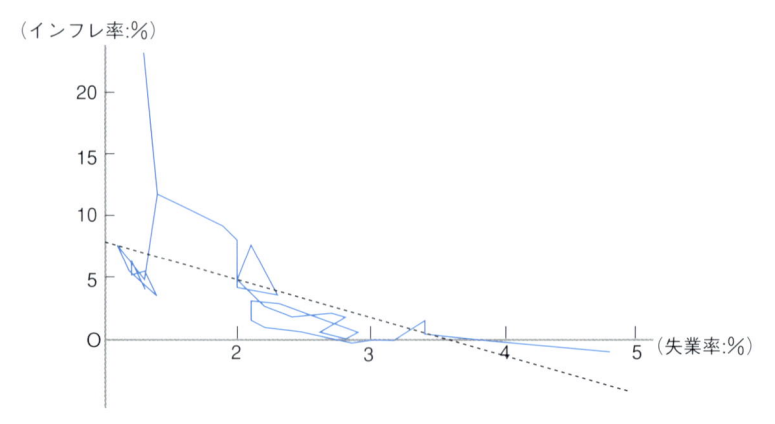

(データ出所)『米国経済白書 1991』(日本評論社), 表 107 及び表 108・2001, Table B-108, B-109 より作成。

図 10.3　日本のフィリップス曲線（1962–2001 年）

　し，2000 年代に入っても日本経済はなかなか回復しません。1920 年代のアメリカ経済の株式バブルが 1929 年に崩壊した後，その回復に長時間を要しましたが，日本も同じくらい，あるいはそれ以上の時間を要しそうです。

　バブルとは基本的に「資産インフレーション」であり，消費者物価で評価する通常のインフレーションとは区別されます。しばしば，日本のバブル経済とは 1985 年の「プラザ合意」によって始まったといわれます。1985 年の年末の日経平均株価は 1 万 3,113 円でしたが，バブルのピーク時（1989 年 12 月 29 日）には 3 万 8,915 円に達しました。その後は「資産デフレーション」過程に落ち込み，2003 年には 1 万円を割る惨状が続いています。地価の時価総額も，1985 年末に 1049 兆円であったのが 1990 年のピーク時には 2,420 兆円へと 2 倍以上に増加しました。しかし 1998 年では 1687 兆円です。この間，消費者物価に関していえば 1985 年以来 1990 年までの物価上昇率は 0.7%, 0.2%, 0.7%, 2.3%, 3.1%, 3.2% であるにすぎません。

「資産インフレーション」であれ通常のインフレーションであれ，それらは貨幣的現象です。問題は余った貨幣がなぜ資産の方に流れたかという点です。まず1985年以来貨幣が増加した理由を吟味してみましょう。

　ニクソン・ショックの後，1972年からは世界の通貨制度は変動相場制へと変化し，ドルの他の通貨に対する価値は低下していきました（第8章図8.1参照）。1980年代は日米経済摩擦の10年といわれます。それはアメリカの貿易赤字が拡大していったからです（前章図9.9参照）。そこで国際協調を通じた為替調整によりアメリカの貿易赤字の解消を図るという1985年の「プラザ合意」へとつながるのです。

　この合意により日本は積極的な「ドル売・円買い」介入策をとり，円高傾向が発生しました。ところが円高の進行が止まらず，日本は円高不況に陥ってしまうのです。この円高の進行を抑えるため，さらに国内の不況対策のため，公定歩合が1年の間に2.5％引き下げられました。この当時の「超低金利」時代は1989年まで2年3か月におよびました。この金融緩和策により日本は「円高不況」を乗り切ったのですが，その後遺症として過剰流動性（貨幣）の問題を抱えることになったのです。

○ バブル発生：貸す側（銀行業）の原因

　政府の低金利政策により発生した過剰流動性（いわゆる「金あまり」現象）が必然的にバブル経済へとつながるのではなく，その過剰流動性を貸す側と借りる側にそれぞれ理由が存在してバブル経済は発生します。

　まず，貸す側のバブル発生要因を吟味します。第2次大戦後の日本の金融行政は「護送船団」方式で知られる「規制による保護主義」でした。1947年に制定された「臨時金利調整法」（「臨金法」）は預金の最高限度を規制したものでしたが，これに日銀のガイドラインが加わって全ての銀行が同一金利を課す慣行が確立しました。銀行間の金利競争が弱小銀行を潰すのを防ぐのが目的でした。しかし，世界的な預金金利の自由化時代を迎え，日本も

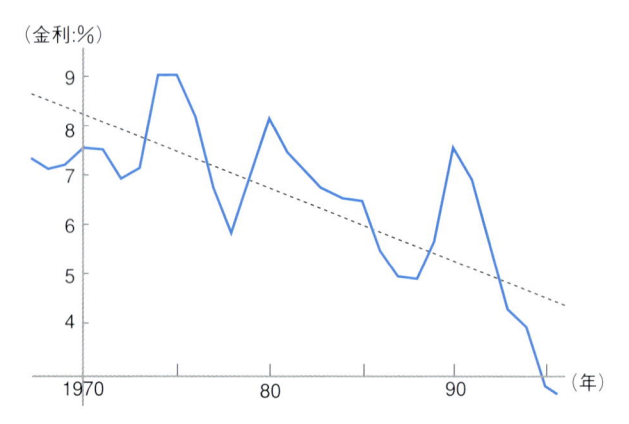

(データ出所) 日本銀行『日本統計月報』(矢野恒太記念会編『日本国勢図会 CD-ROM1997/8』所収) より作成。

図 10.4　全国銀行の貸出平均金利の推移（1968-96 年）

　1979 年に預金金利の自由化が開始されます。この年，CD（譲渡性預金）が認められましたが，CD の金利は「臨金法」適用除外の自由金利でした。

　1985 年には MMC（市場金利連動型預金）の導入が認められ，1988 年には小口預金金利の自由化が行われました。すなわち，小口 MMC の預け入れ最低限度が 300 万円へと下げられたのです。このような金利の自由化は銀行間に競争をもたらします。図 10.4 は『日本国勢図会』のデータをもとに作成した 1968 年から 1996 年までの全国銀行の貸出平均金利の変化を示しています。1985 年からの「超金利」時代を受けて貸出金利も低下していますが，むしろここでは趨勢として貸出平均金利は低下していることに注意が必要です。

　銀行はトヨタ自動車など大手製造企業の「銀行離れ」に直面し，ゼネコンや中小企業・サラリーマンへ土地を担保とした貸し出しに活路を見出そうとしました。日本の『平成 10（1998）年経済白書』によれば銀行を中心とした金融機関と生保から建設業へ 43 兆円，不動産業へ 77 兆円の融資が行われ

ました。さらにその金融機関と生保からノンバンク（貸金業者）へ71兆円の融資が行われ，ここからさらに建設業へ2兆円，不動産業へ23兆円の融資が行われました。

　1987年より始まったBIS規制により国際的金融取引を行う銀行は自己資本比率8％の達成を義務付けられるようになりました。日本の融資拡大に歯止めをかけるというこの目的は裏目に出たといわれます。危険はあるものの8％以上の収益が期待できる分野への貸し出しを拡大したのです。それが不動産業への貸し出しでした。（[5] pp.61-2。ちなみに外国に拠点を持たない銀行に関しては4％の自己資本比率が要求されます。1998年4月よりこれらの基準を満たさない銀行に対しては金融庁による「早期是正措置」が発動され，自己資本を充実させるための措置をとるように命令されます。2000年9月に泉州銀行，2001年12月に福島銀行へ「早期是正措置」が発動されました。）

○ 借りる側（建設業）の原因

　次に借りる側の要因を見てみましょう。バブル期に不動産会社は借金をし，建設会社が債務保証をしていたので，現在，ゼネコン（general contractor）と呼ばれる大手総合建設会社が負債を抱え，経営が思わしくないといわれます。図10.5は1974年から1999年までの日本における建設投資額の変遷を見たものです。建設投資の総額は破線で表示されていますが，1980年から1985年まで第2次オイルショックの影響で停滞しています。

　投資総額は1986年より上昇を始め，バブル崩壊後も1996年までなんとか80兆円の大台を維持していますが，それ以降，減少しています。黒い実線で示された民間投資は1990年より減少していますが，青い実線で示された公共投資が上昇を続け，民間投資の落ち込みをカバーしているのがわかります。建設業の抱える従業者数も1985年の530万人から1990年の588万へと増加したあと，バブル崩壊後も増加を続け，1997年には685万人とバブル

(兆円)

建設投資
の総数額

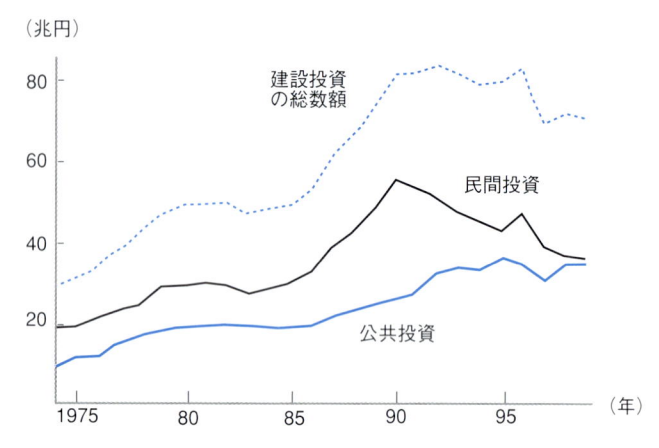

民間投資

公共投資

（データ出所）　建設物価調査会『建設統計要覧』（矢野恒太記念会編『日本国勢図会』CD-ROM2001/02』所収）より作成。

図 10.5　日本の建設投資（1974–99年）

崩壊後 100 万人の増加を見ています。公共事業がこの増加を支えたといえるでしょう。

　その後は建設投資の減少を反映して従業者数も減少し，2001 年現在，632 万人の従業者を抱えています。（[6]）この建設業は中小・零細企業が多いという特徴を持っています。2001 年『国土交通白書』によると建設許可業者は 58 万 6 千の数になりますが資本金 1 億円以上の企業はわずか 1.1％，個人業者が 25.3％，資本金 200 万円以上 500 万円未満の企業が 22.2％ を占めています。

　不動産価格の急降下で不振といわれる不動産業ですが，その従業者に関していえばバブル崩壊により大きく減少したとはいえません。従業者数は 1990 年の 69 万 2 千人から 1995 年に 70 万 7 千人，2000 年には 74 万 7 千人へとむしろ増加しています。

　さて，バブル経済期における建設業や不動産業の企業行動を吟味するに際

し，なぜ，それらがバブル発生期に積極的行動をとったのかが説明されねばなりません。その理由として1985年に発行された国土庁レポート「首都改造計画」が挙げられることがあります（[7] p.40）。そのレポートの中で東京都のオフィス不足が指摘され，不動産業界やゼネコンの地上げが始まったとされます。

　もちろん，これは積極的行動をもたらす原因の一つですが，ここには見すごされている視点があります。それは日米建設摩擦という視点です。1980年代前半には日米間にお互いの他国からの建設受注実績にそれほどの差はなかったのですが，段々と拡大する日本のアメリカからの建設受注が問題となってきます。たとえば1982年，日本企業のアメリカにおける建設受注実績は333億円でしたが1986年には3562億円と10倍となります。この年，アメリカ企業の日本における建設受注実績は460億円でした。そこで1986年にアメリカ通商代表部は，日本の建設業に支配的であるといわれた談合や指名入札制度を批判し，当時建設計画中の関西空港へのアメリカ企業の参入を求めてきました。

　一方で日本企業やマスコミは「黒船が来る」と危機感を募らせましたが，他方でベクテルを始めとするアメリカのゼネコンの日本市場参入を歓迎した側面があります。というのは，それまでの日本企業の建設市場における行動様式としては，建設構想・計画という上流部門は官庁にまかせ，下流部門の施工のみを担当しているので利幅が小さく，ベクテルのように上流部門から担当すべきであると批判されていたのです。関西空港参入問題以前から，日米建設業の合弁会社が設立され，日本はアメリカ型の上流部門からの担当を「勉強」している最中でした。このような状況で日本のゼネコンは色々な建設プロジェクトの計画段階から銀行よりの資金を借り入れて参加するのみならず，債務保証をも行うという積極経営を行ったと考えられます（[8]）。

　日米摩擦の10年といわれた1980年代の後半，1989年にアメリカ側主導による「日米構造会議」が開かれ，日本の産業構造を国際社会に開かれたものとすることが合意され，この路線は小泉内閣の「構造改革」路線へとつな

がることとなります。

○ バブル経済の崩壊と失われた 10 年

　1989 年 5 月に当時 2.5% の「超低金利」が 3.25% へと引き上げられてもバブルが崩壊することはありませんでした。1989 年中にさらに 2 回の公定歩合引き上げが行われ，1990 年 3 月に不動産業向けの融資伸び率を融資総額の伸び率以下に抑えるようにという行政指導（「総量規制」）が行われてバブル経済は崩壊します。金融機関（全国銀行＋農協＋信用組合）や生命保険会社の抱える不良債権が増加して貸し渋りが発生し，以後金融は緩和されましたが効果がなかなか表れていません。

　図 10.6 は 1994 年より 2002 年までの日本，アメリカ，および NIEs（Newly Industrializing Economies, 新興工業経済地域）における実質 GDP 成長率の変遷を示しています。

　1990 年のバブル崩壊後，経済成長率は急激に低下しましたが 1996 年には回復の兆しが生じています。ところが次の年から再び経済成長率は急激に低下し，1998 年にはマイナス成長に陥っています。そして 2001 年，2002 年と再びマイナス成長が続きました。

　ここで橋本内閣による金融ビッグバンを吟味しましょう。1995 年に不良債権に関するノンバンク「住専」（住宅金融専門会社）問題が起き，6850 億円の公的資金が投入されて一応の解決がつきました。1996 年 1 月に成立した橋本内閣は不良債権問題は峠をこえたとみなし，11 月に日本版ビッグバン構想を発表しました。「ビッグバン」は，イギリスで 1986 年からサッチャー首相により推進された大胆な規制緩和策で，これによってイギリスの証券市場が活性化したのを受けて，政府は日本における金融界全体の改革を目指しました。フリー，フェア，グローバルのキャッチフレーズのもとで行われた規制緩和による金融改革を日本版「金融ビッグバン」と呼びます。これは戦後の「護送船団方式」による日本型の金融市場保護政策から脱皮し，市場

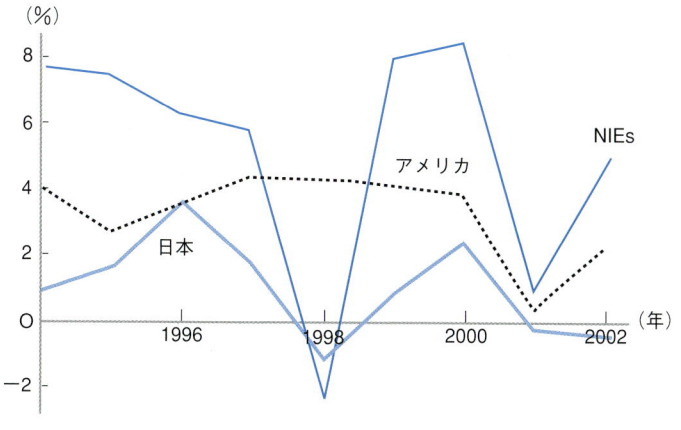

図 10.6 経済成長率の変遷（1994-2002 年）

（データ出所）『2003 米国経済白書』（毎日新聞社），Table B-112 を参照して作成。

原理による銀行の淘汰も許容して国際社会の標準に合わせようとするものです。この政策には不良債権処理がまだ未完成であり，時期尚早との意見もありました（[9]）。

さらに橋本内閣は財政再建を目指して公共事業を抑制すると共に 1997 年 4 月には消費税を 3% から 5% に引き上げ，景気に不利な状況が発生しましたが，それに追い討ちをかけるように 7 月に発生したタイの通貨危機を皮切りにアジア通貨危機が勃発しました。

図 10.6 の青実線は NIEs の経済成長率を示しますが，1990 年代中期まで，アメリカや日本よりはるかに高い経済成長を維持していました。しかし脆弱な経済基盤が残っていました。アジア諸国も長期，短期の対外債務を抱えているのです。とくにタイでは短期資金の流入が経済のバブルを発生させていました。景気過熱によるインフレーションが輸出を抑制したので対外準備の不足を感じたタイ政府は自国通貨バーツを切り下げました。しかしこの処置は第 8 章の「ドイツ賠償問題」でも指摘した自国通貨切り下げによる対外債

務負担増加にタイ経済が耐えられないのではないかとの懸念を生み，外国短期資金が逃避を開始したのです（[10] p.337）。

タイの金融危機はタイ国内の企業倒産と失業を急増させました。この金融危機は同じ構造を持つマレーシア，フィリピン，インドネシア，韓国へと伝わり，それぞれの国に導入されていた外国短期資金の急激な逃避を引き起こし，経済危機をもたらしたのです。この「アジア通貨危機」が図 10.6 における NIEs のマイナス経済成長をもたらしました。この危機は IMF や日本による金融支援を余儀なくさせました。

「アジア通貨危機」は日本の輸出を低下させ，1998 年度にマイナス経済成長をもたらしましたが，これらの日本経済の景気下降傾向は株価をも低下させました。まだ完全に不良債権処理を済ませていなかった金融機関の不良債権は株価下落で一層増加し，1997 年後半に三洋証券，北海道拓殖銀行，山一證券といった大手の金融機関は経営破綻をきたします。この金融危機はとくに中小企業への「貸し渋り」を引き起こし，多くの倒産と失業率の上昇という結果をもたらしました。結果としては金融ビックバンについて「時期尚早論」が正しかったというべきでしょう。1930 年の「金解禁」政策と同様に，金融業の世界的地位を高めるビッグバン政策は今回も挫折したようです。1990 年に 2% であった失業率は着実に上昇を続け，2003 年 5 月現在 5.5% となっています。

○ 公共事業批判

1997 年に『日本国の研究』（猪瀬直樹著，文藝春秋）や『公共事業をどうするか』（五十嵐敬喜・小川明雄著，岩波新書）などの公共事業批判の書が相次いで出版されました。ダム建設や高速道路といった，これまで日本で行われてきた公共事業の主要プロジェクトが批判の的となったのです。

ダムに関しては利水と治水の面から考察せねばなりませんが，まず，利水に関しては過大評価された水需要に応じてダム建設が計画されていると批判

表 10.1　日本の高速道路

	自動車保有台数(A,千台)	国土面積(B,千平方キロ)	可住面積(C,千平方キロ)	高速道路延長(D,Km)	D/A	D/B	D/C
アメリカ	198,045	9,373	4,581	73,257	0.37	7.8	16.0
旧西ドイツ	42,878	249	159	8,642	0.20	34.7	54.4
イギリス	27,650	244	156	3,141	0.11	12.9	20.1
フランス	27,532	547	339	9,000	0.33	16.5	26.5
日　本	65,011	378	81	6,545	0.10	17.3	80.8

（データ出所）　日本自動車工業会『主要国自動車統計』（1996年版）と五十嵐敬喜・小川明雄『公共事業をどうするか』（岩波新書）p.19表2より作成。

されました。1970年代に省エネ運動の副次効果として工業用水への需要は低下して全体的な水需要には下方シフトが起きています。この批判によればその需要の下方シフトを考慮せずにダム建設が計画されているのです。

　次に，治水という面からは，ダムの洪水防止というベネフィットに対し，コストが高すぎることを理由に，アメリカでもダム建設時代は終わったと主張されました。実際，アメリカでは1986年には「水資源開発法」が成立し，予算が付いて5年以内に建設プログラムが動き出さないダムや堤防の建設プロジェクトは自動的に消滅する条項が盛り込まれました。これを（ダム建設）「サンセット（日没）条項」といいます。日本でもこれらの批判を一部認め，国土交通省（旧建設省）は1998年より飛鳥ダムなどの建設計画を中止しました。

　高速道路に関して主な問題はその累積債務です。道路関係四公団，すなわち日本道路公団，首都高速道路公団，阪神高速道路公団，および本州四国連絡橋公団が日本の高速道路を経営していますが，40兆円の累積債務（2001年12月）を抱えています。それまで，国土交通省（旧建設省）は『建設白書』で日本の高速道路は他の先進国と比べ不足していると主張していました。

表 10.1 で自動車 1000 台当たりの高速道路延長距離（D/A）はたしかに先進国中で最小です。しかし『公共事業をどうするか』によれば，国土面積当たり，あるいは可住面積当たりで見ると日本の高速道路延長距離（D/B や D/C）は先進国中で 1 位を争っています。

　公共事業批判者によれば，甘い需要予測によって過剰な高速道路建設が行われて赤字が続き，40 兆円もの累積債務が発生したのです。ここで問題となるのが「料金プール制」です。東名高速道路は 100 円の収益を上げるのに 21 円の費用で済んでいるので黒字ですが，その黒字分は他の赤字線の補填に利用されるので通行料金を下げるメカニズムになっていないのです。また，このような赤字の続く公団は子会社を設立しているのですが，子会社の多くは黒字企業です。コスト意識に欠ける子会社の経営を公団は容認しているのではないかと批判されています。

　この高速道路の建設・経営資金として郵便貯金などからなる財政投融資が用いられ，累積債務となっているので財政投融資は不良債権化していると懸念されています。小泉政権の内閣府に属する「道路関係四公団民営化推進委員会」は 2002 年 12 月にその解決策として道路関係四公団の民営化を提言しました。(「意見書」はホーム・ページで閲覧可能です。http://www.kantei.go.jp/jp/singi/road/kouhyo/)

　この解決策は旧国鉄の民営化の場合と同じです。旧国鉄は一方で政治家の圧力で赤字が確実な路線でさえも建設され，他方でモータリゼーションの波にのまれて 28 兆円におよぶ累積債務を抱えるようになったため，1987 年に分割・民営化され，JR4 社と JR 貨物が民間会社としてスタートしたのでした。日本道路公団の発表によれば公団は 29 兆 1,700 億円の資産を所有しています（[11]）。NTT 民営化と同様に，民営化されれば累積債務の償還にあてられるでしょう。

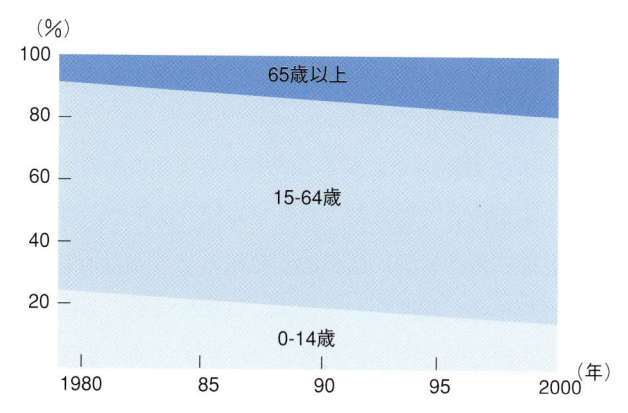

図 10.7 人口構成比（1979–2000 年）

（データ出所） 総務省統計局『推計人口』（矢野恒太記念会編『日本国勢図会CD-ROM2001/02』所収）より作成。

◯ 社会保障と消費税

図 10.6 の説明において，1998 年に日本の経済成長率がマイナスとなった一つの理由は消費税率の上昇であると指摘しました。

2003 年 6 月に政府税調中期答申が発表され，その中で将来（2007 年以降）消費税率は現在の 5% から 2 けたへと上げる必要があると指摘されました。その理由は社会保障財源が不足するのがほぼ確実だからです。2003 年度，政府一般会計は 81.8 兆円で，公共投資は 8.9 兆円と予算の 10.9% を占めていますが，社会保障費は 19 兆円で予算の 23.2% を占めています。社会保障費は主に医療関連と年金関連に分かれます。

医療関連で本質的な問題は老人医療費の高騰です。図 10.7 で示されているように，1979 年に人口の 8.9% を占めていた 65 歳以上人口は 2000 年には 17.3% へと倍増しています。この老齢化する日本社会で老人医療費は急速に増加しています。『日本統計年鑑』（平成 15 年）によると 1990 年には 5

兆9千億円だった老人医療費は1999年には11兆8千億円へと倍増しているのです。この国民医療費の一部は本人負担ですが，国庫負担分が19兆円の政府予算（社会保障費）から支払われます。民間企業もこの国民医療費を一部負担します。

その他，老後の生活を保障する公的年金制度へも19兆円の中から国庫負担分が支払われますが，ここでもキーワードは図10.7で示された少子高齢化です。自らの老後に備えて国民は私的年金積み立てを行っていますが，これとは別に「国民皆年金」制度をとる日本では国民は公的年金制度のもとで年金保険料を払わねばなりません。老齢化していく日本社会を将来時点で支えるべき0–14歳人口は1979年にはそのシェアは23.8%でしたが2000年に14.6%にまで下落しています。

日本の公的年金は年金資格者が若いうちから保険料を積み立てておいて受給資格年齢（65歳以上）になって年金を受け取るという「積立方式」ではなく，それぞれの年の年金受給資格者をそれ以外の現役労働世代が支えるという部分が大きく，実質的には「賦課方式」ですから，少子高齢化社会において財源が不足していくのは明らかです。1999年に39兆9千億円が年金として支払われました。

19兆円にのぼる社会保障費は国による公費負担といわれ，その公費負担には他に地方公共団体によるものもあります。公費負担は両者を合計して2002年度で約24兆円となります。厚生労働省の試算によれば2025年度にはこの公費負担は64兆円となります。現在の税収構造による単純計算を行うと消費税率は20%以上でないとまかなえません（[12]）。この税率水準は外国と比べ極端に高いとはいえませんが，行政改革を通じた経費削減努力を積みかさねた上で提案しないと国民は納得しないでしょう。

少子高齢化は消費性向の高い老齢層の人口シェアが高まるので，人口総数に変化がなければ全体的な消費及び消費性向を上昇させると考えられます。このことにより人口が減少しなければ長期的にはGDPは増加し，貿易収支黒字は減少すると期待されます。しかし公費負担をまかなうために消費税率

を上げねばならないとすればGDPを減少させるでしょう。5%の消費税率の引き上げは実質経済成長率を1.6%低下させ，企業収益を4.3%低下させるとの試算があります（[13]）。したがって小泉政権は現在（2003年）の不況に鑑み，2007年まで消費税率の引き上げを行わないと宣言しました。

10.4　失われた10年

図10.6を見ると2001年の同時多発テロの影響で世界的に経済成長率は低下しましたが，アメリカやNIEsはその後回復基調にあります。しかし日本の景気回復は芳しくありません。バブル経済崩壊以後のこの10年以上におよぶ日本の経済停滞は「失われた10年」といわれます。その経済停滞を打破する政府の対応を吟味しましょう。

○ 短期的対応

2001年に誕生した小泉政権は民間主導の構造改革を推し進めるとの公約で高い支持率を確保していたので，その実現へ向けて国債の新規発行を30兆円枠内に抑え，公共事業を1割削減しました。

小泉政権の短期的失業対策は金融緩和政策に依存しています。公定歩合は1995年9月以来現在（2003年6月）まで0.5%の水準に据えおかれ，1999年2月から2000年8月まで「ゼロ金利政策」が採られました。これは民間の金融機関が所有している短期国債を後に買い戻すとの約束で（すなわち「現先買いオペ」により）日銀が購入して資金を潤沢に提供し，民間銀行間での資金の移動につけられる金利，無担保コールレート，がほぼ0%になるように操作する金融緩和政策です。これにより金融機関の短期・長期の貸出金利を低下させ，新規投資の拡大につながることが期待されました。金融シ

ステムの不安定性が収まったと判断されて2000年8月にいったん，この政策は解除されましたが2001年3月，実質的に復活しました。

　このゼロ金利政策よりさらに積極的な金融緩和策が提案されています。短期国債のみならず長期国債までも「現先買いオペ」ではなく「買い切りオペ」で購入することにより，金融を緩和することをもくろむ政策です。このように長期的にマネタリー・ベースを拡大すればインフレを引き起こす危険性が生ずるので，許容できるインフレ率を2%にするといった条件が設定されます。したがってこのような主張は「インフレ・ターゲット」政策と呼ばれます。

　日銀は「ゼロ金利政策」を広義の「インフレ・ターゲット」政策とみなしています（第9章表9.2参照）。しかし第2次大戦中に行われた国債の日銀引受が戦後の日本のハイパー・インフレーションを引き起こしたという事実が「インフレ・ターゲット」政策へ賛成するのを躊躇させる要因となっています。金融緩和政策は財政拡張政策ほどの即効性はないことに注意が必要です。

　すでに大きくなっている政府の累積債務，および1990年代の公共事業が日本経済の景気回復をもたらさなかったという評価を考慮すると拡張的財政政策を主張する論者は少数派といえるでしょう。ただ，アメリカが同時多発テロ以後の経済的変調を減税により乗り切ろうとしていることに注目し，日本でもこのような減税を主張する論者が増えてきました。また，全般的な減税ではありませんが，「道路関係四公団民営化推進委員会」意見書には高速道路の通行料金の値下げが提案されています。その値下げは副次的に政府の不良債権と危惧されている道路公団の累積債務を減らす効果を目的としています（第1章 *Case Study1-1* 参照）。その値下げ財源としては，道路関連に使用が決められている特定財源であるガソリン税を用いることが提案されています。

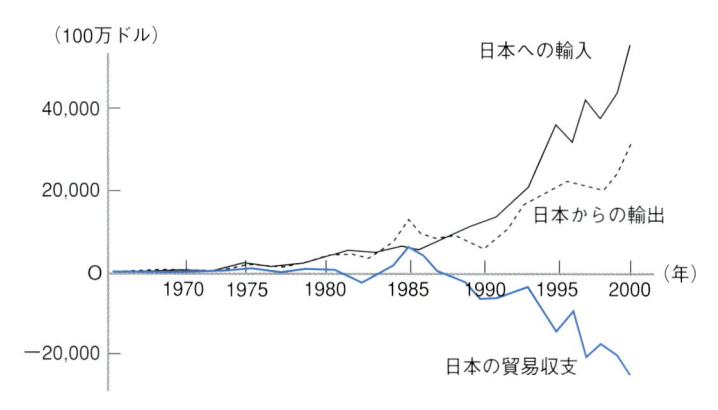

(データ出所) 日本関税協会『外国貿易概況』(矢野恒太記念会編『日本国勢図会 CD-ROM 2001/02』所収) より作成。

図10.8 日中貿易の推移 (1965–2000年)

○ ルイス型経済成長モデルと中国の発展

　日本の苦境を説明する一つの要因が中国の躍進です。状況は1980年代の日米摩擦に似ています。アメリカはT型フォードやコンピュータといった歴史に残る革新的な新製品の発明を意味する「プロダクト・テクノロジー」に優れ，日本はトヨタ自動車のカンバン方式に代表される製造工程の改良，発展を行う「プロセス・テクノロジー」に優れるといわれます。半導体摩擦において指摘されたようにアメリカが革新的な新製品を市場に出すと日本が安価な商品を出してアメリカの優位はすぐに崩れてしまいました。これと同じことが日本と中国の間で起こっていると指摘されることがあります。

　中国の強みは安価で優秀な労働力です。図10.8は1965年から2000年までの日中貿易を表しています。図中の破線が日本からの輸出，黒い実線が日本への輸入，青い実線が貿易収支の変遷を示しますが1980年代の後半より日本の赤字（中国の黒字）が定着し，1990年代後半にはその赤字幅は急拡

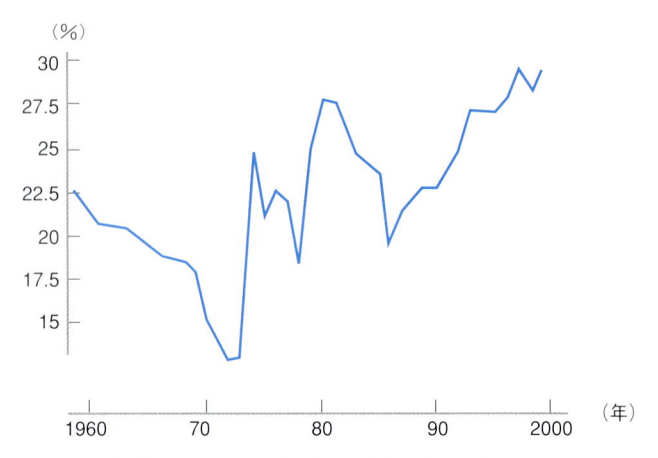

(データ出所)『国連統計月報』(矢野恒太記念会編『日本国勢図会 CD-ROM2001/02』所収) より作成。

図 10.9　途上国輸出額の世界シェア (1959–99 年)

大を遂げています。これが日本のセーフガード発令を引き起こしました。(第2章 *Case Study2-2* 参照) そこで中国の経済成長を見ておきましょう。

　1950年代からルイス (W. A. Lewis, 1915–91) は発展途上国の経済発展を研究しました。彼のモデルのキーワードは二重経済 (dual economy) です。発展途上国は先進国と同じようなメカニズムを持つ「近代部門」(capitalist sector) と共同体的な価値観に基づく「伝統的部門」(subsistence sector) に分かれ、それらが二重経済を形づくっているとルイスは考えました。

　後者においては「偽装失業」が問題になります。貧しい発展途上国の農村で見られるように、多くの人々が生活を維持するに足るだけの金額といえるか定かでないほど低い水準の「賃金」しかもらえないのに生活できているのは、共同体的価値観を持つ親類などの援助によりその生活が支えられているからであり、彼らは、本来、失業者の範疇に入ります。ルイスはこの状態を「偽装失業」と呼びました。そして「近代部門」の経済成長はここでの賃金

率を上昇させ，伝統的部門から労働者を引き付ける役割を果たします。しかし「近代部門」では利潤率が低下していき，投資誘因が低下して経済成長の勢いが落ちてしまいます。結果として「伝統的部門」の「偽装失業」が解消するかどうか保証されず，その結論は悲観的でした。ルイスはこのような発展途上国における経済発展プロセス研究の功績が認められ，1979年にノーベル経済学賞を授与されました。

外国による植民地化という苦い経験を持つ発展途上国は1960年代には外国企業に頼らない「輸入代替」政策による経済発展を目指しました。しかしその政策は好結果をもたらさず，1960年代後半より「輸出促進」策へと政策を変更させました。税の優遇を認める「経済特区」を設け，外国企業を誘致して外国の資本と技術による輸出拡大を通じて経済発展を目指したのです。

図10.9で1970年代と80年代にその発展途上国の世界輸出額に占めるシェアの高まりが見られますがこれはオイルショックにより原油価格が急騰し，OPECよりの原油輸出が増加したためです。1980年代の半ばに原油価格の急落が発生しOPEC諸国の輸出額も急落しました。しかしその裏で発展途上国の中には飛躍的発展（これを経済的「離陸」といいます）を遂げた国が増加してくるのです。すでに指摘したようにたとえばNIEsとして韓国，台湾，ホンコン，およびシンガポールが注目を浴びました。

その中で台湾は現在ノート型パソコン生産の世界シェアは5割を超え，パソコンのマザーボード生産に関しては世界シェアの7割を超えています。しかし台湾企業は自前のブランドで販売するのではなく，アメリカブランドで販売します。アメリカのインテルなどIT産業は生産を台湾など発展途上国に委ね，その経営資源を付加価値の高い研究開発やマーケティングに集中させています。台湾は主に下請けの役割を果たしているのです。このような企業をEMS（Electronics Manufacturing Services）といいます。このEMSは欧州通貨制度とは異なることに注意してください。

上に挙げた発展途上国と同様に，中国の二重経済解消策は「輸出促進」策でした。1980年に広東省に3か所，福建省に1か所，「経済特区」を設けて

外国資本を誘致し，広範な自主権を与えて輸出加工区としました。一国のみの経済発展モデルでは悲観的な結論となるルイスモデルですが，大半は本国を離れた中国人，「華人」資本からなる外国資本とその技術の導入は二重経済を解消すると期待されます。この沿岸部に設けられた「経済特区」は中国の経済成長を高め，経済的「離陸」を促進しているのです。

たとえば2002年度，中国輸出額ランキングでトップになったのは台湾に本社を持つ EMS，鴻海精密工業，の広東省子会社でした ([14])。鉄鋼に関しては銑鉄生産で1993年以来世界第1位の地位に，石炭に関していえば1985年以来アメリカを抜いて世界第1位の地位に昇りました。アメリカの貿易赤字が拡大する中で，日本への風当たりが1980年代ほど強くない理由の一つはアメリカにとって国別貿易赤字が第1位なのが今では日本ではなく中国であるという事実によることが大きいと思われます。このように経済発展を続ける中国では一人当たり国民所得は1978年から87年の10年間で2倍に，さらに引き続く10年で再び2倍になっています。

躍進の続く中国ですが，問題も抱えています。一つは環境問題です。現在この中国は1950-60年代の日本と同様，あるいはそれ以上の環境汚染の問題を抱えていると指摘されます ([15] p.27)。もう一つは国営企業の非効率です。国営企業は生産性が低く，ここへ貸し出しをしている国有銀行の貸出残額の40%は不良債権化しているとの報告もあります ([16] p.375)。

○ 長 期 的 対 応

日本政府の長期的対応策は教育・技術水準を高め，産業構造をアメリカに見られる，新市場を創造するプロダクト・テクノロジー型にすることです。

1980年代にアメリカに脅威を与えた日本の技術水準をさらに高める必要があるのか，訝しがる向きもあるでしょう。1980年代の経験より，プロセス・テクノロジーはアメリカに追いつくための企業戦略としては有効でしたが，国家レベルになると市場を奪い取るというイメージがつきまとい，摩擦

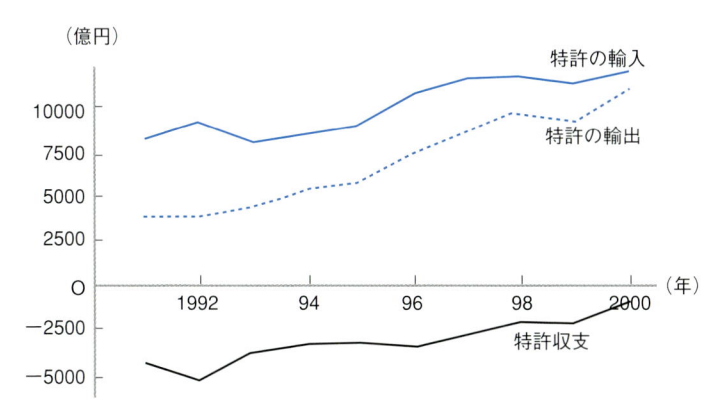

(データ出所) 日本銀行『経済統計年報』(矢野恒太記念会編『日本国勢図会 CD-ROM2001/02』所収)より作成。

図 10.10　日本の特許収支（1991-2000 年）

を引き起こします。半導体製品に関していえばモトローラもインテルも1970年代後半はメモリー製品の開発で利潤を上げていました。しかし日本勢の安価なメモリー製品の開発で行き詰まります。この危機におけるアメリカ側の戦略はメモリー製品市場を捨ててCPU製品に特化するというものでした。

インテルやモトローラは常に新市場を開拓することで危機を乗り切ってきましたが、鉄鋼業の衰退に見られるように必ずしも全てのアメリカ企業がこのように成功してきたわけではありません。ただ、アメリカは基本的に新商品を開発するというプロダクト・テクノロジーに優れ、アメリカの戦略はプロダクト・テクノロジーに依拠した新市場開発でした。今の日中経済摩擦も日本は相対的に見ればプロダクト・テクノロジーに優れ、中国はプロセス・テクノロジーに優れているという構図で理解できるでしょう。日本はアメリカと同じように新製品市場を創造することにより日中経済摩擦を解決すべきです。

一国の国際的技術水準を測る一つの目安が特許等使用料収支です。図10.10は日本の特許の輸出（破線），特許の輸入（青い実線），特許収支（黒い実線）の変遷を示していますが，2000年まで，日本は特許使用料の外国への支払いの方が特許使用料の外国からの受け取りを上まわっていました。特許収支赤字幅は減少傾向にありますが，2002年度の速報値で初めて日本の特許収支は約200億円の黒字になったと報告されています（[17]）。

　しかし，これまでの特許収支赤字は日本の基礎技術がいまだ脆弱であることの証であるとみなされてきました。あるいは，日本のプロダクト・テクノロジーはまだ世界的に見て満足すべきレベルにはないといわれるのです。アメリカはこれまで常に特許収支は黒字でした。

　また，日本は初等・中等教育の優秀さに比べ，高等教育の脆弱さが指摘されてきました。その一つの側面は高等教育への政府支出が少ないことです。先進国の政府が国民所得比で見てどれほどを高等教育へ財政支出しているかを調べるとアメリカ：1.4％，イギリス：1.8％，フランス：1.2％，ドイツ：2.0％，日本：0.9％となり，日本は見劣りがします（[18] p.77）。政府は2004年に日本の国立大学を独立行政法人へと組織替えを行い，競争原理を導入するつもりです。資源を平等に配分するのではなく，国際的に高い評価を受けた大学・教師へ重点的に資金を配分して研究成果を高めようとの意図です。また，効率的な教育を受け，人的資本を高めた労働者を生み出す目的を持つ大学教育の成果を問う声が上がっています。アメリカでは大学教育評価制度が確立していることに倣って，日本でも厳格な教育評価を行い，評価に応じて資金の配分を重点的に行う制度が提案されています。アメリカ型の厳しい競争社会からプロダクト・テクノロジーは生まれるとの発想です。日本は短期的な金融・財政政策と同時に，教育制度の改革を通じた長期的な産業政策をとっていると考えられます。

　小泉政権の不良債権処理を早く済まそうという対策は，短期的に日本経済を上昇させるというより，日本の金融界を効率的な資金提供するアメリカ型の金融界へと作り変えるための政策であるというべきでしょう。このように

日本はダイナミックに発展を遂げるアメリカを目指して，失われた10年を取り戻そうとしているのです。

本章のまとめ

本章では1990年代以降の世界経済を描写しました。そこから21世紀に入ってバブル経済崩壊後の不況脱出をめざす日本にとっての指針を説明しました。

1 1990年代のアメリカはニュー・エコノミーといわれるように繁栄しました。双子の赤字は解消し，失業率は低下し，ROE（利潤率）は上昇しました。その原因はIT産業の隆盛にあることを指摘しました。

2 ヨーロッパでは通貨統合が実現し巨大な市場はこの地域に繁栄をもたらすと期待されましたが，必ずしもその結果は思惑通りではありませんでした。本章ではその繁栄の機関車となるべきドイツのインフレーションを恐れる慎重な経済運営が原因であるという説を紹介しました。

3 日本の1990年代は失われた10年といわれることがあります。本章では1980年代後半のバブル経済が崩壊しそこで発生した不良債権問題を原因として不況に陥った状況を，貸す側，借りる側，および金融制度の観点から描写しました。

4 90年代の「失われた10年」は80年代の「日米経済摩擦」と同じ側面を持っています。90年代は日本・アメリカを追い上げる中国，80年代はアメリカを追い上げる日本という構図です。中国の躍進をルイス型経済発展モデルの一例として説明しました。

5 最後に日本の不況脱出策を吟味しました。短期的には「ゼロ金利政策」や「インフレ・ターゲット政策」といわれる金融政策がとられます。しかし，日本の政策は構造改革といわれる長期戦略です。これまでのプロセス・テクノロジーではなくアメリカ型プロダクト・テクノロジーに優れ，規制緩和による活力あふれる経済を実現する政策です。この政策が保護を必要とせず日中経済摩擦を解決する道でもあると説明しました。

練習問題

10.1 アメリカは2002年度，再び「双子の赤字」に陥りました。その原因を調べなさい。

10.2 ドイツの「対GDP財政収支比率」は2001年度, −2.8%, 2002年度, −3.5% でした。政府の対策と市場・エコノミストの評価を調べなさい。

10.3 スウェーデンは2003年9月に統一通貨ユーロへの参加を決定するのに国民投票を行いました。2003年8月14日時点の世論調査で反対45%, 賛成36% でした。反対の理由として考えられるのは何でしょうか。

10.4 「広域農道」建設に関する動向を調べ, 公共事業と建設業のかかえる問題を述べなさい。

10.5 少子高齢化に関する本文中の議論は人口減少が起こらないとの仮定に基づいています。人口の減少が経済にもたらす影響を調べなさい。

参 考 文 献

第1章
[1] 猪瀬直樹『日本国の研究』文藝春秋，1997年
[2] 2003年1月30日，日本経済新聞
[3] 国立社会保障・人口問題研究所「社会保障給付費」（矢野恒太記念会編『日本国勢図会 CD-ROM2001/02』，国勢社）
[4] 『2001米国経済白書』邦訳（エコノミスト臨時増刊）2001年6月4日号，毎日新聞社
[5] 『USTR貿易障壁報告書』http://usembassy.state.gov/tokyo/wwwhjp0082.html
[6] G. マンキュー著　足立英之・小川英治・中馬宏之・石川城太・地主敏樹・柳川隆訳『マンキュー経済学(上)』東洋経済新報社，2000年

第2章
[1] 1999年12月13日，*Time*
[2] 2000年4月24日，*Time*
[3] 2001年4月11日，日本経済新聞
[4] 2001年6月3日，日本経済新聞
[5] 2003年7月30日，8月2日，日本経済新聞

第3章
[1] P. R. G. レイヤード，A. A. ウォルターズ著　荒憲治郎監訳『ミクロ経済学：応用と演習』，創文社，1991年
[2] 2003年10月25日，日本経済新聞
[3] 2003年2月20日，日本経済新聞
[4] 2000年2月1日，2000年4月2日，日本経済新聞
[5] 2000年9月3日，日本経済新聞
[6] 2000年5月12日，日本経済新聞
[7] 『マンキュー経済学(上)』（前掲）
[8] W. J. Baumol, W. E. Oates, *The Theory of Environmental Policy*, Second Edition, Cambridge University Press, 1988

第4章

[1] 2003年7月23日，日本経済新聞
[2] 伊東光春『現代経済を考える』岩波新書，1973年
[3] 2003年7月12日，日本経済新聞
[4] 1997年8月12日，日本経済新聞
[5] 2001年10月2日，日本経済新聞
[6] 2001年11月16日，日本経済新聞
[7] J. H. Dales, *Pollution, Property, and Prices*, University of Tronto Press, 1968
[8] 1992年4月21日，1993年4月8日，日本経済新聞
[9] 1987年10月19日，*Time*
[10] 田中直毅他『環境問題の実践課題』経済広報センター，1996年

第5章

[1] 西川純子・松井和夫『アメリカ金融史』有斐閣選書，1989年
[2] 1999年11月7日，日本経済新聞
[3] 2000年4月17日，*Time*

第6章

[1] 2003年4月1日，日本経済新聞
[2] 総務省郵政企画管理局『郵便貯金2002』
[3] 『会社四季報CD-ROM2002年秋』，東洋経済新報社，2002年
[4] 『株価CD-ROM'99』，東洋経済新報社，1999年

第7章

[1] 斉藤慎・永谷裕昭・平山健二郎・吹春俊隆『現代経済学』有斐閣，1994年
[2] O. ブランシャール著　鴋田忠彦・知野哲朗・中山徳良・中泉真樹・渡辺愼一訳『マクロ経済学(下)』，東洋経済新報社，1999年
[3] J. M. Keynes, *The General Theory of Employment, Interest and Money*, Macmillan, 1936（塩野谷祐一訳『雇用，利子および貨幣の一般理論』，東洋経済新報社，1983年）

第8章

[1] 厚生労働省『労働統計要覧』，2000年版（『日本国勢図会CD-ROM2001/02』）
[2] 江上波夫・山本達郎・林健太郎・成瀬治『詳説世界史』山川出版社，2002年
[3] J. M. Keynes, *A Treatise on Money*, vol. 2, 1930（小泉明・長沢惟恭訳,『貨幣論』東洋経済新報社，1979年）
[4] 『マクロ経済学(上)』（前掲）

[5] 『詳説世界史』（前掲）
[6] A. マチエ著　ねづまさし・市原豊太訳『フランス大革命(上)』岩波文庫，1958 年
[7] D. ヤーギン，J. スタニスロー著　山岡洋一訳『市場対国家(上)』日本経済新聞社，1998 年
[8] 『マクロ経済学(下)』（前掲）
[9] 『詳説世界史』（前掲）
[10] 『詳説世界史』（前掲）
[11] 『詳説世界史』（前掲）
[12] J. クチンスキー著　加藤長雄・二見昭訳『世界経済史』有斐閣，1955 年
[13] 高橋亀吉・森垣淑，『昭和金融恐慌史』，講談社学術文庫，1993 年

第 9 章

[1] 石井進・笠原一男・児玉幸多・笹山晴生『詳説日本史』山川出版社，2002 年
[2] 『詳説世界史』（前掲）
[3] 宮崎義一『新しい価格革命』岩波新書，1975 年
[4] P. R. クルグマン，M. オブズフェルド著　石井菜穂子・浦田秀次郎・竹中平蔵・千田亮吉・松井均訳『国際経済Ⅱ(第3版)：国際マクロ経済学』新世社，1996 年
[5] 『詳説世界史』（前掲）
[6] 『詳説世界史』（前掲）
[7] 『詳説世界史』（前掲）
[8] 『米国経済白書 1991』（経済セミナー増刊），日本評論社，1991 年 6 月，表 106
[9] 『詳説世界史』（前掲）
[10] 『詳説世界史』（前掲）
[11] 『詳説世界史』（前掲）
[12] 『2003 米国経済白書』（エコノミスト臨時増刊）2003 年 6 月 9 日号，毎日新聞社，TableB-103

第 10 章

[1] 2000 年 2 月 12 日，日本経済新聞
[2] 『市場対国家(下)』（前掲）
[3] 『マクロ経済学(下)』（前掲）
[4] 『市場対国家(下)』（前掲）
[5] 日本経済新聞社編『検証バブル・犯意なき過ち』日本経済新聞社，2000 年
[6] 総務省統計局「日本統計月報」，(『日本国勢図会 CD-ROM2001/02』所収)
[7] 『検証バブル・犯意なき過ち』（前掲）
[8] 1988 年 4 月 4 日・7 日，日本経済新聞
[9] 植田和男「不良債権処理が大前提：金融ビッグバン 欠ける視点」，1997 年 2 月 23

参考文献

　　　　日，日本経済新聞
- [10] 『市場対国家(上)』（前掲）
- [11] 2003 年 6 月 24 日，日本経済新聞
- [12] 2003 年 6 月 20 日，日本経済新聞
- [13] 2003 年 6 月 19 日，日本経済新聞
- [14] 2003 年 7 月 1 日，日本経済新聞
- [15] L. ブラウン編著　環境文化創造研究所訳『環境と経済のサバイバル・パス』家の光協会，1998 年
- [16] 『市場対国家(上)』（前掲）
- [17] 2003 年 6 月 24 日，日本経済新聞
- [18] 国立大学等の独立行政法人化に関する調査検討会議（編）『新しい「国立大学法人」像について』（中間報告）文部科学省高等教育局大学課，2002 年 9 月

練習問題略解

第1章

1.1 ①国際会議が減少し，通訳への需要関数が左方シフトしたのが原因。②インターネット書店の参入で輸入洋書市場の供給関数が右方シフトしたのが原因。③2003年に起きた日本の冷夏でコメ供給の減少が見込まれるので需要が右方シフトしたのが原因。④2003年に起きたヨーロッパの猛暑・干害で生鮮食料品の供給曲線が左方シフトしたのが原因。⑤2001年に起きたBSE（牛海綿状脳症）の影響で需要関数が左方シフトしたのが原因。

1.2 25

1.3 略

1.4 $\Delta p<0$，需要の価格弾力性<1 より，(1.3)を用いると収入下落。

1.5 上級財で必需品。

1.6 ①均衡から離れる。これを均衡から「発散する」といいます。②均衡へ向かう。これを均衡へ「収束する」といいます。

第2章

2.1 ①3750 ②450 ③200

2.2 ③，⑥。日本経済新聞2003年9月15日参照。

2.3 下図は図2.5を修正したものです。$S=20$を輸出奨励金とします。

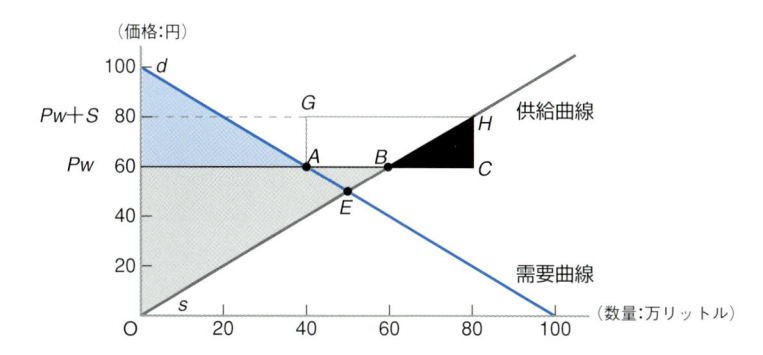

効率性の低下（死荷重）は三角形 $HCB=200$ となります。

2.4 次の理由が考えられます。しかし，いずれの場合もすみやかに保護は撤廃されねばなりません。①幼稚産業の保護。②セーフ・ガード。

2.5 たとえば，①に関しては日本経済新聞 2002 年 10 月 29 日参照。②に関しては日本経済新聞 2003 年 8 月 9 日参照。③に関しては日本経済新聞 2003 年 11 月 11 日参照。

第 3 章

3.1 ①と④

3.2 ガソリン 1 リットル当たり 95 円の場合，税金が多くを占めます。ガソリン税＝53.8 円，石油税＋原油関税＝2.2 円，原油輸入価格＝20 円を差し引くと人件費などのコストと利益として残るのは 19 円です。スタンドの粗利益は約 6 円ですから 13 円分の中から 2–3 円安くしているのは妥当であると思われます。さらに日本経済新聞 2003 年 8 月 16 日参照。

3.3 ④

3.4 ①日本経済新聞であれば 2002 年 10 月 24 日，25 日，26 日，30 日を参考に述べなさい。これまでの訴訟との大きな違いは自動車メーカーも訴えられたことですが，判決では自動車メーカーの責任は認められませんでした。②環境省ホームページ，http://www.env.go.jp/air/car/pamph2/index.html，や日本経済新聞 2002 年 10 月 29 日，第二部 p. A1〜A4 などを参考に述べなさい。世界でもっとも厳しくなる基準を日本の自動車産業がクリアできれば「環境の時代」において日本車の世界市場におけるシェアは一層高まるでしょう。③トラックへの排気ガス規制強化によりトラック輸送から鉄道輸送への切り替えが広がっているためです。

3.5 q を漁獲高，N を漁師数，生産関数を $q=f(N)$ において漁獲高を下図のよ

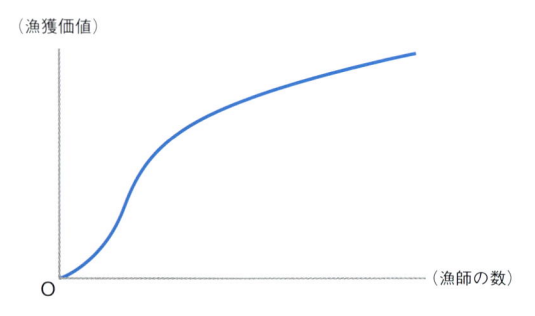

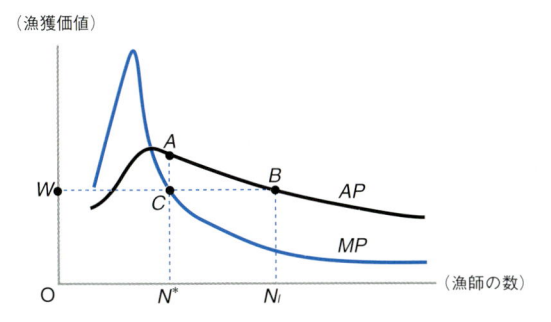

うに描きます．このとき「限界生産物価値」曲線，MP，と「平均生産物価値」曲線，AP，は上図のようになります．他産業での賃金を W とおくと，交通渋滞の理論と同様の議論から最適の漁師数は N^* ですが実際には N_1 なる漁師が漁業に従事してしまうのです．

第4章

4.1 まず $p_D = q_D = 50$ となります．次に $q' = d(p^{d\prime}) = s(p^{d\prime} - 10)$ より $p^{d\prime} = 55$ となります．すると $p^{s\prime} = 45$, $q' = 45$ となり，死荷重は 25 となります．

4.2 S を生産者への補助金とすると，生産者価格は p^{s*}, 需要者価格は p^{d*} となり，$p^{s*} - p^{d*} = S$ なる関係が成立します．

上図で三角形 EHI が効率性の低下（死荷重）となります．

4.3 ①この場合，市場の最適生産量=3000単位ですから，D 社を市場から締め出すには生産物 1 単位当たり 120 円の課税をすれば十分です．

②市場の最適生産量=2000単位ですから，C 社と D 社を市場から締め出す

には生産物 1 単位当たり 160 円の課税をすれば十分です。

4.4 アメリカが京都議定書を批准しなかったので排出権購入需要が減少して CO_2 1 トン当たりの価格は約 5 ドルになると予想されています。ロシアはこのような低価格であれば温暖化ガス排出・吸収量のモニター費用をまかなえないかもしれず，京都議定書そのものの批准に消極的であるといわれているのです。

4.5 2002 年 4 月よりイギリスで排出権市場取引が始まりました。2002 年 10 月には CO_2 1 トンあたり 12.4 ポンドでしたが 2003 年 2 月には 2 ポンドまで低下しました。(日本経済新聞 2003 年 5 月 13 日)

第 5 章

5.1 アメリカのシャーマン反トラスト法第 1 条にあるように「域外適用」条項があるので，外国との貿易摩擦が生じやすいからです。日本とアメリカの間にはすでに協定が結ばれています。

5.2 EU の欧州委員会はウィンドウズに「メディア・プレーヤー」が搭載されているのは他の音楽・映像再生ソフト会社に損害を与えているとして是正要求をしました。満足な是正措置が採られないと総売上高の 10% まで制裁金が課されます。ただし，日本，アメリカ共に刑事罰（それぞれ 3 年以下）の規定がありますが EU には刑事罰の規定はありません。

5.3 地域で活動する「単位農協」についてはその活動が「適用除外規定」により認められているという点では問題ありませんが，「全農」など連合会の活動までも認めたものであるかについて意見の相違があるといわれています。日本経済新聞 2002 年 10 月 29 日参照。

5.4 図 5.6 を参照。$mr(q)=600-2q$, $mc(q)=q$ となります。したがって $q_M=200$, $p_M=400$ です。一方，$q_c=300$, 図 5.6 における C 点の縦座標$=200$ ですから死荷重$=10{,}000$ となります。

5.5 利得を「貿易よりの利益」＋「関税収入」とおくと，それぞれの国の利得行列は下表のようになります。このゲームの解は {保護貿易, 保護貿易} となります。これは「囚人のディレンマ」解です。

日本の利得行列

	自由貿易	保護貿易
自由貿易	1250	850
保護貿易	1450	1050

アメリカの利得行列

	自由貿易	保護貿易
自由貿易	1250	1450
保護貿易	850	1050

第 6 章

6.1 ヨーロッパでは郵便・郵便貯金・電気通信が郵政 3 事業とみなされていましたが，1980 年代から 1990 年代にかけ多くは民営化されました。

6.2. 1973 年に始まったオイルショックで GDP がマイナスとなり政府は財政赤字による公共投資を増加させたので国債依存度は急上昇しました。しかし 1985 年に原油価格は急落し，オイルショックは終了しました。その後日本経済はバブル経済となり，好景気により税収は増え，国債依存度はバブル崩壊まで低下を続けたのです。

6.3 1990 年のバブル崩壊後，貨幣乗数が下落を続けています。マネタリー・ベースを増やしても貨幣が増えない状況を示しています。

6.4 (6.6)より $(1+0.1)/(0.1+0.05)=7.33$

6.5 償還日は 2005 年 9 月ですから(6-7)式で償還期間を 2 年，表面利率を 0.2，購入価格を 100.15 とおいて平均値利回りは 0.124% となります。

第 7 章

7.1 $A=500$，$B=300$，$C=800$，$D=900$，$E=2000$，$GDP=(1000-500)+(2000-1100)-10-20=1370$ となります。

7.2 物価は下がり所得が一定であれば生活水準は上がります。また，非効率的な企業は淘汰されます。この面を取り上げて「よいデフレーション」ということがあります。しかし，現実には所得は下がり，失業率は上がります。失業してもすぐに効率的な産業へ移っていける社会かどうかがポイントです。

7.3 家計が 1 回限りの所得増加を消費に回すかどうかについては不確実です。たとえ全ての家計が消費に回したとしても企業投資の増加につながるかについても不確実です。あくまで「呼び水」効果とみなすべきでしょう。

7.4 住宅ローン金利は長期金利ですが，10 年もの国債の利回りなどの長期金利が上昇すると住宅ローン金利も上昇し，住宅建設需要が落ち込みます。さらに企業投資は短期金利ではなく長期金利との比較で行われると考えられますから，企業投資を減少させ，景気に悪影響を与えると懸念されるのです。

7.5 ①$Y^*=2400$　$r^*=0.12$　②$Y^*=2480$　$r^*=0.124$　③$Y^*=2420$　$r^*=0.116$

第 8 章

8.1 正の相関があります。実際，資本収支赤字額$=a+b\times$経常収支黒字額とおいて最小 2 乗法を用いると b の推定値は正ですがその p 値は 0.07 ですか

ら，93％ の確率で $b>0$ といえます。決定係数（R^2）も 0.588 です。この結果は説明変数に貿易・サービス収支黒字額をとったときよりもかなり良好です。

8.2 ユーロ高・円安，ドル安・円高です。自動車産業の業績は落ち，複写機産業はアメリカで業績は落ちましたがヨーロッパでは好調で，最終的には増益でした。日本経済新聞 2003 年 8 月 9 日参照。この立場からすると円安が望ましいといえるでしょう。しかし海外旅行の例から分かるように消費者の立場からすると円高が望ましいといえます。また，円安だと国内物価水準が上昇します。ですから，一概にどちらが望ましいとはいえません。

8.3 1 ドル＝9.95/2.65＝3.75 元。元は過小評価されているので切り上げがアメリカから要求されています。1 ドル＝263/2.65＝99.2 円。この理論では円も過小評価されていることになります。

8.4 本文中で述べた「アッシニア紙幣」と同じです。この他，日本の明治期，戊辰戦争時の戦費を賄うため「太政官札」という政府紙幣が発行され（『詳説日本史』p.237），アメリカでも南北戦争時に政府紙幣が発行されたのが知られています。いずれも「アッシニア紙幣」と同様に急激なインフレに陥っています。ただ，平時に発行された例はこれまでなく，紙幣発行の節度は守れるとの発想でしょう。

8.5 アルゼンチンは日本の「会社更生法」的なアプローチを採っています。民間債務の 75％ 削減・償還期限の延長などを提案しましたが，イタリアやドイツなどヨーロッパの投資家数十万人に日本の投資家 3-4 万人を加えた債権者側は仲介銀行団を通じて団体で交渉しています。

第 9 章

9.1 ケインズ的デフレ不況は需要主導型不況，スタグフレーション的不況は供給主導型不況という違いがあります。

9.2 もし(9.2)や(9.3)のような修正フィリップス曲線が成立すれば $\pi_t=\pi_t^e$，あるいは $\pi_t=\pi_{t-1}$ とおいて $u^*=a/b$ を自然失業率であると考えることができます。このアプローチによればアメリカの自然失業率は 5.74％ ということになります。しかしアメリカ以外では修正フィリップス曲線が成立しないので自然失業率を簡単に計測する方法はありません。

9.3 図 8.5 で示したように本格的な不況を経験しなかった戦後のアメリカで実質 GDP が拡大するとき実質賃金は下落しています。とくに不況にある場合，

インフレーションが起こっても賃金の上昇が物価水準ほど上昇しないなら，GDPは増え，雇用も増えるでしょう。全体的に生活水準は低下しても，とりあえず失業を減らすという意味では，よいインフレーションといえるでしょう。もちろん，インフレ率が制御できるとの仮定のもとですが。

9.4 景気が良くなりGDPが増加すると輸入が増加しドル高・円安に向かう傾向があります。しかし日本の景気が良くなると株価上昇など証券利率上昇の期待が高まり海外からの証券投資が増え円買い・ドル売りより円高傾向を持ちます。為替取引は貿易関連より資本関連の方が多いので円高傾向がまさります。景気の上向きが輸出主導であれば一層ドル安・円高となるでしょう。

9.5 輸出が好調だとドルなどの外貨流入が増加します。固定相場を維持するため，通貨当局はドル買い・人民元売りを実施します。これは通貨量の増加を意味しますからインフレ圧力が生ずるのです。第2節の「インフレーションの輸入」の議論参照。中国では不動産バブルが発生していると指摘されています。

第10章

10.1 「同時多発テロ」後の景気低迷と「イラク戦争」が原因です。軍事支出と減税で対GDP比で4％の財政赤字になりました。1980年代は対GDP比で5％の財政赤字でした。日本経済新聞2003年9月11日参照。

10.2 財政赤字対策として2002年度，シュレーダー政権は法人税増税と所得税減税の延期を行いました。日本経済新聞2002年10月22日参照。これは景気を悪化させると判断されてドイツ株価，DAX，は2621.86と6年ぶりの安値となりました。日本経済新聞2003年8月30日参照。

10.3 高福祉国家スウェーデンは現在のところ財政黒字ですが基本的には「大きな政府」志向であるため「財政赤字3％」制約条件に対する女性や高齢者の反対が多いといわれます。2003年9月14日の国民投票は反対56％，賛成42％でユーロへの参加を否決しました。日本経済新聞2003年8月18日，9月17日参照。

10.4 2003年，それ以降10年間に建設予定であった830kmのうち330kmの建設はとりやめとなりました。日本経済新聞2003年9月14日参照。公共事業の見直しは建設業を苦境に陥らせていますが，一方で余剰人員をサービス産業で吸収すべしとの意見と，他方で下水道などの公共事業を拡大すべしとの意見がみられます。

10.5 日本経済新聞2003年8月18日によると日本の人口は2006年にピークを迎

え，以後，減少に転じます。日本大学人口研究所の試算によれば，人口減により日本の経済成長率は悪影響を受け低下していきます。また人口が減少していけば失業問題が解決するとはいえず，労働のミスマッチという問題が残ります。

索　引

あ　行

アウトバーン　251
アジェンダ21　94
アメリカ通商代表部　252,271
アール・スクエア　18
アレーニウス,S.A.　103
アレン,P.　123
安全資産　136

一般消費者物価水準　172
意図せざる在庫減　181
意図せざる在庫増　181,199
イラン・イラク戦争　242
医療　208,277
　　——問題　17
インカム・ゲイン　152
インテル　261,285
インフレ・ギャップ　183,232
インフレーション　175,230
　　——の輸入　242,247,250
　　期待——　235
　　純粋——　212
　　ハイパー・——　174,248,264,280
インフレ・ターゲット　248,280

ウルグアイ・ラウンド　20,41

エンゲル曲線　16
円建て外債　156

オイルショック
　　26,207,241,251,254,269,283
大きな政府　82

か　行

外貨準備増減　203,211
外国為替　143,144
開発輸入　49
外部経済　86
　　技術的——　86
外部不経済　86
　　技術的——　86
開放体系　245
　　——経済　250
皆保険制度　17
価格　1
　　——革命　212
　　最高——令　215
　　市場均衡——　7
　　生産者——　83
　　世界——　36
　　内外——差　41,209
家計　7
　　——外消費支出　168
貸し渋り　272,274
貸しはがし　156
ガソリン　207,280
　　——税　83
株価収益率　161
貨幣　177,178,232,267
　　——供給　146
　　——経済　178,189,219
　　——乗数　149
　　——数量説　189,217
　　——賃金率　69
　　新——数量説　234
可変費用　58,109
　　平均——　64
カルテル　118,242
川崎公害訴訟　75
為替レート　205
簡易生命保険　140
環境庁　75

301

環境ビジネス産業　78
関税　20, 38, 44, 244
　　特恵――　40
　　報復――　48
完全競争　122
　　――市場　58, 122
　　――状態　108
完全雇用　185
関東大震災　225

企業　7
危険資産　136
危険分散　158, 190
技術革新　127
規制緩和　82, 112
期待収益率　162, 187
キャピタル・ゲイン　152
キャピタル・ロス　152
牛肉オレンジ交渉　20
供給　4
　　――関数　7
　　――曲線　62
　　――の価格弾力性　14
　　超過――　36
切り上げ　247, 250
切り下げ　219, 243, 244
金解禁　223, 274
緊急輸入制限措置　49
金銀複本位制　211
銀行　136
　　イングランド――　215
　　国際決済――　176
　　日本――　141
　　三井住友――　139
　　連邦準備――　150
金地金　144
近代部門　281
金・ドル本位制　243, 249, 250
金本位制　211, 223
　　国際――　216
金融　136
　　――資産　136
　　――政策　192, 245, 250
　　――派生商品　159

　　――ビッグバン　158
　　間接――　155
　　直接――　155

クモの巣理論　23
クラウディング・アウト　192
クリントン, W.　17, 97, 261
　　――政権　254
クールノー, A. A.　124, 127, 128
クレイトン法　113
グローバリズム　44

ケイガン, P.　174
経済特区　283
経常移転収支　202
経常収支　202
ゲイツ, W.　123
計量経済学　21
ケインズ, J. M.　82, 177, 219, 222, 233, 243
決定係数　18
ケネディ政権　246
ケネディ・ラウンド　41
ゲーム理論　125, 133
限界収入　119, 120
限界消費性向　179
限界生産性逓減の法則　68
限界生産物（性）　69
限界生産力逓減　109
限界費用　59, 119, 120, 127
　　――曲線　62

小泉政権　276, 286
厚生経済学　86
構造改革　279
交通渋滞　71, 129
　　――の理論　74
公定歩合　143, 150, 272
購買力平価　83, 208
効率　32
　　――上の損失　85
　　――の低下　48
合理的期待形成学派　234
高炉　91
国債　142

302

アッシニア—— 215
　　——依存度 145
　　——「利回り」 152
国際収支 202
国際通貨基金 220
国内総支出 169
国内総生産 169
国民医療費 17
国民皆年金 278
国民所得 18, 284
国民総生産 169
国有化 242
コース, R. 98
　　——の定理 98
護送船団 267
ゴッドウイン, W. 68
固定相場制 243～245, 263
固定費用 58, 109, 127
古典派 82, 189, 218
コンセンサス 43
　　ネガティブ・—— 43
コンビニエンス・ストア 180

さ 行

財 2
　下級—— 15
　公共—— 129, 131
　上級—— 15
　正常—— 15
　非貿易—— 172
　貿易—— 172
最小2乗法 20
財政政策 183, 184, 245, 250
財政投融資 12, 138, 276
財務省証券 142, 144
先物取引 224
サービス 2
　航空——産業 112
　——収支 202
サムエルソン, P.A. 157, 232
サムライ債 156, 227
産業連関表 166, 170
サンセット条項 43, 275
3面等価 170

シアトル会議 44
死荷重 48, 122
事後的な 200
市場 1
　——為替レート 208
　——均衡価格 7
　——金利連動型預金 268
　——の失敗 88
　——への政府介入 82
　——利子率 186
　コール—— 142
　独占—— 108
　排出権の——取引 101
　流通—— 136, 152
自然生産量 234
事前的な 200
失業 176, 238, 255
　偽装—— 282
　自然——率 234, 257
自動車NOx削減法 76
自動車NOx・PM法 76
自動車排気ガス訴訟 75
シフト 7, 182, 251
資本減耗引当 168
資本収支 202
若年労働者 44
社債 154
奢侈品 15
シャープ, W. 158
ジャンク債 156
じゃんけん 125
重商主義 214
囚人のジレンマ 128
主体 169
　赤字—— 136
　黒字—— 136
　経済—— 7
首都高速道路 77
需要 2
　——関数 7
　——価格 83
　——の価格弾力性 10
　——の所得弾力性 15
　最終—— 169, 198

超過—— 36
　　取引—— 189
　　有効—— 178
準通貨　147
省エネ　252, 275
証券利子率　245, 254
小国の仮定　36
少子高齢化　278
消費関数　179
消費税率　277, 278
消費・投資線　16
昭和恐慌　225
所得収支　202
ジョンソン政権　246
新古典派　232
　　——の基本定理　82

スエズ動乱　241
スタグフレーション　233, 236, 263
スタンダード・オイル　109
スミス, A.　39, 82
スモッグ　74

税　81
　　間接——　168
　　炭素——　86, 94
　　直接——　168
　　反ダンピング課——　42, 43
　　ピグー——　86, 91
正貨流通メカニズム　217, 222
正規分布　159
生産可能性フロンティア　52
生産関数　68
正統的安定化プログラム　215
　　非——　215
セイの法則　178
石油輸出機構　26
接線　60
ゼネコン　268, 269
セーフガード　49, 282
セリ　23
ゼロ金利政策　279
戦略集合　125

総費用　58
　　——曲線　63
　　　　長期——　66
　　　　短期——　66
増分　13, 122
ソロー, R.　157, 232

た 行

第1次世界大戦　243
第2次世界大戦　243
大不況　39
台湾　283
兌換紙幣　214
抱き合わせ販売　123
ダンピング　42
弾力性　10
　　価格——　10
　　交差価格——　20
　　所得——　15
弾力的　10, 14, 27
　　非——　10, 14, 27

小さい政府　51, 82
地球温暖化　94, 103
　　——防止京都会議　95
地球サミット　94
チャーチル, W.　222, 243
中国　281, 285
中東紛争　242
超過負担　122
朝鮮戦争　240, 249
貯蓄　178, 181
賃金　69
　　実質——　70, 212
　　名目——　212

積立方式　278

定額診療報酬制度　17
ディーゼル車　76
ディーゼル排気微粒子　76
デイルズ, J. H.　101
デフレ・ギャップ　182
デフレーション　172, 176, 224

304

デフレーター　171
デリバティブ　159
転換社債　154
伝統的部門　281

ドイツ賠償問題　176,273
東京・ラウンド　41
投資　181
　――関数　186
　――需要　180
　――乗数　184,192,201
　公共――　184,185
同時多発テロ　279,280
トービン, J.　157
独占　120
　――禁止法　108,119
　――市場　108
特定財源　83,280
度数分布　158
特許　43
　――収支　286
ドバイ原油　26
ドミノ理論　246
トヨタ自動車　203,268,281
トラスト　109,112
　司法省反――局　123
　反――法　108,113,119
ドル化政策　221

な 行

ナチス・ドイツ　241
ナッシュ, J.F.　125
　――非協力ゲーム　125,133

ニクソン, R.　215,250
　――・ショック　250,267
二重経済　282
西淀川公害訴訟　75
日銀特融　225
日米建設摩擦　271
日米構造会議　271
日清戦争　216
日本道路公団　12,275
日本郵政公社　138

ニュー・エコノミー　239,262
ニューディール　177
ニューヨーク証券取引所　39
ニュメレール　243

ノンバンク　269

は 行

ハイ・イールド債　156
排除不可能性　129
ハイパワード・マネー　147
パクス・アメリカーナ　243
パクス・ブリタニカ　39,216
ハーゲンシュミット, A.J.　75
橋本内閣　273
バブル　176,224,248,255,265
パーレビ政権　242
ハロッド, R.F.　232
阪神高速道路公団　76
ハンセン, J.　103
半導体　127,252,255

比較生産費説　51
比較優位　53
　――の理論　51
非競合性　129
ピグー, A.C.　86
ヒックス, J.R.　157
ビッグバン　263,273
必需品　2,16
ヒットラー, A.　175,185
微分　13
ヒューム, D.　217
費用逓減　110
ピール条例　216

ファイナンス　158
フィリップス, A.W.　232
フィリップス曲線　237,266
　短期の――　235
　長期の――　235
　修正――　235,240
フォード　281
フォン・ノイマン, J.　125

索引

付加価値　167, 169, 198
賦課方式　278
不完全競争　108, 124
複数年雇用契約　235
双子の赤字　254, 262
ブッシュ, G. W.　97
ブッシュ, G　260
物々交換　178
不当廉売　42
普仏戦争　216
浮遊粒子状物質　76
プライムレート　150
プラザ合意　266
フリードマン, M.　234, 237, 250
不良債権　272, 284, 286
フリーライダー　129, 131
プロセス・テクノロジー　281
プロダクト・テクノロジー　281, 284
フロン　96, 102
紛争解決機関　43

平均費用　59
　──関数　110
平均生産物（性）　69
米仏通商条約　39
ベトナム戦争　246, 249, 260
変動相場制　242, 250, 253, 263, 267

貿易　201
　──・サービス収支　202
　──財　172
　──収支　278
　──の利益　36
　──摩擦　249
　垂直的──　255
　保護──　38
法定準備　141
包絡線　66
ホー・チ・ミン　246
ポートフォリオ　158
ホーリー・スムート高関税立法　40
補助金　105, 168, 264
北海油田　15
ポトシ銀山　211

ボルカー, P.　254

ま行

マーコヴィッツ, H. M.　158
マーシャル, A.　217
マーシャル・プラン　249
マクロ経済学　135
マイクロソフト社　123, 261
マスキー法　251
マネーサプライ　146
マネタリー・ベース　148, 174, 176, 230, 280
マネタリスト　234, 237
マネタリズム　241
マラケッシュ協定　41
マルサス, T. R.　68

見えざる手　51, 82
ミクロ経済学　135
ミニマム・アクセス　41
民営化　12

メディケア　17
メディケード　17

持株会社　112

や行

郵便貯金　138, 140, 225, 276
ユーロ　263
輸出関数　46
輸出促進　283
輸入関数　46
輸入代替　283

幼稚産業保護　39
四日市公害　75
預金　137
　譲渡性──　140, 268
　当座──　141
　要求払い──　147
余剰　34
　営業──　167
　消費者──　34, 114
　生産者──　34, 114

総── 34
45度線モデル　182

ら行

ライフライン　140
ラッファー曲線　253

リカード, D.　39
利潤　61
── 最大化　58
リスト　39
利得　125
流動性選好　189
── 需要　190
流動性のわな　193
料金プール制　276
離陸　283
臨時金利調整法　267
リンダール・メカニズム　131

ルイス, W. A.　282
累積債務　153, 276, 280
ルーカス, R. E., Jr.　234, 237
ルーズヴェルト, F. D.　177

レーガン, R.　253, 254, 260
レオンチェフ, W.　194
連邦取引委員会法　113

労働生産性　209
ロード・プライシング　71
ロックフェラー, J. D.　109

わ行

湾岸戦争　202

英字

AT&T　252
BIS　176, 269
CD　268
EC　263
EEC　263
EMS（Electronics Manufacturing Service）　283
EMS（European Monetary System）　263
EPA（アメリカ環境保護局）　102
ETCシステム　78
EU　44, 263
GATT　39
GDE　169
GDP　169
　実質──　171, 188, 234
GNP　169
IBM　123, 260
IMF　221, 244
IPCC　94, 97
IS 曲線　188, 218
IT　260, 283
JR　276
LD 転炉　91
LM 曲線　191, 218
$M1$　147, 248
$M2$　147
MMC　268
NGO　102, 175
NIEs　272, 279, 283
NTT　136, 145, 158
OPEC　26, 97, 242, 283
p 値　18, 24, 238, 241
R^2　18
ROE（企業利潤率）　255, 261
SS　4, 242
UAW　252
USTR（アメリカ通商代表部）　252, 271
U字形平均費用曲線　110
WTO　42, 252

著者紹介

吹春　俊隆（ふきはる　としたか）
1949年　福岡県に生まれる
1972年　山口大学経済学部卒業
1980年　ロチェスター大学大学院博士課程修了
　　　　神戸大学教養部，国際協力研究科を経て
現　在　広島大学経済学部教授，Ph.D.

主要著書・論文
『ミクロ経済学』（共著，有斐閣，1987年）
『現代経済学』（共著，有斐閣，1994年）
『Mathematicaによる経済数学入門』（牧野書店，2002年）
"Από του Cournot στου Nash" (From Cournot to Nash), Θεωρια Παιγνιων [C. Kottaridi and G. Siourounis (ed.)], Eurasia Publications, 2002
"A Simulation of the Heckscher–Ohlin Theorem", *Mathematics and Computers in Simulation* 64, 2004

ライブラリ経済学コア・テキスト＆最先端＝1
コア・テキスト経済学入門

2004年2月10日©	初版発行
2006年4月10日	初版第2刷発行

著　者　吹春俊隆	発行者　木下敏孝
	印刷者　加藤純男
	製本者　石毛良治

【発行】　　　　　　　　　　　　　株式会社　新世社
〒151-0051　東京都渋谷区千駄ヶ谷1丁目3番25号
☎(03)5474-8818(代)　　　　　　　サイエンスビル

【発売】　　　　　　　　　　　　　株式会社　サイエンス社
〒151-0051　東京都渋谷区千駄ヶ谷1丁目3番25号
☎(03)5474-8500(代)　　　　　　　振替 00170-7-2387

印刷　加藤文明社　　　　　　　　製本　ブックアート
《検印省略》

サイエンス社・新世社のホームページのご案内
http://www.saiensu.co.jp
ご意見・ご要望は
shin@saiensu.co.jp まで．

本書の内容を無断で複写複製することは，著作者および出版者の権利を侵害することがありますので，その場合にはあらかじめ小社あて許諾をお求めください．

ISBN 4-88384-063-8
PRINTED IN JAPAN

新経済学ライブラリ

3　マクロ経済学
〔2色刷〕

一橋大学教授　浅子和美
一橋大学教授　加納　悟 著
横浜国立大学教授　倉澤資成

A5判・392頁・本体2800円

初学者にスムーズな理解が得られるよう工夫された教科書。基礎から最新の動向まで必要にして十分な内容を読みやすい筆致で体系的に説く。ケインズ派・古典派を比較対照する。

主要目次　マクロ経済学とは　国民所得　労働市場と完全雇用　不完全雇用と有効需要原理　家計の消費・貯蓄行動　企業の投資行動　貨幣需要　貨幣供給　マクロ経済の一般均衡　古典派経済学の体系　ケインズ経済学の体系　マクロ・モデルの比較　インフレ　景気循環　政府の経済活動　マクロ安定化政策　経済成長他

4　ミクロ経済学
増補版〔2色刷〕

一橋大学教授　武隈愼一 著

A5判・400頁・本体2850円

簡潔でわかりやすく初級から中級へ的確に導く好評の2色刷テキスト。とかく難解になりがちなミクロ理論に例解・図解を多用して読者の確実な理解をはかる。最新の動向に沿った形で国際経済とゲーム理論を加え、いっそう充実した定評書。練習問題解答付。

主要目次　基礎概念と分析手法　消費者行動　企業行動(費用と供給　生産技術と費用　生産要素の需要　短期費用と長期費用　生産集合他)　競争経済の均衡　経済厚生　不完全競争　公共経済　不確実性　投入産出分析　国際経済　ゲーム理論　文献

発行＝新世社　　発売＝サイエンス社

表示価格はすべて税抜きです。